国家林业和草原局职业教育"十四五"规划教材

森林研学

李雅霖　胡　澎　朱　艳　主编

中国林业出版社
‖‖CF‖PH‖‖ China Forestry Publishing House

内 容 简 介

本教材主要内容包括森林研学基本认知、森林研学服务机构建设、森林研学课程设计、森林研学课程实施、森林研学教育评价、森林研学安全管理、森林研学课程教学综合实训等，充分体现理论知识实用、够用的原则，注重联系实践，紧跟时代脉搏，结合课程思政的要求，立足职业素养培养，为培养新时代森林研学高素质技术技能专业人才服务。

图书在版编目（CIP）数据

森林研学 / 李雅霖，胡澎，朱艳主编. — 北京：中国林业出版社，2024.12. — （国家林业和草原局职业教育"十四五"规划教材）. — ISBN 978-7-5219-3034-4

Ⅰ. F592.68

中国国家版本馆 CIP 数据核字第 2024YC3823 号

策划、责任编辑：曾琬淋
责任校对：苏　梅
封面设计：北京钧鼎文化传媒有限公司

出版发行：中国林业出版社
　　　　　（100009，北京市西城区刘海胡同 7 号，电话 010-83143630）
电子邮箱：jiaocaipublic@163.com
网址：www.cfph.net
印刷：北京中科印刷有限公司
版次：2024 年 12 月第 1 版
印次：2024 年 12 月第 1 次印刷
开本：787mm×1092mm　1/16
印张：15
字数：356 千字
定价：48.00 元

编写人员名单

主　　编　李雅霖　胡　澎　朱　艳

副 主 编　龙艳玲　吴　珊　张明山　朱惠君

编写人员　(按姓名拼音排序)

胡　澎[教育部高校思想政治工作队伍培训研修中心
　　　　　(陕西师范大学)、江西环境工程职业学院]

赖秋荣(赣州研学实践教育发展有限公司)

李雅霖(江西环境工程职业学院)

龙艳玲(吉安职业技术学院)

吴　珊(石城县职业技术学校)

吴学群(江西环境工程职业学院)

肖晓燕(湖北生态工程职业技术学院)

张明山(吉安职业技术学院)

朱惠君(赣州研学实践教育发展有限公司)

朱　艳(江西环境工程职业学院)

前 言

随着中小学研学旅行的深入开展和全国三亿青少年进森林研学教育活动的有效实施，森林研学已经成为中小学生开展研学教育、自然教育和劳动教育的重要内容。由于旅游从业人员和中小学教师的森林研学知识与技能匮乏，国内森林研学相关教材缺失，无法满足研学教育活动实施的要求。为此，有必要组织编写一本森林研学教材，在一定程度上弥补国内森林研学相关教材缺失的遗憾，有力支撑研学教育和自然教育的开展。

本教材认真贯彻"必须牢固树立和践行绿水青山就是金山银山的理念，站在人与自然和谐共生的高度谋划发展"的要求，以宣传习近平生态文明思想，提升广大青少年生态文明素养为主线，结合中小学森林研学教育工作实际和全国关注森林活动组织委员会等权威机构有关森林研学教育活动要求，适应校企合作、工学结合、知行合一的教学改革需要，采用工作手册式编排体例，将行业企业典型工作任务转变为教材内容，完整呈现职业岗位活动及工作过程，实现学习任务与工作任务、学习标准与工作标准、学习过程与工作过程的统一。每个项目以真实情景导入，让学生带着问题进入课程学习；每个教学任务在教学内容设计上，采取分步骤式设计，方便开展一体化教学；同时，每个教学任务均设置知识链接模块，为学生实施任务提供专业知识支撑。

本教材主要内容包括森林研学基本认知、森林研学服务机构建设、森林研学课程设计、森林研学课程实施、森林研学教育评价、森林研学安全管理、森林研学课程教学综合实训等，充分体现理论知识实用、够用的原则，注重联系实践，紧跟时代脉搏，结合课程思政的要求，立足职业素养培养，为培养新时代森林研学教育高素质技术技能专业人才服务。

本教材由李雅霖、胡澎、朱艳主编，各章节具体编写分工如下：李雅霖、胡澎负责全书策划和统稿工作。项目 1 由李雅霖、胡澎负责编写，项目 2 由李雅霖、张明山负责编写，项目 3 由胡澎、龙艳玲负责编写，项目 4 由胡澎、朱惠君负责编写，项目 5 由李雅霖、肖晓燕负责编写，项目 6 由李雅霖、吴珊负责编写，项目 7 由胡澎、朱艳、朱惠君负责编写。有关案例素材的收集和整理工作由胡澎、朱艳、吴学群、赖秋荣负责。

本教材在编写过程中广泛征求了教育同仁、行业企业专家的意见和建议，得到不少支持和帮助，在此一并表示感谢！由于编者水平有限，难免存在疏漏或不足之处，恳请读者批评指正。

编　者

2024 年 9 月

目 录

项目 1

森林研学基本认知

【项目情景】

为响应全国关注森林活动组委会开展的"全国三亿青少年进森林研学教育活动"，A 研学服务机构计划开发一批森林研学服务项目，并要求小李负责有关项目。为此，小李需要厘清森林研学的概念和内涵，了解森林研学现状与未来发展趋势，撰写一份森林研学发展研究报告，提出森林研学业务发展建议，为 A 研学服务机构开发森林研学服务项目提供决策参考。

【学习目标】

☞ **知识目标**

(1)掌握森林研学的概念、内涵和开展森林研学的基本要求。

(2)理解开展森林研学的目的和意义。

(3)了解森林研学未来发展趋势。

☞ **技能目标**

(1)能够判断森林研学的主要类型。

(2)能够利用各种检索工具搜索森林研学相关文献。

☞ **素质目标**

(1)树立尊重自然、顺应自然、保护自然的生态文明理念。

(2)提升集体意识和团队协作意识。

(3)培养实践精神和劳动精神。

数字资源

任务1-1 走进森林研学

任务指导书

☞ 任务目标

掌握森林研学的概念和内涵；理解开展森林研学的目的和意义；掌握开展森林研学的基本要求；能够判断森林研学的主要类型。

☞ 任务描述

利用搜索引擎、网络文献数据库、图书馆等收集森林研学相关文献，梳理森林研学的有关政策及文件，调查国内外森林研学的开展情况，并实地走访当地森林研学服务机构，撰写森林研学市场分析报告，制作演示文档(PPT)进行汇报。

☞ 任务实施

1. 学生分组

每5~6人为一组，确定组长，实行组长负责制。

2. 收集资料

通过利用各种文献检索工具和查阅相关专业图书，收集森林研学有关政策及开展森林研学的资料，了解国内外森林研学的动态。

3. 实地调研

每个小组到当地研学服务机构进行实地调研，了解机构人员对森林研学的认知，并了解该研学服务机构在开展森林研学时存在的问题。

4. 总结汇报

各小组根据调研过程中收集到的资料撰写一份森林研学市场分析报告，再派出一个代表制作PPT在课堂上进行汇报。

☞ 考核评价

根据表1-1-1对任务实施过程和结果进行评价。

表 1-1-1　评价表

评价指标	评价标准	赋分	教师评价得分 （占70%）	学生互评得分 （占30%）	综合得分
学习素养	按时出勤，不迟到或早退，不旷课	5			
	积极发言，参与课堂互动	10			
	按时、按质完成作业，不迟交、不漏交	5			
调查报告	结构流畅，层次分明，逻辑严密，格式规范	10			
	调研方法合理，数据收集可靠，结果分析有力	10			
	语言清晰、流畅，内容全面，分析透彻，有创新性	30			
课堂汇报	仪容、仪表整洁大方，礼仪规范	5			
	PPT 制作精美	10			
	汇报内容全面，重点突出，语言表达流畅	15			
合　　计		100			

知识链接

1. 森林研学概念和内涵

森林研学源于森林教育。森林教育理念在中外传统文化中均有体现，我国古代的"游学"思想、古罗马时代"为下一代着想"的思想等均是森林教育理念的重要源头。西方国家的森林教育实践萌芽于 18 世纪的欧洲，形成于 20 世纪 50 年代的斯堪的纳维亚半岛。1952 年，丹麦创办了世界上第一所森林幼儿园，自此森林教育在德国、英国和日本等国家迅速发展，逐步形成了较为完善的森林教育体系。我国森林教育主要源于中小学开展的夏令营、冬令营、学农学工实践活动、素质拓展等多种类型的户外教育。20 世纪末以来，我国在借鉴国外森林教育理念、经验的基础上，结合国情和中华优秀传统文化，积极开展森林教育探索，森林体验和自然教育基地、森林幼儿园逐步建立，各类森林教育活动悄然兴起，初步建立了具有中国特色的森林教育体系。

森林教育是自然教育的一部分，是中小学生认识自然、了解自然的有效方式，它以森林（大自然）为载体，让中小学生通过在森林（自然环境）中进行一系列"有计划、有设计、有主题、有目的"的户外活动，提高自信心，并实现全面发展。森林教育是一种系统的、全方位的森林环境及森林可持续发展的教育活动，能最大程度地发挥大自然的优势，让中小学生亲身体验森林，从而达到热爱森林、亲近自然、保护环境的目的。

森林研学是森林教育的重要一环，有别于传统的课堂教育，主要通过将课堂搬到森林（大自然），促进书本知识与体验实践的深度融合，使中小学生能够更好地亲近自然、了解自然、热爱自然，形成尊重自然、顺应自然、保护自然的生态文明理念。森林研学的定义是：依托森林生态资源开展的有目标、有组织的研究性学习实践活动。其主要内涵包括：

(1) 中小学生是森林研学的主体和服务对象

国家出台的研学旅行相关文件和一系列措施明确针对中小学生，中小学生是森林研学的主体和服务对象，是森林研学的核心要素。研学时间根据教学计划灵活安排，一般安排在小学三至六年级，初中一、二年级，以及高中一、二年级。当然，不同年级的学生其特点和研学需求存在明显的差异，这就要求森林研学服务针对不同主体区别对待，有的放矢。

（2）集体出行是森林研学的基本形式

森林研学以年级或班级集体出行的方式开展活动。学生以集体的方式集中食宿，一起完成研学课程项目，可以获得校外集体生活的体验，提高个人适应集体生活和周围环境的能力，有效培养集体观念、团队精神及责任担当意识。

（3）教育行政部门和学校负责森林研学的组织管理

学校是森林研学的组织实施方，教育行政部门是森林研学的管理和监督方。各地教育行政部门和中小学要探索制定中小学生森林研学工作规程，做到"活动有方案，行前有备案，应急有预案"。学校组织开展森林研学可采取自行开展或委托开展的形式，提前拟定活动计划并按管理权限上报教育行政部门备案。教育行政部门负责督促学校落实安全责任，审核学校报送的活动方案和应急预案。

（4）森林研学具有教育功能

森林研学是校外教育与学校教育相结合的创新形式，是综合实践育人的有效途径。通过森林研学活动让学生走进自然，在大自然的课堂中体验、探索和思考，有利于推动全面实施素质教育，促进书本知识和生活经验的深度融合，从而实现森林研学的教育功能。

2. 森林研学主要类型

森林研学的内容和形式多样，研学服务机构开发的森林研学课程名称不一、各具特色。一般森林研学按主题可划分为以下 4 种类型。

（1）自然探究型

自然探究型森林研学主要以森林生态资源为探究对象，结合地理、生物、物理、化学等自然科学知识及其研究方法，引导学生学习森林知识，区分原始森林、天然次生林、人工林等；认识不同的动植物资源；探索研学场地内动植物的生存条件，了解生物链的构成；探究森林的地理环境特征，结合气候、土地、河流等要素，勾勒地理生态环境；探究自然灾害的形成原因，找寻自然灾害中自然地理与生态的关系等。旨在让学生了解大自然，更好地理解人与自然的关系，并宣传可持续发展和生态文明理念。

（2）自然科普型

自然科普型森林研学将森林作为科普教育的重要载体，解决课堂教学效果不佳的问题，激发学习兴趣，提升学生的科学素养。如通过"趣味听音"，培养学生对鸟类音高、音色、音长的认知，提升护鸟、爱鸟意识；通过"闻香识花"，了解花粉收集、香料提取、芳香疗法相关知识；通过"舌尖森林"，了解森林蔬菜（草本蔬菜如蕨菜、木本蔬菜如香椿）、森林粮食、森林水果、森林药材、森林坚果等；通过"学食物链"，普及森林食物链、生态金字塔；通过"年轮趣读"，普及树木年轮与气候、环境等的关系；通过"病害识别"学习病虫害常识及防治方法。

（3）实践互动型

实践互动型森林研学主要通过各项活动（如森林游戏、拓展训练、生产劳动、志愿服务、集体生活等)健全中小学生人格，提升中小学生身体和心理素质，加强团队协同，培养自我发展、集体荣誉、遵守纪律等意识和习惯。如在"蒙蒙毛毛虫""我的树""蒙眼识叶""植物连连看"等丰富有趣的自然游戏中，通过闻植物幽香、看树叶形态、摸树皮纹理、测树干直径等，享受亲近大自然的乐趣。又如通过开展定向越野和拓展训练等户外活动，使中小学生体验到自然环境的乐趣，并培养团队精神。

(4)生态保护型

生态保护型森林研学主要开展植树造林、疏伐、割灌除草、修枝、保护野生动植物、了解生态修复等活动，认知树木抚育过程及树木类型与水土资源之间的关联，分析人类生产活动与土地污染之间的关系，根据自然灾害的成因判断场地中存在的灾害隐患，了解植物在生态修复中的重要作用等，帮助学生掌握生态保护技能，引导学生体悟人与自然的关系，培养生态文明意识。

3. 森林研学基本特点

森林研学是对中小学阶段课堂教学的一种有效补充，是全面推进中小学素质教育的重要途径，它既不同于一般的旅游，也不同于一般的校内课堂教学。其特点主要包括：

(1)教育性

根据研学课程要求确定研学主题，在研学活动中通过主动学习来获取知识和实践经验，提高发现问题、分析问题和解决问题的能力。研学的重点是强调身体力行，通过实践活动来体悟、搜寻和探究，其本质在于让学生亲历知识形成的过程，真正实现知行合一，培育创新精神和实践能力。

(2)体验性

"纸上得来终觉浅，绝知此事要躬行"，森林研学与传统课堂教学相比具有更大的魅力在于其具有体验性。在森林中进行实践体验活动，学生通过一起吃、住、行，共同参加课程项目，体验不一样的学习经历，可以更深刻体验到认识提高、道德向上、探索创造、参与合作等带来的快乐和充实，实现认知过程和情感体验过程的有机结合，从形象的感知引发抽象的理性思考。

(3)综合性

森林研学与一般旅游的最大区别在于它是学校的一门课程，本质上属于多学科交叉的综合实践活动课程的范畴。它没有明确的学科之分，可以涵盖历史、人文、地理、科学技术、艺术等各学科领域的内容，强调多种主题、多种任务模式、多种研究方法的综合运用，培养学生认识、分析和解决现实问题的综合实践能力，全面发展学生的综合思维和创新精神，提升学生的核心素养，以满足未来社会生活和个人发展的现实需要。

(4)趣味性

学生走进森林开展研学活动，在这个没有围墙的"教室"里，根据他们的认知特点将学习过程融入轻松有趣的活动中，引发他们的探究兴趣，达到寓教于乐的目的，同时也能促进平常迟钝的感觉器官重建与自然的链接，激发对自然的热爱、对生命的尊重。在轻松、和谐的氛围中，还能培养他们的沟通能力、领导能力、合作能力，使他们在眼界、学识、情感、体能和社交方面得到全面提升。

（5）安全性

安全性是森林研学的前提和保证。中小学生的身心尚不成熟，安全意识不高，加上具有好奇心强、敢于冒险的显著心理特征，容易脱离集体或不听劝告，偏离研学路线，导致迷路或者被野生动物攻击。在野外环境下，如果对突发极端天气、地质灾害等不可抗力的自然灾害没有提前做好应急预案，将可能对研学师生造成不可挽回的人身伤害。同时，森林研学活动中的学习项目及研学途中交通、食宿等环节都可能存在安全隐患，导致发生安全事故。因此，有关部门要加强安全监管和业务指导，研学服务机构和学校要按照有关要求规范建立健全安全管理规章制度，制订安全管理工作方案，做好安全保障措施，消除安全隐患，确保森林研学活动安全开展。

4. 森林研学政策要求

当前，我国基础教育处于由应试教育向素质教育和素养教育转变的关键时期，发展学生的核心素养成为中小学教育的核心话题。《全国三亿青少年进森林研学教育活动方案》指出，把青少年进森林研学教育活动融入中小学教育，从多方面对森林研学提出政策要求和指导意见。

（1）坚持立德树人

立德树人是新时代发展中国特色社会主义教育事业的核心所在，是培养德智体美全面发展的社会主义建设者和接班人的本质要求。森林研学是研究性学习和旅行体验相结合的教育活动，其开展要紧紧围绕我国教育事业的核心。在森林研学活动的设计中，要以研学为目的、以旅行为载体，落实立德树人的根本任务。

（2）健全研学体系

各地应根据区域特色，因地制宜打造森林研学体系。依托"关注森林"活动，加快普及青少年生态文明教育，推进国家青少年自然教育绿色营地建设，构建营地标准化运营体系和准入机制。以营地所在的各类自然保护地为基础，打造精品研学教育线路，并同步谋划营运模式，带动林区环境改善和周边居民增收致富。加快开发精品课程，开展"绿色中国自然大课堂"等实践活动。构建以主管部门为主导、学校为主体、市场为导向、产学研深度融合的自然教育创新体系。

（3）规范组织管理

学校在组织森林研学的过程中要注意明确学校、家长、学生及相关协同机构的责任和权利，以规范的管理、清晰的责任分工确保森林研学的顺利开展及保障各方权益。建立国家层面、地方政府层面或第三方机构性质的森林研学网站，发布森林研学的课程和经验介绍等相关信息，促进森林研学与学校综合实践活动课程的有效衔接。

（4）落实制度保障

建立健全安全责任体系，制订青少年进森林研学教育活动安全保障方案和预案，建立安全责任落实、事故处理、责任界定及纠纷处理机制。积极发挥政府部门资源整合的优势，减免各类自然保护地门票。设立国家青少年自然教育绿色营地建设基金，专注于绿色营地建设、户外教育标准课程开发及促进地区和国际间交流等，保障青少年研学教育活动持续发展。此外，将国家青少年自然教育绿色营地建设作为重要工程项目内容，融入各省

(自治区、直辖市)林草主管部门年度考核评价体系，把青少年进森林研学活动融入学校各阶段德育教育计划进行教学考核评估，将生态理念实践能力融入教师培训必修内容，融入学生学分管理体系和学生综合素质评价体系。

巩固训练

1. 选择题

(1)森林研学的主要内涵包括(　　)。

A. 森林研学的主体是中小学生　　　　　　B. 森林研学的基本形式是集体出行

C. 教育行政部门和学校负责森林研学组织管理　D. 森林研学具有教育功能

(2)森林研学的主要类型有(　　)。

A. 自然探究型　　　B. 自然科普型　　　C. 实践互动型　　　D. 生态保护型

(3)森林研学是依托森林生态资源开展的_____的研究性学习实践活动。(　　)

A. 有目标、有组织　　　　　　　B. 有目标、有意义

C. 有目的、有价值　　　　　　　D. 有组织、有目的

(4)森林研学作为自然教育的重要一环，活动的开展旨在(　　)。

A. 亲近自然　　　B. 了解自然　　　C. 热爱自然　　　D. 保护自然

2. 填空题

(1)森林研学的基本特点包括_____、_____、_____、_____。

(2)_____可以说是开展自然教育、普及自然知识的最佳"课堂"。

3. 问答题

(1)开展森林研学要做好哪几个方面的工作？

(2)开展森林研学的主要目的和意义是什么？

任务1-2 展望森林研学

任务指导书

☞ 任务目标

掌握森林研学的发展现状；理解和把握森林研学的未来方向和趋势。

☞ 任务描述

利用搜索引擎、网络文献数据库、图书馆等收集国内外森林研学发展模式的相关资

料。借鉴国外经验，提出国内开展森林研学的建议，制作PPT进行汇报，同时撰写一份森林研学发展现状和趋势的研究报告。

☞ **任务实施**

1. 学生分组

每5~6人为一组，确定组长，实行组长负责制。

2. 收集资料

通过各种文献检索工具和查阅相关专业图书，收集国内外森林研学发展相关资料。

3. 总结汇报

对收集到的资料进行整理和分析，撰写一份森林研学发展现状和趋势的调查报告，并制作PPT在课堂上进行汇报。

☞ **考核评价**

根据表1-2-1对任务实施过程和结果进行评价。

表1-2-1 评价表

评价指标	评价标准	赋分	教师评价得分（占70%）	学生互评得分（占30%）	综合得分
学习素养	按时出勤，不迟到或早退，不旷课	5			
	积极发言，参与课堂互动	10			
	按时、按质完成作业，不迟交、不漏交	5			
调查报告	结构流畅，层次分明，逻辑严密，格式规范	10			
	调研方法合理，数据收集可靠，结果分析有力	10			
	语言清晰、流畅，内容全面，分析透彻，有创新性	30			
课堂汇报	仪容、仪表整洁大方，礼仪规范	5			
	PPT制作精美	10			
	汇报内容全面，重点突出，语言表达流畅	15			
合　　计		100			

知识链接

1. 我国森林研学发展现状

（1）森林研学政策持续利好

《国民旅游休闲纲要（2013—2020年）》提出要逐步推行中小学生研学旅行，标志着开展研学旅行正式上升为国家政策。国务院印发的《关于促进旅游业改革发展的若干意见》指出要积极开展研学旅行；将研学旅行、夏令营、冬令营等作为青少年爱国主义和革命传统教育、国情教育的重要载体，纳入中小学学生日常德育、美育、体育教育范畴，增进学生对自然和社会的认识，培养其社会责任感和实践能力；按照教育为本、安全第一的原则，建立研学旅行体系。随后，有关部门陆续出台研学旅行相关文件，为研学旅行提供良好的政策环境。

教育部、国家发展和改革委员会等 11 部门联合发布的《关于推进中小学生研学旅行的意见》指出，中小学生研学旅行是学校教育和校外教育衔接的创新形式，是综合实践育人的有效途径。开展研学旅行，有利于促进学生培育和践行社会主义核心价值观，激发学生对党、对国家、对人民的热爱之情；有利于推动全面实施素质教育，创新人才培养模式，引导学生主动适应社会，促进书本知识与生活经验的深度融合；有利于加快提高人民生活质量，满足学生日益增长的旅游需求，从小培养文明旅游意识，养成文明旅游行为习惯。中小学研学旅行要纳入相应教育教学计划，加强研学旅行基地建设，规范研学旅行组织管理，健全经费筹措机制，建立安全责任体系。同时，教育部发布的《中小学德育工作指南》提出要组织研学旅行，把研学旅行纳入学校教育教学计划，促进研学旅行与学校课程、德育体验、实践锻炼有机融合，利用好研学实践基地，有针对性地开展研学旅行活动；要考虑不同学段学生的身心发展特点和能力，安排适合学生年龄特征的研学旅行；要规范研学旅行组织管理，制定研学旅行工作规程，做到"活动有方案，行前有备案，应急有预案"，明确学校、家长、学生的责任和权利。同时，各省份有关部门也陆续下发关于推进中小学生研学旅行的实施意见等文件，保障国家有关中小学研学旅行政策落地实施。

在推进森林研学方面，全国关注森林活动组委会 2020 年 6 月发布了《全国三亿青少年进森林研学教育活动方案》，提出将加快推动自然教育基础设施建设，打造一批国家青少年自然教育绿色营地，逐步把青少年进森林研学教育活动融入中小学教育，这为森林研学提供了政策保障和活动载体。2019 年 12 月修订、2020 年 7 月 1 日施行的《中华人民共和国森林法》为森林研学提供了法律保障，其中第十二条明确规定："各级人民政府应当加强森林资源保护的宣传教育和知识普及工作，鼓励和支持基层群众性自治组织、新闻媒体、林业企业事业单位、志愿者等开展森林资源保护宣传活动。教育行政部门、学校应当对学生进行森林资源保护教育。"

在森林研学发展规划方面，2021 年 8 月国家林业和草原局、国家发展和改革委员会联合印发的《"十四五"林业草原保护发展规划纲要》提出，要增强自然公园生态服务功能，提升自然资源体验质量；健全公共服务设施设备，设立访客中心和宣教展示设施；建设野外自然宣教点、露营地等自然教育和生态体验场地；完善自然保护地引导和解说系统，加强自然公园的研学推广。国务院于 2021 年 12 月印发《"十四五"旅游业发展规划》，提出要推动研学实践活动发展，创建一批研学资源丰富、课程体系健全、活动特色鲜明、安全措施完善的研学实践活动基地，为中小学生研学实践活动提供必要保障及支持。国家林业和草原局 2022 年 1 月印发的《林草产业发展规划（2021—2025 年）》提出，依托森林、草原、湿地、荒漠及野生动植物资源，推动生态旅游产业扩面提质；大力发展生态露营、生态文化和自然教育等特色项目。有关发展规划的印发，为森林研学的开展提供了政策保障，有利于指引森林研学项目在科学规划中健康发展。

（2）森林研学行业发展迅速

近年来，我国研学旅行行业发展迅速。随着《关于推进中小学生研学旅行的意见》和其他有关文件的出台，研学旅行被纳入中小学教育教学计划并全面加以规范管理，通过政策引导和扶持，研学旅行进入了蓬勃发展的阶段。目前，我国人均教育、文娱消费支出占全国居民人均消费支出的比例已接近10%，全国在校中小学生规模近2亿人，森林研学作为一项广受中小学生喜爱的研学类型，市场需求较大，行业前景广阔。

全国关注森林活动组委会发布的《全国三亿青少年进森林研学教育活动方案》中提出，到2025年，将基本建立"全国三亿青少年进森林研学教育活动"体系，绿色营地生态服务功能充分发挥，全国50%以上青少年参与森林研学教育活动；将依托1999年由全国政协人口资源环境委员会、全国绿化委员会、国家林业局等单位联合发起的关注森林活动，加快普及青少年生态文明教育，推进国家青少年自然教育绿色营地建设，开展绿色中国自然大课堂等实践活动；构建以主管部门为主导、学校为主体、市场为导向、产学研深度融合的自然教育创新体系；将制订青少年进森林研学教育活动安全保障方案和预案，建立安全责任落实等机制。此外，还将国家青少年自然教育绿色营地建设作为重要工程项目内容，融入各省（自治区、直辖市）林草主管部门年度考核评价体系。

👉 **小贴士**

2016年，国家旅游局公布首批"中国研学旅游目的地"和"全国研学旅游示范基地"。2017年起，教育部办公厅连续两年在中央有关部门和各省级教育行政部门推荐的基础上，遴选命名了581家单位为"全国中小学生研学实践教育基地"、40家单位为"全国中小学生研学实践教育营地"，为全国各地开展中小学研学旅行基地（营地）建设提供了示范。由中国旅游研究院发布的《中国研学旅行发展报告2021》显示，近年来我国研学企业数量猛增，2021年达到3万家以上，各级、各类研学基地（营地）数量显著增长，相关研学企业和基地（营地）多数业务涉及森林研学或自然研学。2021年6月，全国关注森林活动组委会公布2021年国家青少年自然教育绿色营地名单，共有26个单位入选全国首批"国家青少年自然教育绿色营地"，将打造成全社会特别是广大青少年接受自然体验和生态文明素质教育的主要阵地，是开展森林研学得天独厚的天然场所和重要载体，未来有望成为支撑森林研学行业高质量发展的重要依托。

2. 森林研学未来发展措施

在研学旅行蓬勃发展的态势下，森林研学作为研学旅行的一个重要分支，应紧跟行业发展形势，按照新时代教育事业高质量发展的要求，遵循教育规律，提升安全保障，提高课程质量，打造服务品牌，加强人才队伍建设，促进营地（基地）建设，探索数字升级，满足社会对优质研学教育的需求。

（1）提升安全保障

安全保障是研学旅行开展的基石。中小学生年龄小，心理、生理都还不成熟，安全风险高于成人。同时，研学旅行不同于外出旅游，研学课程也不同于旅行社旅游产品。旅行社等研学服务机构在安全保障方面的经验积累不够，加上森林研学主要是在野外开展，容易发生安全事故。森林研学安全保障需要进一步完善。

(2)提高课程质量

森林研学课程不同于一般的森林旅游产品，游学结合、公益属性是其区别于其他旅游产品的显著特征。研学市场经过近几年的粗放扩张，还不能有效满足研学消费升级的需求。分析不同资源类型、不同季节、不同学段、不同地域的森林研学需求，结合智慧旅游技术等信息化手段，设计多样化、定制化研学课程，让研学者在游中研、研中游，增强课程互动性和多方位感知，提升课程参与性、趣味性，将会成为提升森林研学课程质量的重要方向。同时，坚持公益属性也是提升森林研学课程质量的重要内容。研学服务机构在设计研学课程时要坚持微利原则，防止以赚取高额利润为出发点开发研学课程。通过建设高质量课程提升市场竞争力，赢得家长、学校和政府的信任，实现社会效益和经济效益的双赢。

(3)打造服务品牌

品牌是识别产品并与竞争对手差异化的符号。在研学旅行蓬勃发展的今天，研学服务机构应增强品牌意识，打造具有自身品牌的产品体系，突出标准化、特色化建设，提高市场知名度和美誉度。同时，探索和创新产品的模块化设计，以适应多样化、定制化的研学需求。此外，应加大产品宣传推广力度，关注研学方反馈和线上舆情，积极参与公益活动，维护品牌公共关系。

(4)加强人才建设

人才资源是首要资源，也是制约行业发展的重要瓶颈因素。目前，研学行业特别是森林研学行业人才匮乏。森林研学项目设计、课程开发、营销推广、日常运营、研学指导、营地建设等专业人才极为稀缺，现有从业人员学历层次整体偏低、专业水平不高。保证森林研学质量的前提是整体提升从业人员素质，特别是提升研学旅行指导师师资水平。

(5)促进基地(营地)建设

基地(营地)是森林研学的重要载体，近年来在全国各地广泛建设并呈积极增长态势。森林研学基地(营地)类型多种多样，有独立建设，更多为依托自然保护区、森林公园、湿地公园、林场等进行建设，部分基地(营地)还具备一定规模的住宿承载能力。从整体上看，森林研学基地(营地)还没有形成知名品牌，需要通过全国关注森林活动组委会开展的国家青少年自然教育绿色营地遴选活动的开展，逐步引导有关森林研学基地(营地)大力进行品牌化、规范化建设。同时，增强功能齐全、规模化、品牌化的森林研学基地(营地)与研学需求端(学校)直连的可能性，弱化中间服务机构的作用和价值。

(6)探索数字化转型升级

随着新一代信息技术的发展和推广，探索数字化转型升级是行业企业顺应时代发展的必经之路。依托数字技术增强产品和服务体验，探索业务流程的数字化管理，提高运营效率和营销成效，提高安全和应急保障等，是森林研学服务机构数字化转型升级的重要发展方向。同时，建立研学旅行监管和公共服务平台，加强教育部门与旅游部门信息平台衔接，促进研学旅行信息公开及共享等，是政府有关部门需要关注和探索的问题。

巩固训练

1. 选择题

(1)2017 年起，教育部办公厅连续两年在中央有关部门和各省级教育行政部门推荐的基础上，遴选命名了 581 家单位为"(   )"、40 家单位为"(   )"。

A. 全国中小学生研学实践教育基地　　　　B. 全国中小学生研学实践教育营地

C. 全国研学实践教育基地　　　　D. 全国研学实践教育营地

(2)入选全国首批"国家青少年自然教育绿色营地"的有(   )。

A. 北京市古北口市级森林公园　　　　B. 内蒙古青少年生态示范园

C. 辽宁省锦州市东方华地城湿地公园　　　　D. 黑龙江东北虎林园

E. 江西省九江森林博物馆

2. 填空题

(1)2016 年，国家旅游局公布首批"_____目的地"和"_____示范基地"。

(2)2020 年 6 月，全国关注森林活动组委会发布了《_____》，提出将加快推动自然教育基础设施建设，打造一批国家青少年自然教育绿色营地，逐步把青少年进森林研学教育活动融入中小学教育。

3. 问答题

(1)简述我国森林研学发展现状。

(2)森林研学未来发展的有力措施包括哪些？

项目 ②

森林研学服务机构建设

【项目情景】

随着森林研学成为研学教育的热点，众多机构进入森林研学市场。A市森林研学资源丰富，当地打算新建一批森林研学服务机构助力研学旅行发展。假如你是森林研学服务机构工作人员，请你为A市森林研学服务机构的建设提供申报、创建、运营等一站式服务，助力森林研学服务机构良性发展。

【学习目标】

☞ 知识目标

(1)掌握森林研学服务机构的概念和特点。

(2)掌握森林研学服务机构的运营管理要求。

(3)掌握森林研学基地(营地)的申报和运营要求。

(4)掌握森林研学服务机构的遴选要求。

☞ 技能目标

(1)能够判断不同类型的森林研学服务机构。

(2)能够完成森林研学基地(营地)的申报和运营。

(3)能够对森林研学服务机构进行遴选。

☞ 素质目标

(1)树立服务意识和规范意识。

(2)提升创新能力和自主能力。

(3)提升实践意识和团队意识。

数字资源

任务2-1 森林研学服务机构基本认知

任务指导书

☞ 任务目标

掌握森林研学服务机构的概念和特点；对森林研学服务机构有基本的认知，能够区分不同类型的森林研学服务机构。

☞ 任务描述

查阅研学旅行相关规范、标准，熟悉森林研学服务机构的概念和特点，开展本地森林研学服务机构现状调查，撰写调研报告。

☞ 任务实施

1. 学生分组

每5~6人为一组，确定组长，实行组长负责制。

2. 收集资料

查阅研学旅行相关规范、标准及其他相关文件，梳理森林研学服务机构的概念、特点和类型。

3. 调查评估

根据实际情况，在本地范围内开展森林研学服务机构现状调查，并评估本地森林研学服务机构建设现状。

4. 总结汇报

根据调研结果，按照规范要求撰写本地森林研学服务机构建设现状调研报告，并制作PPT在课堂上进行汇报。

☞ 考核评价

根据表2-1-1对任务实施过程和结果进行评价。

表 2-1-1 评价表

评价指标	评价标准	赋分	教师评价得分（占70%）	学生互评得分（占30%）	综合得分
学习素养	按时出勤，不迟到或早退，不旷课	5			
	积极发言，参与课堂互动	10			
	按时、按质完成作业，不迟交、不漏交	5			
调查报告	结构流畅，层次分明，逻辑严密，格式规范	10			
	调研方法合理，数据收集可靠，结果分析有力	10			
	语言清晰、流畅，内容全面，分析透彻，有创新性	30			
课堂汇报	仪容、仪表整洁大方，礼仪规范	5			
	PPT 制作精美	10			
	汇报内容全面，重点突出，语言表达流畅	15			
合　计		100			

知识链接

1. 森林研学服务机构概念和特点

教育部及其他相关部门印发的研学旅行相关文件中给出了研学营地和研学基地的概念，并未给出研学旅行服务机构的相关概念。相关文件陆续提出建设一批研学基地、研学旅游示范基地，并给出了研学营地的定义，即研学旅行过程中学生学习与生活的场所。

各省（自治区、直辖市）等教育行政部门相继出台了研学服务机构的相关标准，其中武汉市出台了《服务机构评定与服务规范》《研学基地评定与服务规范》和《研学导师评定与服务规范》3 个考评标准，明确研学旅行服务机构特指开展研学旅行服务，达到《旅行社等级的划分与评定》（DB42/T 537—2009）要求的 AAA 及以上等级旅行社。

研学旅行活动从校内产生到校外开展，跨越教育和旅游两个行业，其推进实施一是靠政府统筹保障，二是靠产业提供服务。与学校合作的"委托企业或机构"即研学旅行服务机构，需要与有关各方一起做好研学旅行课程的组织与实施，并提供安全保障等服务。例如，为学校学生提供以乡土乡情、县情或市情、省情或国情为主的研学旅行活动课程，提供研学旅行过程中的交通、食宿保障服务等。

综合国家及地方关于研学旅行的政策文件及有关标准，本教材对森林研学服务机构的概念界定为：具有承担一定规模中小学森林研学实践教育的活动组织、研学课程实施、集中接待、协调服务等能力的法人机构。森林研学服务机构包括具有相应资质的旅行社或其他机构等服务承办机构和提供研学基地（营地）等的资源供应方（机构）。其中，具有相应资质的旅行社是主要的森林研学服务承办机构。其特点主要包括以下内容。

（1）森林研学服务机构具有教育功能

森林研学服务机构设计的研学课程要结合学生的身心特点、接受能力和实际需要，注重系统性、知识性、科学性和趣味性，着力培养学生的社会责任感、创新精神和实践能力。研学服务机构提供的设施设备、服务配套、安全保障要从教育出发，凸显教育功能，有利于实现教育目标。

（2）森林研学服务机构具有服务功能

森林研学服务机构主要围绕森林研学活动的开展提供各项服务，包含行前服务，行中服务的教育服务、交通服务、住宿服务、餐饮服务、导游讲解服务、医疗及救助服务，以及行后服务的教育服务、信息追踪服务、投诉处理与改进服务等。

（3）森林研学服务机构的运营要确保安全性

森林研学服务机构的服务对象是中小学生这一特殊人群，各项服务应始终坚持安全第一的原则，配备安全保障设施，建立安全保障机制，明确安全保障责任，落实安全保障措施，设立安全应急预案，确保学生安全。

（4）森林研学服务机构的遴选具有规范性

森林研学服务机构的申请和设立必须符合教育部、省（自治区、直辖市）教育行政部门相关规范的要求，通常涉及前置条件、基础设施、课程线路、专业师资、安全保障等方面。

2. 森林研学服务机构资质条件和基本要求

目前，森林研学服务机构主要包括具有相应资质的旅行社和具有相应资质的其他机构两类。

（1）具有相应资质的旅行社

作为研学旅行服务机构的一种类型，旅行社能够满足研学旅行活动中多方面的教育需求，能够衔接研学旅行活动各相关方。

①资质条件

经营资质　应在中华人民共和国境内依法注册，符合《旅行社国内旅游服务规范》（LB/T 004—2013）和《旅行社服务通则》（LB/T 008—2011）的要求，且达到 AA 及以上等级，并符合《旅行社等级的划分与评定》（GB/T 31380—2015）的要求。

安全资质　应连续 3 年内无重大质量投诉、不良诚信记录、经济纠纷及重大安全责任事故，企业法人有良好的个人征信报告。

专项资质　应独立设置研学服务机构，配置研学专业人员，建立研学旅行管理制度体系，有完善的研学旅行岗位作业标准，能够开展研学旅行服务业务，具有承接 100 人以上中小学生旅游团队的经验。

师资资质　应具有开展研学旅行活动的专业师资队伍，从业人员应具有组织校外实践教育活动的经验，以及应急救护的基本常识和基本技能。

②基本要求　开展研学旅行活动需要作为主办方的学校、资源供应方、作为承办方的服务机构共同协力完成，作为研学旅行服务机构的旅行社只有积极介入研学旅行服务，旅行社才能体现自身价值，并由此获得发展。

研学服务机构应积极依托当地研学资源，开发研学旅行线路，形成科普教育、历史文化、传统文化、国防教育、农耕体验、劳动教育等特色鲜明的研学旅行课程。

服务机构要与主办方、资源供应方签订旅游服务合同，按照合同约定履行义务。在与主办方沟通服务尤其是招投标时，需要递交旅行社营业执照、旅行社业务经营许可证、旅游责任险保单、法定代表人身份证（或委托授权书）、导游证复印件等，以确保符合主办方对研学旅行经营资质的要求。

在研学旅行服务中，服务机构的每位工作人员都要自我定位为研学旅行指导师，愿意时时、事事服务，帮助、引导学生，树立教育服务理念。

（2）具有相应资质的其他机构

特指依法成立并取得旅行社业务经营许可和其他有关资质，能够承办研学旅行服务的各类法人机构。

①资质条件

经营资质　应在中华人民共和国境内依法注册，符合《旅行社国内旅游服务规范》（LB/T 004—2013）和《旅行社服务通则》（LB/T 008—2011）的要求，且达到 AA 及以上等级，并符合《旅行社等级的划分与评定》（GB/T 31380—2015）的要求。

安全资质　应连续 3 年内无重大质量投诉、不良诚信记录、经济纠纷及重大安全责任事故，其企业法人有良好的个人征信报告。

专项资质　应有固定的经营场所并设立独立的研学部门，建立研学旅行管理制度体系，有完善的研学旅行岗位作业标准，能够开展研学旅行服务业务，有承接 300 人以上中小学生教育活动的经验。

师资资质　应具有开展研学旅行活动的专业师资队伍，其师资要求拥有省级及以上教育行政部门或专业社会组织颁发的研学旅行指导师职业证书，从业人员应具有组织校外实践教育活动的经验，以及应急救护的基本常识和基本技能。

②基本要求　在组织开展研学旅行过程中，机构以自身的教育敏感性和专业视角，与资源供应方协力打造研学课程，为主办方（学校）提供包括课程在内的周到服务。作为服务机构，只有积极介入研学旅行服务，才能确保研学旅行活动的顺利实施。具体要求体现为：

机构应依据主办方的招投标要求参与公开竞标，如实提供相关资质证明、研学旅行课程方案或研学手册、安全责任承诺书、从业人员资质证明以及业绩证明等。

在开展研学服务方面，机构应重点强化研学旅行安全管理，严格选购经相关部门认可的交通、餐饮和住宿等服务产品。机构从业人员（含研学旅行指导师）上岗前应进行安全风险防范及应急救助技能培训。机构应成立专业的应急处置部门，安排专人负责协调处置突发事件，为出行师生购买意外险。

3. 森林研学基地和营地

（1）森林研学基地和营地定义

通过分析国家有关研学旅行的政策文件及要求，对研学旅行基地（营地）的定义进行梳理，可以发现，我国中小学森林研学旅行基地和营地的概念应具有以下内涵：第一，必须是一种场所，供中小学生开展以森林研学为主要研学主题的研学实践教育活动；第二，必须富含研学课程资源，除以森林研学为主要研学主题外，围绕一定的教育目标开发其他有主题的研学课程，森林研学营地还应有可与周边教育资源有效配合的主题研学线路；第三，必须具有开展研学活动的教育教学设计，体现教育功能；第四，必须配有接待服务设施，森林研学营地还应具备一次性集中接待一定规模学生的餐饮、住宿设施，同时配备医疗服务。

据此，对森林研学基地和营地的定义如下：森林研学基地是指具有以森林研学为主题的研学课程资源和完善的接待服务场所、教育教学设施，服务中小学生开展森林研学实践教育活动的场所（图 2-1-1、图 2-1-2）。森林研学营地是指本身及周边具有以森林研学为主题的研学课程资源和完善的接待服务场所、教育教学设施、餐饮住宿设施，服务中小学生开展以森林研学为主的研学旅行教育活动的场所（图 2-1-3）。

图 2-1-1　山西梅洞沟省级湿地公园研学实践教育基地

图 2-1-2　吉林红石国家森林公园研学基地

图 2-1-3　上峰山自然研学旅行营地

（2）森林研学基地与营地区别

作为实施森林研学活动的场所，森林研学基地与营地没有本质上的区别。从全国各地关于森林研学基地、营地的标准和规范或评审条件来看，二者的区别主要表现在课程设置和功能设置的不同。

①课程设置及呈现方式不同　森林研学基地的课程来自对自身资源的挖掘和设计，课程内容上与自身资源高度吻合，强调特色，课程数量一般不多。如新疆维吾尔自治区北疆天山中段的乌苏佛山公园森林环保科普研学基地，根据自身资源进行挖掘和设计，开设了自然教育、艺术审美、户外体育、安全急救、社情培养、科技创客六大版块的课程，森林研学主题明显。营地的课程可以根据自身资源设计，但更多呈现为与周边教育资源配合形成的主题更丰富的研学线路，并且要求课程数量更多，以满足研学历时更长的要求。

②功能设置不完全一致　教育功能是森林研学基地和营地的首要功能，不要求基地具备食宿功能，但营地必须具有能一次性集中接待一定规模学生餐饮、住宿的设施。

（3）森林研学基地与营地共同属性

《关于促进旅游业改革发展的若干意见》中明确要求："研学旅行要坚持教育性原则、实践性原则、安全性原则和公益性原则。"作为森林研学实践教育活动的载体，森林研学旅行基地和营地必然有着与研学旅行一致的教育性、实践性、安全性和公益性等本质属性，同时具有其自身的地域性和开放性。

①教育性 研学旅行"要结合学生身心特点、接受能力和实际需要，注重系统性、知识性、科学性和趣味性，为学生全面发展提供良好的成长空间"。因此，教育性是森林研学基地和营地的本质属性。森林研学基地和营地的硬件、软件建设要从生态教育的角度出发，凸显教育功能，有利于实现教育目标。

②实践性 森林研学旅行基地和营地的实践性表现为其课程和设施要满足中小学生森林研学动手实践、亲身体验的需要，尤其课程设计与实施应尊重学生的主体地位，以主体实践教育活动为主，以培养创新精神和实践能力为目标，变知识性的课堂教学为实践性的体验教学。

③安全性 森林研学旅行基地和营地的安全性是由其服务的中小学生这一特殊人群决定的。森林研学基地和营地的选址要远离地质灾害和其他危险区域，要始终坚持安全第一的原则，配备安全保障设施，设立安全应急预案，确保学生的安全。

④公益性 《关于促进旅游业改革发展的若干意见》中规定，研学旅行"不得开展以营利为目的的经营性创收"。因此，森林研学基地和营地应把追求社会效益放在首位，对贫困学生有实施减免费用的义务。

⑤地域性 森林研学基地和营地要体现地域特色，其课程资源一般是该地域以森林为主的自然资源的典型代表。

⑥开放性 一是教学环境的开放性。森林研学基地和营地的环境区别于学生惯常的校园学习环境，有利于引导学生到自然和社会环境中拓宽视野、丰富知识和参与体验。二是服务对象的广泛性。森林研学基地和营地对所有学生开放，欢迎、接纳任何地方、任何适龄段的中小学生开展森林研学活动，不受地域或其他方面的限制。

巩固训练

1. 选择题

（1）森林研学服务机构的特点包括（　　）。
A. 具有教育功能　　　　　　B. 具有服务功能
C. 运营要确保安全性　　　　D. 遴选具有规范性
（2）森林研学服务机构的主要类型有（　　）。
A. 具有相应资质的旅行社　　B. 具有相应资质的其他机构
C. 科普教育基地　　　　　　D. 国家公园、自然保护区等
（3）承办研学旅行业务的旅行社宜达到（　　）以上等级。
A. AA　　　　B. AAA　　　　C. AAAA　　　　D. AAAAA

2. 填空题

(1)森林研学服务机构的资质条件包括_____、_____、_____、_____。

(2)开展研学旅行活动需要_____、_____、_____共同协力完成。

3. 问答题

(1)森林研学服务机构包括哪两种类型?

(2)森林研学营地和基地有何区别?

任务2-2 森林研学基地(营地)建设

任务指导书

任务目标

掌握森林研学基地(营地)设立的条件和要求;能够根据森林研学基地(营地)设立的条件和要求,撰写森林研学基地(营地)申报方案。

任务描述

查阅研学旅行相关规范、标准及其他相关文件,熟悉森林研学基地(营地)设立的条件和要求以及申请程序,对机构自身条件进行评估,申报设立一家森林研学基地(营地)。

任务实施

1. 学生分组

每5~6人为一组,确定组长,实行组长负责制。

2. 收集资料

查阅研学旅行相关规范、标准及其他相关文件,梳理出森林研学基地(营地)设立的一般条件和要求以及申请程序。

3. 调查评估和总结汇报

根据实际情况,在一定范围内开展森林研学基地(营地)申报意向调查,并选取一家意向机构,按照森林研学基地(营地)设立的条件和要求,进行森林研学基地(营地)设立的可行性分析,形成调查报告,并制作PPT在课堂上进行汇报。

4. 撰写森林研学基地(营地)申报方案

按照规范的要求,为选取的意向机构撰写森林研学基地(营地)申报方案。

☞ **考核评价**

根据表 2-2-1 对任务实施过程和结果进行评价。

表 2-2-1 评价表

评价指标	评价标准	赋分	教师评价得分（占70%）	学生互评得分（占30%）	综合得分
学习素养	按时出勤，不迟到或早退，不旷课	5			
	积极发言，参与课堂互动	10			
	按时、按质完成作业，不迟交、不漏交	5			
课堂汇报	仪容、仪表整洁大方，礼仪规范	5			
	PPT 制作精美	10			
	汇报内容全面，重点突出，语言表达流畅	15			
申报方案	目标明确，实现路径合理	10			
	具备实用性和可操作性	10			
	语言清晰、流畅，有一定的创新性	30			
合　计		100			

知识链接

1. 森林研学基地(营地)设立条件和要求

根据森林研学基地(营地)的概念和内涵，综合考虑各种因素，森林研学基地(营地)的设立应满足相关条件和要求。同时，各单位在申报过程中还应充分考虑自身的教育功能、地理位置、资质条件等实际情况，充分挖掘特色研学主题，积极丰富研学产品，并把安全管理贯穿森林研学的每个环节，为中小学提供质优价廉的森林研学服务。森林研学基地(营地)设立条件和要求如下。

(1)研学实践教育资源丰富，开发合理

研学实践教育资源能够满足学生 1~5 天研学实践教育活动的需求。研学实践教育课程和线路设计科学，有多个不同主题、不同学段(小学、初中、高中)，且与学校教育的内容衔接，能够实现中小学研学实践活动的育人目标。

(2)师资力量雄厚，业务能力较强

有从事研学实践教育工作的专职队伍，能够设计课程和线路，能够组织中小学生集体实践，开展研究性学习，促进书本知识与生活实践深度融合，落实立德树人的根本任务，培育和践行社会主义核心价值观。

(3)基础设施齐全，保障与承载能力较强

正常、安全运行 1 年以上；房屋、水电、通信、消防等基础设施配套齐全，环境整洁、卫生良好，能够满足正常运行的需要；能够同时接待 100 名以上学生集中食宿；所在地交通便利，能够满足开展研学实践教育活动的交通要求；内部具备基本的医疗保障条件，周边有医院；有安全措施和保障能力，有安全警示标志和专门的安全应急通道，有24小时、无死角的监控系统，有现场安全教育和安全防护措施，有应急预案，未发生过重大安全事故。

(4)团队综合素质高，组织机构健全，管理制度完备

团队综合素质高、统筹协调和管理能力强，组织机构健全，管理制度完备。有专人负责中小学生研学实践教育工作，接待流程、接待方案长期公开。

(5)财务管理体制明确，产权清晰，运营良好

财务管理体制明确，产权清晰，日常运转经费来源稳定，注重预算管理、绩效考核评价，内部控制与财务制度健全，会计基础工作规范，具备项目管理能力。

2. 森林研学基地(营地)申报程序

(1)市级研学基地(营地)申请流程

①单位申报　各相关单位根据申报条件，填写《中小学生研学基地(营地)申报表》，上报至相关县(市、区)教育局。

②县(市、区)推荐　各县(市、区)教育局会同本地相关单位对本县(市、区)申报单位进行评审，将推荐名单和相关材料报市教育局相关部门。

③专家评审　市教育局会同相关部门，组织对各申报单位进行资质条件审查，并进行实地考核，主要考核申报单位的资质证照、制度建设、场馆设备、研学旅行指导师团队、课程体系和安全保障等内容。

④结果公示　根据专家组意见确定基地(营地)名单，在市教育局官网上进行公示，无异议后授牌。

(2)省级研学基地(营地)申请流程

①市级主管部门遴选推荐　各设地区(市)教育局牵头会同基地(营地)主管部门，对本地符合条件的单位进行评审遴选，将推荐名单和申报单位的申报材料报省(自治区、直辖市)教育厅。

②评议认定　省(自治区、直辖市)教育厅会同相关部门，组织专家对申报单位进行评议，视情况进行实地考核，择优认定，在省(自治区、直辖市)教育厅官网上进行公示。认定时统筹考虑地域、资源、类别、需求等因素，向资源丰富的地区适当倾斜。

③运行管理　省级研学基地(营地)一般实行周期管理，管理周期3年。一期届满，省(自治区、直辖市)教育厅进行复评。复评合格的，保留其授牌，进入下一个管理周期；复评不合格的，撤销其授牌。申报单位存在弄虚作假行为的，5年内不得重新推荐申报，并相应核减市域推荐名额。

(3)国家级研学基地(营地)申请流程

①基地推荐　基地由国家有关部门和省级教育行政部门分别推荐。国家有关部门推荐工作由教育部另行通知。省级教育行政部门要会同相关部门(宣传、发改、科技、工信、自然资源、生态环境、住建、交通、水利、农业农村、文旅、卫生健康、气象、海洋等)对本省(自治区、直辖市)符合推荐条件的优质资源单位进行遴选，重点考虑国家或相关行业已挂牌的各类教育基地。省级教育行政部门组织相关行业专家对本地推荐材料进行评审，确定推荐名单和推荐顺序，报教育部审核认定。

②营地推荐 省级教育行政部门要认真遴选本省（自治区、直辖市）工作基础较好的符合推荐条件的青少年校外活动场所等单位，确定推荐名单和推荐顺序，报教育部审核认定。

③专家审核 教育部组织专家对基地（营地）进行审核，并在此基础上对候选基地（营地）进行实地核查，经过审核的基地（营地）在教育部门户网站上公示后予以授牌。

知识拓展

1. 森林研学基地（营地）申报标准

申报各级森林研学基地（营地），需要达到教育行政部门具体条件要求和市场监管部门有关标准。森林研学基地（营地）一般应通过研学资源、研学设施、研学服务、基本要求、基础设施要求、运营管理要求6个方面的建设，达到相应级别森林研学基地（营地）的标准（表2-2-2）。另外，申报教育部（国家级）基地（营地）的主体必须是教育系统所属的公益性青少年校外活动场所、综合实践基地等；尽可能邀请国有单位参与建设，对于相关工作的开展更为有利。

表 2-2-2 森林研学基地（营地）评审指标体系（参考）

项目	评 定 标 准	
	基 地	营 地
研学资源	资源载体独特性：具有较高的探究体验、观赏游憩价值；具有较高的历史价值、文化价值、科学价值和教育价值；资源实体完整、体量大，或资源类型较多，或资源实体疏密度良好，参照《旅游景区质量等级划分》（GB/T 17775—2024）执行。 资源平台独特性：知名度、美誉度较高，社会影响力较大；市场辐射力较强，具备每年30万人次以上游客接待能力；特色鲜明，主题明确，教育指向性较强；游客抽样调查满意度较高。 资源类型独特性：结合自然景观和文物古迹，帮助中小学生了解地方的地理地貌和历史文化，培养乡土情怀，树立人与自然和谐共生的生态自然观；或利用地方红色文化资源，组织开展主题鲜明、内容丰富、形式多样的革命传统教育活动；或结合不同学段学生的身心发展特点和能力，利用各类纪念日、主题日等，开展相关主题教育活动。 资源开发持续性：采取科学手段和有效措施预防自然和人为破坏，保持自然景观和文物古迹的真实性和完整性；按照《景区最大承载量核定导则》（LB/T 034—2014）中4.2的要求，科学设定资源容量、生态容量和游客容量	课程资源：设计与学校教育内容相衔接、与学生学段特点相适应、学习目标明确、主题特色鲜明、富有教育功能的课程；具备自然、历史、地理、科技、人文、体验等课程类别，研学中强化绿色教育理念；根据资源及接待能力状况，各营地应至少开设3类课程，每个类别至少有10门课程；结合营地所在地资源，编制至少1门地方特色实践课程；研学课程须提交学校审定，报上级教育主管部门备案后方可执行。 课程类型：研学课程的形式应包括但不限于参与体验型、合作制作型、集体表演型、激情励志型、互动问答型。 课程特点：研学课程应结合学生学段特点和身心特点，具有可实施性、体验性、探究性、教育性。 课程规划：编制1年及以上课程发展规划，涵盖研学资源、课程体系、保障体系等核心内容，目标明确、措施可行

（续）

项目		评 定 标 准	
		基 地	营 地
研学设施		教学设施：具有足够容纳 200 人及以上的室内或半封闭教学场所；教学场所符合《声环境质量标准》（GB 3096—2008）中规定的 2 类环境噪声限值；配有必要的教学用具、仪器，性能良好，检验合格，无安全隐患；提供无干扰无线讲解系统。 标识设施：设置景点导览图、交通导览图，清晰标识饮水处、私人物品寄存处、厕所和遮阳避雨场所；在售票处、研学旅行服务中心、医疗点、厕所、餐饮场所、购物场所等场所配备导览设施，在危险地段、安全通道设置警示标识；导览设施符合《公共信息图形符号 第 1 部分：通用符号》（GB/T 10001.1—2023）和《安全标志及其使用导则》（GB 2894—2008）的要求。 餐饮设施：具备同时容纳 200 人及以上的用餐场地。用餐环境、空气质量、卫生标准、就餐设施符合 GB 37487 规定。 医疗设施：设有一般伤病医务室，配有医务工作人员，配备必要的急救药品和仪器；至少有 1 辆特种应急救援车辆；附近 30 分钟车程范围内有可以随时实施急诊医疗的医院及救助资源	教学设施：用于教学的总建筑面积不低于 10 000m²；设有室内和室外实践教学、运动体验场馆，场馆功能分区明显，主题鲜明；教学场所符合《声环境质量标准》（GB 3096—2008）中规定的 1 类环境噪声限值；配有教学仪器、体育锻炼器材、手工劳作工具等，且性能良好，检验合格，无安全隐患。 住宿设施：保证选址科学，布局合理，便于集中管理；宿舍满足一次接待 200 人及以上要求，男女分室，集体住宿，总体服务质量和安全管理符合《旅游饭店星级的划分与评定》（GB/T 14308—2023）的要求；配有床铺、床上用品、存储柜、写字台、空调等基础设施，符合《星级饭店客房客用品质量与配备要求》（LB/T 003—1996）要求；每间宿舍应有独立浴室，配有淋浴设施、防滑地板，有醒目的防滑、防烫标志；设有安全紧急避险通道，配置警戒设施；野外露营点应选址科学、合理，帐篷搭建安全规范并设警示区。 餐饮设施：设置学生食堂，实行营养配餐，用餐卫生、方便、快捷；提供绿色、环保、舒适的餐饮桌椅，无安全隐患，满足一次接待 200 人及以上要求；餐饮、餐具的消毒卫生符合《食品安全国家标准消毒餐（饮）具》（GB 14934—2016）的规定；餐厅环境、空气质量、卫生标准、就餐设施符合《公共场所卫生管理规范》（GB 37487—2019）的规定；禁止使用对环境造成污染的一次性餐具；饮用水卫生标准执行《生活饮用水卫生标准》（GB 5749—2022）规定；餐饮服务许可证、经营许可证、健康证三证齐全。 医疗设施：设有一般伤病医务室，配备必要的急救药品和仪器；配有至少 1 名执业医师和 1 名注册护士在医务室值班，执业医师须身体健康且有 5 年以上医疗机构工作经历；至少配备 1 辆特种应急救援车辆；附近 30 分钟车程范围内有可以随时施行急诊医疗的医院及救助资源
研学服务	教学服务	研学活动过程中按 1：15 配备教学服务人员；配备专职人员负责对接、协助学校和第三方服务机构等工作	研学过程中按 1：20 配备专职指导人员，指导人员应定期接受教育主管部门组织的业务培训，并取得培训合格证书；具有入营教育、求生救护教育、生态环保教育和结营仪式等完整的研学流程；配有专职人员对接、协助学校或第三方服务机构人员实施研学活动以及保障后勤

（续）

项目	评定标准		
		基　地	营　地
研学服务	住宿服务	—	配有专业管理人员，指导学生安全使用宿舍设施设备，提高学生安全防范意识；宿舍楼配有服务人员，提供生活服务；安保人员24小时值班巡逻，保障学生的财产和人身安全；住宿的服务质量、管理制度等符合《旅游饭店星级的划分与评定》(GB/T 14308—2023)要求；住宿的环境保护要符合《绿色旅游饭店》(LB/T 007—2006)要求；餐饮服务：提供健康食物，合理搭配营养，引导学生文明用餐；餐饮服务符合《旅游餐馆设施与服务等级划分》(GB/T 26361—2010)要求；餐饮服务人员应定期体检，持健康证上岗
	咨询服务	—	应有相应的网络宣传渠道，为家长、学校、政府部门以及社会各界提供营地的地理位置、组织机构、课程体系、联系方式等基本信息；设有公开的咨询电话，指定专人负责
基本要求	具备一年以上法人资质，同时取得教育、消防、卫生、旅游等管理部门颁发的相关有效证照。 具有良好的企业形象和较高的社会知名度，无违规或不良记录。 与具备研学旅行资质的第三方服务机构签订有效协议(合同)。 每自然年度研学接待能力：基地不少于5000人次，营地不少于8000人次(专业科研院所、军事营地可适当降低要求)。 区域位置合理，社会风气良好，人文环境优美，避开自然灾害等安全隐患		
基础设施要求	道路交通	外部道路应配有交通标志和标线，符合《道路交通标志和标线　第2部分：道路交通标志》(GB 5768.2—2009)规定。 停车场总面积不小于2000m²，地面应硬化处理，道路平整、干净。 按车辆车型分区，并提供交通指导服务人员，保证车辆行驶顺畅	
	卫生设施	环境整洁，无污水、污物，无乱建、乱堆、乱放现象，建筑物及各种设施设备无剥落、污垢，空气清新、无异味，各类场所全部达到《公共场所卫生指标及限制要求》(GB 37488—2019)规定的要求。 公共厕所布局合理，数量能满足需要。所有厕所具备水冲、盥洗、通风设备，并保持完好或使用免水冲生态厕所。厕所有专职保洁员，洁具洁净，无污垢、堵塞。 应设置特殊人群使用的卫生间和无性别厕所，设施应符合《无障碍设施规范》(GB 50763—2012)的规定。 垃圾箱分类设置，布局合理，标识明显，造型美观，与环境相协调。垃圾清扫及时，日产日清	

（续）

项目		评 定 标 准	
		基 地	营 地
基础设施要求	应急通信	对空气质量进行监测，PM₂.₅和有害气体限值应按照《环境空气质量标准》（GB 3095—2012）执行。 消防应急设备配置齐全，包括消防栓、灭火器、逃生锤等和应急照明灯、应急工具、处置设施等。 设有安全出口、紧急出口和紧急避险通道，出入口应方便集散，确保畅通，安全提示和指引标识清晰，位置醒目。照明和疏散指示系统应符合《消防应急照明和疏散指示系统》（GB 17945—2024）的要求。 设有完备的应急供电设备和系统，应符合《供配电系统设计规范》（GB 50052—2009）的要求。 建立完善的广播服务网，免费提供急、难、险事的求助服务。 通讯、网络、移动信号全面覆盖	
	安保设施	配备充足的治安室（岗）和常规治安设施，有专职治安人员。 配有至少1辆治安巡逻车辆，有专职人员值班巡逻。 设有与辖区公安机关相连的一键报警系统，监控系统接入天网，影像保存1个月以上	
	文体设施	文体设施应符合《大型游乐设施安全规范》（GB 8408—2018）的要求	
运营管理要求	组织管理	建立健全内部管理制度，接受教育主管部门的年度考核。 按照服务协议（合同），配齐项目专职人员。 建立与教育、文化和旅游、食品药品监管、保监、公安、消防等部门定期联系沟通反馈机制。 有健全的服务质量标准、岗位责任制度和工作规范	
	安全管理	配备专职安全人员，定期接受培训。 健全安全责任机制，明确各方责任，落实到人。 根据不同研学主题和项目，制定针对性的安保方案。 建立安全检测制度，定期对教学、场地、交通、餐饮及卫生等设施进行检测。 与有资质的交通运输公司签订用车合作协议，车龄不超过3年，司机驾龄不得少于10年，严禁自行提供用车服务	
	应急管理	制定应急预案及操作手册，定期对场所、交通、餐饮、参观线路进行风险预测评估，并开展应急演练。 设有治安机构或治安联防点，与周边公安、消防等机构建立应急联动机制	
	信息管理	建立研学档案库，及时进行档案收集、整理、归档，并向学校反馈相关情况。 研学活动影像资料保存6个月以上。 健全投诉与处理制度，流程清晰、渠道畅通，处理及时，档案记录完整。 定期开展研学访谈与问卷调查，做好满意度测评工作。 做好研学活动信息收集、整理、归档工作，确保信息安全，严禁泄露学生个人信息	
	财务管理	健全财务制度，规范会计工作，实行项目管理、独立核算。 建立经费保障制度，确保各项经费落实到位。 为研学师生购买在基地（营地）活动的公众责任险，总额度不低于1000万元/年	

注：引自江西省《中小学研学旅行》（DB36/T 1442—2021）的第1部分：基地（营地）认定规范，有改动。

2. 森林研学基地(营地)退出机制

教育部门会同相关部门对中小学研学实践教育基地进行动态管理,建立退出机制,不定期开展检查评估,对发展缓慢、品牌退化、课程粗浅、存在安全隐患、师生反映不良的基地(营地),予以通报或取消。

● 开展3年考核复审工作,对存在较大安全隐患或整改不到位、不按教育教学规律和要求开展活动、不适宜学生开展实践教育和研学旅行活动或发生过较大安全事故的基地(营地),取消其资格。

● 停止运营或失去相应经营资质的。

● 落实安全措施不力、发生安全责任事故、遭到重大服务质量投诉的(学校投诉超过3例、家长投诉超过10例或满意率在80%以下的)。

● 擅自提高收费标准的。

● 弄虚作假的。

● 不履行合同,给学校或学生造成一定损失并侵犯学生正当权益的。

● 课程开设指导不力、管理不规范、课程未落实、课程实施年度评估不合格的。

巩固训练

1. 选择题

(1)森林研学服务机构一般应通过(　　　)等方面的建设,达到相应级别森林研学实践基地(营地)的标准。

A. 研学资源　　　　B. 研学设施　　　　C. 研学服务　　　　D. 基本条件

E. 基础设施要求　　F. 运营管理要求

(2)研学基地(营地)的设立条件有(　　　)。

A. 团队综合素质高,组织机构健全,管理制度完备

B. 研学实践教育资源丰富,开发合理

C. 师资力量雄厚,业务能力较强

D. 财务管理体制明确,产权清晰

(3)森林研学基地(营地)申请流程有(　　　)。

A. 单位申报　　　B. 主管部门推荐　　　C. 专家评审　　　D. 结果公示

2. 填空题

(1)森林研学基地(营地)的等级有_____、_____、_____。

(2)设立森林研学基地(营地)要求各项运行制度健全,保障与承载能力较强,能够至少同时接待_____名以上学生集中食宿。

3. 简答题

(1)省级森林研学基地(营地)的申报程序有哪些?

(2)国家级森林研学基地(营地)的申报程序有哪些?

任务2-3 森林研学服务机构运营

任务指导书

👉 任务目标

掌握森林研学服务机构的运营原则；归纳总结森林研学服务机构的运营模式，能够对不同规模的森林研学服务机构进行运行管理。

👉 任务描述

根据实际情况，选取一定地域范围内的森林研学服务机构开展运营状况调查，为新设立的森林研学服务机构撰写运营方案。

👉 任务实施

1. 学生分组

每5~6人为一组，确定组长，实行组长负责制。

2. 收集资料

选取一定地域范围内的森林研学服务机构，通过访谈和网络查询等途径对其开展运营状况调查。

3. 总结汇报

对森林研学服务机构运营状况调查资料进行整理，总结森林研学服务机构运营的基本原则和运营模式，撰写调查报告，制作PPT进行课堂汇报。

4. 撰写森林研学服务机构运营方案

根据前期森林研学服务机构运营状况调查的成果，为新设立的森林研学服务机构撰写运营方案。

👉 考核评价

根据表2-3-1对任务实施过程和结果进行评价。

表 2-3-1　评价表

评价指标	评价标准	赋分	教师评价得分（占70%）	学生互评得分（占30%）	综合得分
学习素养	按时出勤，不迟到或早退，不旷课	5			
	积极发言，参与课堂互动	10			
	按时、按质完成作业，不迟交、不漏交	5			
课堂汇报	仪容、仪表整洁大方，礼仪规范	5			
	PPT制作精美	10			
	汇报内容全面，重点突出，语言表达流畅	15			
运营方案	目标具备具体性、可行性、合理性	10			
	资源需求合理，考虑环境适应性，风险评估到位	10			
	成本分析合理，效益评估科学	30			
合　计		100			

知识链接

1. 森林研学服务机构运营原则

(1) 系统性原则

系统性原则也称为整体性原则，它要求把决策对象视为一个系统，以系统整体目标的优化为准绳，协调系统中各分系统的相互关系，使系统完整、平衡。因此，在决策时，应该将各分系统的特性放到大系统的整体中进行权衡，以整体系统的总目标来协调各分系统的目标。在森林研学服务机构运营过程中，应把森林研学服务机构当成一个整体进行思考，综合考虑各方面因素，使之能完整、平衡发展。

(2) 规范性原则

森林研学服务机构的运营管理需按照国家、省(自治区、直辖市)有关部门研学服务机构运营管理相关文件制定出符合自身条件的一套完整的管理体系(包括组织管理、安全管理、应急管理、信息管理、财务管理、课程资源管理)等，并根据制定的管理体系进行规范性运营管理。

(3) 高效性原则

森林研学服务机构运营管理的目的在于为中小学生开展研学实践活动提供更加优质的服务，因此研学服务机构高效运行管理十分重要，应能够在学生规模较大的情况下提供高效的教学服务、餐饮服务、住宿服务和咨询服务等。

(4) 实践性原则

研学是中小学综合实践育人的重要途径，是必修课综合实践活动课程的重要形式。建设研学基地(营地)，不论是课程设计、环境创设，还是基础设施、硬件配套，都要满足学生动手实践、亲身体验的需要，以实现了解社会、亲近自然、参与体验、拓宽视野的目的，基地(营地)不能只是供中小学生进行旅游观光或展馆静态参观。

(5)安全性原则

研学是以集体旅行、集中食宿的方式开展的校外教育活动，研学基地(营地)要远离地质灾害和其他危险区域，坚持安全第一。要建立安全保障机制，明确安全保障责任，落实安全保障措施，设立安全应急预案，努力做到万无一失，确保学生安全。

2. 森林研学服务机构运营管理的内容

森林研学服务机构运营管理包含多方面的内容，如组织管理、安全管理、应急管理、信息管理、财务管理、课程资源管理、餐饮管理、住宿管理等。

(1)组织管理

建立健全内部管理制度，接受教育主管部门的年度考核。按照服务协议(合同)，配齐项目专职人员。建立与教育、文化和旅游、食品药品监管、保监、公安、消防等部门的定期联系沟通反馈机制。有健全的服务质量标准、岗位责任制度和工作规范。

(2)安全管理

配备专职安全人员，定期进行培训。健全安全责任机制，明确各方责任，落实到人。根据不同研学旅行主题和项目，制订针对性的安保方案。建立安全检测制度，定期对教学、场地、交通、餐饮及卫生等设施进行检测。与有资质的交通运输公司签订用车合作协议，车龄不超过3年，司机驾龄不得少于10年，严禁自行提供用车服务。

(3)应急管理

制订应急预案及操作手册，定期对场所、交通、餐饮、参观线路进行风险预测评估，并开展应急演练。设有治安机构或治安联防点，与周边公安、消防等部门建立应急联动机制。

(4)信息管理

建立研学旅行档案库，做好研学活动信息收集、整理、归档工作，并向学校反馈相关情况。研学活动影像资料保存6个月以上。健全投诉与处理制度，做到流程清晰、渠道畅通、处理及时、记录完整。定期开展研学旅行访谈与问卷调查，做好满意度测评工作。确保信息安全，严禁泄露学生个人信息。

(5)财务管理

健全财务制度，规范会计工作，实行项目管理、独立核算。建立经费保障制度，确保各项经费落实到位。为研学旅行师生购买在基地(营地)活动的公众责任险，作为专项经费开支。

(6)课程资源管理

开发更多符合当地特色和具有代表性的研学活动课程，具备开展自然、历史、地理、科技、人文等多种课程的条件，研学课程的形式应包括但不限于参与体验型、合作制作型、集体表演型、激情励志型、互动问答型。

(7)餐饮管理

提供绿色、环保、舒适的餐饮桌椅，无安全隐患，满足一次接待200人(含)以上要求(图2-3-1)。餐饮、餐具的消毒卫生符合《食品安全国家标准消毒餐(饮)具》(GB 14934—

2016)的规定。餐厅环境、空气质量、卫生标准、就餐设施符合《公共场所卫生管理规范》（GB 37487—2019）的规定。饮用水卫生标准执行《生活饮用水卫生标准》（GB 5749—2022）的规定。餐饮服务许可证、经营许可证、健康证齐全。

（8）住宿管理

男女分室，集体住宿。总体服务质量和安全管理应符合相关要求。配有床铺、床上用品、存储柜、写字台、空调等基础设施，符合《星级饭店客房客用品质量与配备要求》（LB/T 003—1996）要求（图 2-3-2）。每间宿舍应有独立浴室，配有淋浴设施、防滑地板，有醒目的防滑、防烫标志。设有紧急避险通道，符合《旅游饭店星级的划分与评定》（GB/T 14308—2023）的要求。野外露营点应选址科学合理，帐篷搭建安全规范并设警示区。

图 2-3-1 基地餐饮设施　　　　图 2-3-2 基地住宿设施

知识拓展

1. 森林研学基地（营地）运营理念

森林研学基地（营地）作为开展森林研学活动的载体和依托，其运营要坚持教育性理念和公益性理念。

（1）教育性理念

研学旅行是中小学生的一门活动课程，研学旅行基地（营地）是根据小学、初中、高中不同学段的研学旅行目标，开展自然类、历史类、地理类、科技类、人文类、体验类等多种活动课程的重要载体。因此，基地（营地）的建设要遵循教育规律，结合中小学生的身心特点、接受能力和实际需要，坚持研学教育与生态文明教育、自然教育、劳动教育、国情教育、生活实践教育等有机融合，培养学生的动手能力、团队协作能力和社会责任感、创新精神、科学精神等，从而实现基地（营地）的教育功能。

（2）公益性理念

研学旅行是国家基础教育改革的重要内容，森林研学基地（营地）建设应把实现社会效益放在首位，为中小学生提供自然类、地理类、人文类、体验类等活动课程及其相关服务，杜绝开展过度的以营利为目的的经营性创收，并需建立相应的收费减免政策。

2. 森林研学基地(营地)运营内容

森林研学基地(营地)已经成为森林研学的重要载体。为保证森林研学的服务质量，推动研学旅行服务市场的健康发展，研学基地(营地)科学、规范运营十分重要。森林研学基地(营地)运营主要从以下几个方面进行：

(1)师资条件

建立专兼职相结合的相对稳定的研学旅行指导师队伍。应至少配备3名具有省级及以上行政主管部门或专业社会组织颁发的研学旅行指导师职业证书的专职研学旅行指导师，且兼职研学旅行指导师应具有与研学课程相匹配的专业优势。学生与研学旅行指导师的比例不低于30：1；研学旅行指导师负责制订研学旅行教育工作计划，在其他工作人员的配合下提供研学旅行教育服务。

(2)课程资源

各类课程应由中小学或中高等教育院校和相关主管部门共同规划、设计，并做详细记录。应根据研学的主题，编制研学旅行教育大纲，凸显本地的资源或文化特色。应设计与学校教育内容相衔接的课程，学习目标明确、主题特色鲜明，融入理想信念教育、爱国主义教育、革命传统教育、国情省情教育、文化传统教育、学科实践教育等内容。

(3)教育场地和设施

针对不同研学主题以及不同年龄段学生配备相应的研学场地(图2-3-3)。按照研学旅行教育服务计划，配备相应的教学辅助设施，如多媒体、实验室、教具等(图2-3-4)。

图 2-3-3　森林研学课程实施场地

图 2-3-4　基地研学教学设施

(4)餐饮服务

①餐厅位置选择合理　餐厅应设置在一楼、二楼等低楼层且方便学生进出的区域，用餐区应有充足的空间和座位保证学生及时、有序用餐。

②环境清洁卫生　环境的舒适度直接影响就餐者的心情和体验。学生用餐环境应整洁雅致、空气清新，餐具经过严格的消毒，餐饮产品新鲜、营养、卫生。餐厅卫生应符合《饭馆(餐厅)卫生标准》(GB 16153—1996)的要求。做到环境与设施整洁舒适，秩序良好。污水排放符合《污水综合排放标准的规定》(GB 8978—1996)。

③产品明码标价　价格是一个敏感因素，不合理的餐饮产品价格会让学生有上当受骗的感觉，影响学生研学时的心情。因此，在提供餐饮服务时，应在保证餐饮产品质量的前提下制定合理的价格。各类餐饮食品应该明码标价，做到不欺客、不宰客，价位合理，质价一致。在学生用餐结束之后，要出具服务凭证或相应税票。

④服务快速及时　学生到餐厅就餐时一般希望享受到快速、及时、有序的服务，其原因主要是：学生参加研学旅行活动要消耗大量的体力，会产生强烈的饥饿感。学生饥肠辘辘时，如果餐厅点菜、上菜时间过长，会使学生难以忍受。因此，研学基地(营地)在提供餐饮服务时要做到：学生一进餐厅，服务员就马上主动上前为学生安排座位，为学生斟上茶水，及时上菜。或者采用自助餐的方式，为学生提供快速的服务。

⑤尊重、关爱学生　餐饮服务人员要以友好、诚恳的态度接待，为学生着想，使他们有宾至如归的感觉。要关注学生用餐的各个环节，并尊重学生的饮食习惯等。

⑥管理服务规范　研学基地(营地)餐饮服务的主要对象是中小学生，与社会其他餐饮企业相比，应服务更加规范，管理更加严格。餐饮服务的基本原则、基本要求、基本程序、管理制度符合《旅游餐馆设施与服务等级划分》(GB/T 26361—2010)、《研学旅行服务规范》(LB/T 054—2016)的相关规定。

⑦食品安全、卫生　饮食、饮具消毒卫生执行《食品安全国家标准消毒餐(饮)具》(GB 14934—2016)规定。饮用水执行《生活饮用水卫生标准》(GB 5749—2022)规定。

(5) 交通服务

森林研学基地(营地)的交通设施是基地(营地)正常运行的基本保障，也是研学活动顺利完成的必要条件。因此，基地(营地)的交通运营应做到以下几点：

①活动安全性　学生参加研学活动，安全性始终是各方最为关心的问题。务必充分考虑研学旅行交通服务的安全性，如研学线路中道路的安全性、交通工具的安全性以及途经区域的安全性等。

②进出畅通性　是指基地(营地)同外面交通联系的通畅性和便利程度，即不仅要方便学生进入，而且要保证学生研学旅行结束后能顺利离开。《研学旅行基地(营地)设施与服务规范》(T/CATS 002—2019)规定的交通要求：应有县级以上的直达公路，站牌指示醒目；内部交通应安全通畅。

③运行准时性　基地(营地)交通服务带有严密的连贯性，任何一个环节的延误和滞留都会带来连锁反应，最终有可能产生一系列的经济责任，如房费、餐费和交通费等问题。交通服务的准时性是衡量研学基地(营地)服务质量优劣的重要标志。

④服务节奏性　基地(营地)的客流量在时间上变动较大。一般来说，进入和离开基地(营地)的客流量在每天的不同时段、周末与非周末以及研学旅行的淡季与旺季有所不同，这就要求基地(营地)的管理者和服务人员协调客流高峰带来的压力，为学生提供高效、优质、快捷的交通服务。同时，基地(营地)内部应注重研学地点的空间分布，合理安排研学旅行节奏，丰富学生的研学旅行体验。

⑤服务层次性　不同性别、不同年龄、不同学校、不同生源地、不同研学旅行目的、

不同经济条件的学生，对基地(营地)交通方式及其价格的要求不尽相同。因此，要进行运量和运力的合理考虑，以满足不同学生的需求。

(6)住宿服务

客房是为学生住宿以及休闲娱乐等服务的场所，是学生集体拥有的临时居住空间。住宿服务要做好以下几点：

①整洁卫生 服务人员个人卫生好，服装整洁，干净利索，精神状态好；客房干净卫生是学生对住宿条件最基本的要求，做到客房内外设施清洁整齐，使学生产生舒适感、安全感，能够放心使用；做好公共区域的清洁卫生服务，为学生提供舒适、美观、整洁的公共区域环境。

②安全可靠 做好学生人身安全保护工作，不擅自进入学生房间，不随意接听学生房间电话，不要让陌生人进入房间；服务人员因服务需要而进入学生房间时，不要东张西望，不能干扰学生的生活；做好学生财物安全提醒和告知服务，防丢失、防盗窃，保证学生的财产安全；配备齐全可靠的安全、消防设施，居住环境无污染，防疫和综合安全工作到位。

③安静轻松 营造宁静的客房环境，给学生舒服的感觉。选配设备要考虑低碳环保、低噪甚至是无噪声；做好隔音措施，阻止噪声的传入和传导；张贴好"请勿喧哗"等温馨提示标志；和善地提醒大声说话的学生，引导学生自我克制，放轻脚步、小声说笑。

3. 国家级中小学生研学实践教育营地的运营模式

(1)公建公办

由教育局在政府划拨的土地上进行开发建设，建成后在教育局监管下按照事业单位机制进行运营。国家级营地中大部分都是采取公建公办运营模式，它们与一般公办学校相似，产权与运营管理权合一，教育局负责解决营地部分教师的编制，当地财政部门按照核定的教师编制和运转费用为营地提供经费支持。由于这类营地本身就是综合实践基地(学校)或青少年校外活动中心，是教育局下属(或平级)事业单位，因此能够保证教师队伍和营地运营的整体稳定性，教育局对营地的人、财、物有全面掌控能力，也最容易监管。

(2)公建民营

由教育局在政府划拨的土地上进行开发建设，建成后在教育局监管下整体外包或引入市场机制进行运营。在公建民营模式下，产权与运营管理权分离，教育局仅解决极少量教师的编制，大部分教师以聘用方式进入营地，按照工作量计酬，财政以购买服务或项目的方式付给营地"一揽子"经费，其余部分由营地自负盈亏。目前国家级营地中的安徽滁州市示范性综合实践基地和山东临沂市青少年示范性综合实践基地就是公建民营模式的典型代表。

(3)公私合作

公私合作模式是指为了提供某种公共物品和服务，政府与私人组织之间，以特许经营权协议为基础，彼此形成一种"利益共享、风险共担、全程合作"的共同体关系。在公私合作模式下，营地由政府和企业共建，因此有利于减轻财政负担、促进投资主体多元化。国家级营地中，湖北荆门市示范性综合实践基地就是通过公私合作模式建立的。

巩固训练

1. 选择题

(1)森林研学服务机构的运营原则包括(　　　)。

A. 系统性原则　　　　B. 规范性原则　　　　C. 高效性原则　　　　D. 服务性原则

(2)国家级中小学生研学实践教育营地的运营模式主要有(　　　)。

A. 公建公办　　　　B. 公建民营　　　　C. 公私合作　　　　D. 私营

(3)国家级中小学生研学实践教育营地中大部分都是采取(　　　)的运营模式。

A. 公建公办　　　　B. 公建民营　　　　C. 公私合作　　　　D. 私营

2. 填空题

(1)森林研学基地(营地)的运营理念包括_____、_____、_____。

(2)公私合作模式是指为了提供某种公共物品和服务，政府与私人组织之间以特许经营权协议为基础，彼此形成一种"_____、_____、_____"的共同体关系。

3. 问答题

(1)森林研学服务机构运营管理主要包含哪些方面的内容?

(2)森林研学基地(营地)的运营内容主要包含哪些方面?

任务2-4 森林研学服务机构遴选

任务指导书

☞ 任务目标

熟悉森林研学服务机构的遴选条件和遴选程序；能够根据特定的遴选通知文件要求，协助森林研学服务机构提交遴选申报材料。

☞ 任务描述

研读各地森林研学服务机构的遴选通知文件，梳理森林研学服务机构遴选的一般条件和程序，按照特定的遴选通知文件要求，为森林研学服务机构编写申报材料，进行相应的遴选申请。

☞ **任务实施**

1. 学生分组

每5~6人为一组，确定组长，实行组长负责制。

2. 收集资料

通过网络收集各地森林研学服务机构的遴选通知文件，并进行分类整理。

3. 编写森林研学服务机构遴选申请材料

根据特定的遴选通知文件要求，选取符合遴选要求并有意向申请承办森林研学实践教育活动的森林研学服务机构，为其编写森林研学基地(营地)遴选申请书和准备相关申请材料。

4. 遴选申请

按照遴选通知文件要求，协助森林研学服务机构按照遴选程序进行遴选申请。

☞ **考核评价**

根据表2-4-1对任务实施过程和结果进行评价。

表2-4-1　评价表

评价指标	评价标准	赋分	教师评价得分（占70%）	学生互评得分（占30%）	综合得分
学习素养	按时出勤，不迟到或早退，不旷课	5			
	积极发言，参与课堂互动	10			
学习素养	作业：按时按质完成作业，不迟交、不漏交	5			
申报材料	排版美观，图表准确，格式规范	10			
	数据翔实，论证科学，结构合理，有说服力	20			
	行文流畅，内容全面，逻辑严密	20			
遴选申请	熟悉遴选程序和有关要求	5			
	沟通充分、及时，积极配合实地考察	10			
	语言表达流畅，仪容、仪表整洁大方，礼仪规范	15			
合　　计		100			

知识链接

学校一般不会经常更换承办机构，因为更换承办机构会增加遴选成本、信任成本等。因此，如何在最初的时候选择承办机构，显得尤为重要。选择一家好机构所花费的成本远远低于培养一家机构。

1. 森林研学服务机构遴选条件

森林研学服务机构遴选通常从基本设立条件、教育与体验、设施与服务、安全管理等方面开展，具体可参考表2-4-2。

表 2-4-2　承办机构评价表（参考）

项目	内容	评定标准
基本设立条件	资质条件	应具备法人资质；应具备相应经营资质和服务能力；应具有良好的信誉和较高的社会知名度；应取得工商、卫生、消防、食品、公安、旅游等管理部门颁发的许可经营证照；应正式对社会公众开放满1年，且1年以内无任何重大环境污染及负主要责任的安全事故
	场所条件	规模适当，容量应能满足开展研学活动的需求，自身或合作单位能够保证学生的就餐、住宿等；应具备基本的医疗保障条件，配备数量适宜的专职医护人员；水、电、通信、无线网络等应配套齐全，运行正常；应建设或规划由室内或室外场所构成的专门研学场地或教室，确保学生活动的安全性，特殊设备需具备主管单位的检测验收报告；室外研学场地应布局合理的游览路线与完善的交通设施，保证通行顺畅，方便游览与集散；基地内景点类的游览路线设计应与研学主题或相应景点景观相关；应具备健全的安全设施与管理制度，保证营运秩序良好、管理人员到位；应有相应的研学旅行接待设施、基础配套设施，保证布局合理、环境整洁、安全卫生达标
	专业人员要求	要建立专兼职相结合、相对稳定的研学旅行指导师队伍，应为每个研学团队配备适宜数量的具有省级及以上行政主管部门或专业社会组织颁发的研学旅行指导师职业证书的专职研学旅行指导师（学生与研学旅行指导师的比例不低于30∶1），负责制订研学教育工作计划，在其他工作人员的配合下提供研学教育服务，且兼职研学旅行指导师应具有与研学课程相匹配的专业优势；应为每项研学活动配备1名项目组长，全程随团活动，负责统筹协调研学各项工作；应至少为每个研学团队配备相应数量的安全员（学生与安全员的比例不低于30∶1），在研学过程中随团开展安全教育和防控工作；应指定1名中高级管理人员接受专业培训并考试合格后担任基地内审员，对照相关标准及工作要求，检查所在基地的达标情况，敦促基地管理层就所存在的问题及时整改；建立研学旅行指导师全员培训制度，组织专兼职研学旅行指导师跨学科、跨专业进修，提升观察、研究、指导学生的能力，培养综合性研学旅行指导师队伍，为更好地开展研学培养师资力量；应保证所有上岗人员无犯罪记录且具备各类行业相关资格证书，精神状态和身体健康状态能够胜任各自负责的工作内容；基地接受委托开展研学活动，应要求委托方至少派出一人作为代表，负责督导研学活动按计划开展
	服务人员要求	应有与学生数量相匹配的、为其提供各类研学相关配套服务的专业服务人员；应遵守服务时间，坚守岗位，举止文明，热情服务；应掌握一定的医学知识与灾害应急常识，熟悉基地内的医疗服务点、紧急避险通道等；应有遇突发情况能够自救和帮助中小学生进行避险逃离的能力；应掌握基本的法律常识、宗教信仰和民族习惯等方面的知识；应进行专业岗位培训（每年参加一次相关专业培训），熟练掌握本岗位业务知识和技能；餐饮服务人员应定期体检，持健康证上岗

（续）

项目	内容	评定标准
基本设立条件	构成要素	应具有较高观赏价值、历史价值、文化价值或科学价值，该类价值在本地具有一定的教育意义；应有丰富的研学产品，提供知识性、趣味性的体验与互动项目，配有体现寓教于乐功能的专用设施和研习交流场所；在文化知识普及方面应具备可供宣传教育的基础，在观光游览和休闲度假方面应具有较高开发利用价值或较大影响力；以科技、文化、历史、革命教育、体育、生物、影视、动漫、探秘、拓展等为特色，应至少具备一个主题；以培养团队协作能力、动手实践能力、自理自立能力、纪律约束能力，进行传统文化教育、传统民俗展示、爱国主义教育、科技知识教育、生态文明教育、体能训练等为主，应至少具备以上两项研学功能，满足研学活动需求
	环境与卫生条件	环境空气质量应符合《环境空气质量标准》（GB 3095—2012）的要求，声环境质量应符合《声环境质量标准》（GB 3096—2008）的要求，污水排放应符合《污水综合排放标准》（GB 8978—1996）的要求；厕所应符合《旅游厕所质量要求与评定》（GB/T 18973—2022）的要求，保证等级至少达到二星级，其图示标志应符合《城市生活垃圾分类标志》（GB/T 19095—2019）的要求；垃圾桶数量与布局合理，应与环境相协调，标识明显，分类设置，垃圾及时清扫，无堆积、无污染；应建立传染性疾病预防措施，并符合相关要求；应及时预报雨雪、雷电、紫外线指数及灾害性天气；应具备完善的卫生与医疗管理规范和措施，定期进行检查；餐厅卫生应符合《饭店（餐厅）卫生标准》（GB 16153—1996）的要求，餐饮、餐具的消毒卫生应符合《食品安全国家标准消毒餐（饮）具》（GB 14934—2016）的要求；洗浴卫生应符合《公共浴室卫生标准》（GB 9665—1996）的要求
教育与体验	课程要求	各类课程的开展、设置应由中小学或中高等教育院校和相关主管部门共同规划、设计，并做详细记录；应根据基地的主题，编制研学解说教育大纲，凸显本地的资源或文化特色；应设计与学校教育内容相衔接的课程，学习目标明确、主题特色鲜明、富有教育功能；研学课程应融入理想信念教育、爱国主义教育、革命传统教育、国情省情教育、文化传承教育、学科实践教育等内容；应设计不同学龄段学生使用的研学教材，内容编排合理，保证教育性、实践性强；课程体系设计应较为科学、完整、丰富，教材、解说词内容规范，符合相关要求
	课程体系	研学课程应从学生的真实生活和发展需要出发，从生活情境中发现问题，转化为活动主题，通过探究、服务、制作、体验等方式，培养学生综合素质的跨学科实践性课程。 至少具备但不限于以下一项能力培养的课程：以培养学生体能和生存适应能力为主要目的，如徒步、露营、拓展、生存与自救训练等；以培养学生自理能力和动手实践能力为主要目的，如综合实践、生活体验训练、内务整理、手工制作等；以弘扬传统民俗、历史文化或爱国主义教育为主要目的，如各类参观、游览、讲座、诵读、阅读等；以培养学生的情感能力和纪律约束能力为主要目的，如思想品德养成教育活动以及团队游戏、情感互动、才艺展示等；以培养学生观察能力，提高科学素养为主要目的，如游览自然生态景观、实验室、博物馆、科研机构等；建立健全课程教研制度，配备专兼职研学活动教研员，及时分析、解决课程实施中遇到的问题，提高课程实施的有效性

（续）

项目	内容	评定标准
教育与体验	课程安排	根据教育部门的教育教学计划、目标学生学龄段以及地域特色科学设计、灵活安排研学课程及相关活动的时间和内容；应基于基地实际，于研学开展前指导学生做好准备工作并提前告知家长此次研学课程具体内容；每个研学团体在基地内的体验教育课程，小学阶段时间宜不少于 60 分钟，初中阶段时间宜不少于 90 分钟，高中阶段时间宜不少于 120 分钟；研学过程中组织学生参与教育课程项目，指导学生撰写研学日记或调查报告；研学结束后应组织学生分享心得体会，如组织征文展示、分享交流会等；在实施过程中，随着活动的不断展开，基地研学旅行指导师有能力或可以配合随团教师指导学生，使学生可根据实际需要，对活动的目标与内容、组织与方法、过程与步骤等做出动态调整，使活动不断深化；课程设计及实施应有利于教育机构采用质性评价方式，即有利于教育机构将学生在综合实践活动中的各种表现和活动成果作为分析考察课程实施状况与学生发展状况的重要依据，有利于对学生的活动过程和结果进行综合评价，避免将评价简化为分数或等级
	研学路线	应结合自身地理位置和周边资源，规划设计与所安排的研学课程相关的研学实践教育路线；应至少提供 2 条以上的研学实践教育路线，每条路线均应包括以周边资源和环境相结合的外部路线和以基地规划和配套设施相结合的内部路线，保证路线设置便捷、合理，与基地研学主题协调一致；应保证研学线路有较强的针对性、可操作性、安全性
	质量评估	建立研学课程的教育效果测评制度，真实反映学生知识、技能的掌握情况，持续改进教育服务；做好写实记录和归档工作，研学活动记录、事实材料要真实、有据可查，应分类整理、编排、汇总、归档，为质量评估与提升提供必要支撑；采取问卷调查方式，收集学生对活动开展满意度测评；定期征求、收集学生家长对研学实践教育活动的看法和评价；学生所在学校应在研学活动结束后对基地各项工作进行综合评价；宜建立与学校、学生及家长实时沟通的网络平台
设施与服务	教育设施	应根据不同研学教育主题以及不同年龄段的学生配备相应的研学场地和设施；应根据研学教育服务计划，配备相应的教学辅助设施，如计算机、多媒体、实验室、教具等；应对不同类型的研学课程设置相应的演示、体验、实践的设施
	导览设施	应提供全景、线路、景物、位置和参观等标识、标牌；应在售票处、服务中心、厕所、餐饮、购物、食宿等场所设置服务指示设施；应在外部交通、景区内道路、停车场等设置交通导览设施；应在医疗救护、危险地段、安全疏散通道、质量投诉中心和参观线路设置导览设施

（续）

项目	内容	评定标准
设施与服务	配套设施	餐厅：选址科学，布局合理，其面积、就餐设施满足接待要求；宜设置学生食堂，实行营养配餐，用餐卫生、方便快捷。 交通：应有县级以上的直达公路，站牌指示醒目；内部交通应安全通畅；交通工具设施完好、整洁，宜使用绿色清洁能源。 停车场、游步道等应符合《风景旅游道路及其游憩服务设施要求》（LB/T 025—2013）的要求。 住宿：应选址科学，布局合理，便于集中管理；学生宿舍应配有沐浴设施、床铺及床上用品、存储柜等；酒店类住宿的总体服务质量和安全管理应符合《旅游饭店星级的划分与评定》（GB/T 14308—2023）的要求；集体住宿应男女分室，保证设施安全、卫生洁净；宜设野外露营点，选址科学合理，符合《休闲露营地建设与服务规范 第3部分：帐篷露营地》（GB/T 31710.3—2015）的要求。 安全设施：应配置齐全，包括流量监控、应急照明灯、应急工具、应急设备和处置设施；应标识醒目，包括疏散通道、安全提示和指引标识等。应在出入口等主要通道和场所安装闭路电视监控设备，实行全天候、全方位录像监控，保证电子监控系统健全、有效，影像资料保存15天以上；应设有安全和紧急避险通道，配置警戒设施；应配备消防栓、灭火器、逃生锤等消防设备，保证防火设备齐备、有效；应保证消防通道畅通，消防安全标识完整、清晰，位置醒目；消防应急照明和疏散指示系统应符合《消防应急照明和疏散指示系统》（GB 17945—2024）的要求；基础救护设备应齐备完好，与周边医院有联动救治机制；应设有治安机构或治安联防点，与周边公安、消防等机构有应急联动机制；危险地带（如临水、交通沿线）应设置安全护栏和警示标志，并保证其醒目、健全；游览娱乐设施的使用及维护应符合《大型游乐设施安全规范》（GB 8408—2018）的要求；出入口应方便集散，紧急出口标志明显、畅通无阻
	安全管理	应制订研学活动安全预警机制和应急预案，建立科学有效的安全保障体系，落实安全主体责任；应有针对性地对参与研学的师生进行安全教育与培训，帮助其了解有关安全规章制度，掌握自护、自救和互救方面的知识和技能；应设立安全责任机制，与参加研学的学生家长和开展研学的相关企业或机构签订安全责任书，明确各方安全责任；应设置安全管理机构，建立安全管理制度，建立安全事故上报机制，配备安全管理人员和巡查人员，有常态化安全检查机制和安全知识辅导培训；应为研学学生购买在基地活动的公共责任险，并可根据特色活动需求建议或者协助学生购买相应特色保险；应对基础设施进行定期管理，建立检查、维护、保养、修缮、更换等制度；宜建立结构合理的专职、兼职、志愿者等相结合的安全管理队伍；大型活动场所的安全通道和消防设备应有专人负责，确保设施完好有效；住宿场所应配有宿舍管理人员负责学生安全，安排保安人员昼夜值班巡逻，保障学生的财产和人身安全

注：引自中国旅行社协会与高校毕业生就业协会联合发布的《研学旅行基地（营地）设施与服务规范》（T/CATS 002—2019），有改动。

2. 森林研学服务机构遴选程序

为了促进森林研学旅行健康发展，遴选出优质森林研学旅行承办单位，各省（自治区、直辖市）、地级市会制定当地研学服务机构遴选程序。根据各级主管部门对研学服务机构的评定要求，森林研学服务机构的遴选主要按以下程序进行。

(1)发布公告

在权威媒体发布森林研学服务机构遴选公告。

(2)报名确认

符合遴选基本条件、有意承办当地中小学森林研学活动的研学服务机构,在规定时间内提交遴选材料。遴选资料包括:机构及法定代表人的基本情况、承办森林研学旅行活动的优势和特点;营业执照、统一社会信用代码证书(验原件,收加盖单位公章的复印件)、税务登记证副本(验原件,收加盖单位公章的复印件)、旅游责任险大保单、法人身份证;研学旅行整套课程方案,每家机构可以提交5~10个研学旅行课程方案;研学旅行指导师、安全员人员资格清单;交纳报名保证金伍拾万元人民币(汇入指定账户,如果入选,转为项目保证金;如果落选,在确定入选机构后一周内不计息全额退还),并提供交费证明(验原件,收复印件)。相关教育部门对申报机构的相关材料进行审核。

(3)评定

由教育部门、旅游部门组成森林研学旅行服务机构评定小组,对申报机构的资质条件进行量化评分,并进行实地考察评估。主要考核承办方的企业实力、经营水平、制度建设、管理能力、员工队伍和安全保障等方面的情况。

(4)公示

按得分从高到低遴选10个服务机构,推荐为有从事中小学生森林研学从业资格的研学服务机构,评定结果在权威媒体和相关部门网站及微信公众号上向社会公布。

☞ **小贴士**

①申请单位现场陈述时间控制在10分钟内。

②承办机构在组织学生活动期间,若出现安全责任事故,必须承担相应的赔偿责任,并移出推荐目录,任何学校不再选择该机构承办森林研学活动。

---

3. 森林研学服务机构退出机制

推荐名单有效期为3年,有效期满后重新组织公开遴选。其间,教育部门、旅游部门对推荐的研学服务机构实行动态监督管理,每年审核一次并进行实地检查。有下列情况之一者,取消研学旅行承办资格:机构停止运营或失去相应经营资质;落实安全措施不力,发生安全责任事故和重大服务质量投诉;线路和课程开发不力、管理不规范、课程未落实、课程实施年度评估不合格;学校、家长投诉超过10例或满意率在80%以下;擅自提高收费标准;弄虚作假获得中小学生研学从业资格;不履行合同,造成一定损失并侵犯学生权益;不服从主管部门管理。被取消承办资格的服务机构,两年内不得再次申请获得承办资格。

知识拓展

关于遴选南昌市第三批中小学生研学实践教育
承办机构和基地(营地)的通知

各相关部门:

根据南昌市教育局等 10 部门《关于推进全市中小学生研学旅行工作的实施意见》要求,决定组织开展南昌市第三批中小学生研学实践教育承办机构和基地(营地)的申报和遴选工作,现将有关事项通知如下:

一、申请进入南昌市第三批中小学生研学实践教育承办机构推荐目录,应具备以下条件:

1. 经工商行政管理部门登记注册成立。旅行社具备旅游行政部门批准的经营许可资质(营业执照和旅行社业务经营许可证)。

2. 有固定的经营和办公场所,经营场所不少于 200m²(含)。旅行社须符合《旅行社国内旅游服务规范》(LB/T 004—2013)和《旅行社服务通则》(GB/T 31385—2015)的要求,并符合国家标准《旅行社等级的划分与评定》(GB/T 31380—2015)AA 及以上等级,或江西省《旅行社星级的划分与评定》(DB36/T 539—2018)三星级及以上等级的要求。

3. 有明确的安全防控措施,有地震、火灾、食品卫生、治安事件、设施设备突发故障等在内的各项突发事件应急预案,并有相应的操作手册。连续 3 年内无重大质量投诉、不良诚信记录、经济纠纷及重大安全责任事故。

4. 有健全的组织管理机构,设有研学实践教育的专业部门或专职人员。配置项目管理人员、安全员、研学指导老师、校外教育专家、导游等,开展安全教育和安全防控工作,为中小学生提供研学实践教育服务和生活保障服务。从业人员应具有应急救护的基本常识和基本技能。

5. 有完备的研学实践教育课程体系和精心设计的研学线路。有多次承接教育部门大规模中小学生活动或 1000 人以上中小学生旅行团队经验。

6. 有投诉处理制度,并确定专职人员处理相关事宜;有投诉电话、投诉处理程序和时限等信息;有投诉信息档案和回访制度。

7. 产权明晰、资产优良,能够承受市场管理风险。旅行社责任险是国家统保示范项目的产品,单次事故赔付限额应不低于 1000 万元,单人单次赔付限额应不低于 60 万元;购买意外伤害险单人单次赔付限额不低于 25 万元。

8. 选用具有道路旅客运输经营资质企业的旅游包车,并已向公安交警部门和交通运输部门报备,取得《道路运输经营许可证》。

9. 与基地(营地)签订旅游服务合同,并有基地(营地)提供的合法有效的相关证照资料,切实按照合同约定履行义务。

10. 未列入南昌市中小学生境外研学活动承办机构推荐目录的单位,如有文化和旅游部许可经营出境旅游业务资质,可申请参加 2019 年南昌市中小学生境外研学承办机构推荐目录的遴选。申报材料需增加提供境外研学课程体系以及能证明本机构境外研学优势的相关材料。

二、申请进入南昌市第三批中小学生研学实践教育基地(营地)推荐目录，应具备以下条件：

1. 具备法人资质。

2. 基地(营地)应避免设在人口密集、周边娱乐场所密集地区。

3. 基地(营地)原则上开办两年以上，无任何安全事故。

4. 基地要有单团接待500人以上学生团队的经验，营地要有单团接待200人以上学生团队的经验。

5. 基地(营地)是中小学生开展研究性学习的重要场所，不是单一的旅游场地，要开发研学课程，将研学实践教育作为理想信念教育、爱国主义教育、革命传统教育、国情教育、学科实践教育的重要载体。根据小学、初中、高中不同学段的研学实践教育目标，开发多种类型的活动课程。

6. 基地(营地)须配齐管理人员、活动策划人员、研学旅行指导师、讲解员、食宿管理员、安保人员、服务人员等，负责学生的研学实践教育课程教学、生活管理和安全保障。

7. 基地(营地)要有专业的学生研学活动场地，确保学生活动设施安全，特殊设备需具备主管单位的检测验收报告。

8. 营地须能同时容纳200人(含)以上，并具备生活硬件设施，符合安全、卫生和舒适的基本要求。有学生食堂，实行营养配餐，用餐卫生、方便快捷，食堂食品、饮水管理规范、安全；学生宿舍应配有淋浴设施、床铺及床上用品、空调、存储柜等。

9. 基地(营地)要建立完善的安全管理办法。

(1)场所设施科学。便于集中管理，便于承运汽车安全进出、停靠，有健全的公共信息导向标识，并符合《公共信息图形符号第1部分：通用符号》(GB/T 10001.1—2012)的要求，有安全逃生通道，能为学生开展各类型课程的场所提供全程无死角安全监控体系，保证监控系统工作正常，影像资料保存1个月以上。附近(20km以内)有二甲以上级别的医院。同时，要避免使用安全系数相对较低的开阔景区作为研学场所。

(2)制度保障完善。要建立研学实践教育过程中各个环节的管理制度，包括《研学实践教育指导教师安全培训计划》《研学实践教育餐饮安全管理办法》《研学实践教育住宿安全管理办法》《研学实践教育乘车安全管理办法》《中小学生研学实践教育安全须知》和《研学实践教育突发事件应急预案》等。

(3)管理责任落实。要设置安全管理机构，配备安全管理人员，建立研学实践教育安全管理责任制度。要定期检查基地(营地)设施的安全。

(4)过程监管有序。要形成完整的课程操作流程，做到活动前有安全辅导、活动中有安全监督、活动后有安全疏散等。

(5)组织购买意外伤害保险和食品安全责任险。

10. 研学实践教育结束后，基地(营地)要及时组织研学旅行指导师对学生进行综合评价，对课程开展情况进行总结，并形成研学实践教育总结报告，提交学校和教育主管单位。

三、遴选中小学生研学实践教育承办机构和基地(营地),按以下程序进行:

1. 书面申请:凡符合上述条件的机构,可向南昌市教育局中小学生研学实践教育协调领导小组办公室提出书面申请报告,并填写申报表。

(1)申报表(见附件);

(2)工商营业执照(正、副本);

(3)业务经营许可证(正、副本);

(4)机构法定代表人身份证;

(5)社保人员花名册(从南昌市社保服务平台下载后加盖公章);

(6)近两年财务审计报告(经会计师事务所审计);

(7)研学指导老师资料(研学指导老师不少于5人,至少有1人具有教师资格证);

(8)有多次承接大规模中小学生活动或1000人[基地(营地)500人]以上中小学生旅行团队经验(典型案例);

(9)研学实践教育精品线路及研学课程设置资料;

(10)服务质量承诺书;

(11)市级以上旅游局出具的近3年无服务质量投诉证明材料;

(12)旅行社星级评估文件或证书;

(13)与取得《道路运输经营许可证》的企业签订的旅游包车合同;

(14)消防安全许可证;

(15)其他。

承办机构(1)~(13)项、基地(营地)(1)~(10)项和(14)项申报材料需提交原件和复印件,复印件一式三份。请有意向的机构、基地(营地)将材料准备齐全后报送南昌市中小学生研学实践教育工作协调领导小组办公室。原件核对后归还申请机构。

2. 资格初审:全市中小学生研学实践教育协调领导小组办公室对机构申报资料进行初审,确定进入推荐目录管理考察名单。

3. 考察评估:市教育局联合市直有关职能部门根据基地考核细则,组织专家对初选入围的机构进行实地考察评估,主要考核机构的资质证照、综合实力、经营水平、制度建设、安全管理、员工队伍、周边环境等方面的情况。

4. 专家评审:专家组根据机构申报材料、机构负责人集中陈述情况以及基地现场考核结果等予以综合评估,最后根据专家组意见确定进入推荐目录的机构名单。

5. 结果发布:推荐目录名单报南昌市中小学生研学实践教育工作领导小组会议审定后,在平台上发布,并授牌。

四、注意事项

1. 推荐目录有效期为3年,有效期满后由市教育局联合市直有关职能部门重新组织公开遴选。期间实施动态管理,定期评估验收,结果作为准入和退出的依据。

2. 申请机构现场陈述4~6分钟,陈述时间另行通知。

3. 承办机构和基地(营地)在组织学生活动期间,若出现重大安全责任事故,必须承担相应的赔偿责任,并移出推荐目录,任何学校不再选择该机构和基地(营地)承办研学活动。

4. 建立研学实践教育承办机构和基地(营地)退出机制。存在机构停止运营或失去相应经营资质、落实安全措施不力发生安全责任事故和重大服务质量投诉、学校及家长投诉超过 5 例或满意率在 80% 以下、擅自提高收费标准、弄虚作假获得资格、不履行合同造成一定损失并侵犯学生权益等情况之一者，将被移出推荐目录，取消研学实践教育承办资格。

巩固训练

1. 选择题

(1)森林研学服务机构的遴选不从以下哪个维度评价？（   ）

A. 机构资质　　　　B. 专业团队　　　　C. 退出机制　　　　D. 自我评价

(2)以下哪种情况出现，不能选为承办机构？（   ）

A. 制定完善的研学旅行突发事件安全管理制度

B. 提供从业资格证书，具有良好、健全的财务会计制度

C. 餐饮企业和从业人员 5 年内无责任事故和不良诚信记录

D. 遭到重大服务质量投诉

(3)森林研学服务机构要求符合注册资金在(   )万元以上的基本遴选条件。

A. 100　　　　　　B. 200　　　　　　C. 300　　　　　　D. 500

2. 填空题

(1)森林研学服务机构评价主要从 _____、_____、_____、_____、_____、_____ 6个方面进行。

(2)森林研学服务机构遴选要求近_____年内无重大服务质量投诉、不良诚信记录、经济纠纷及重大安全责任事故。

3. 问答题

(1)森林研学服务机构的遴选程序有哪些？

(2)森林研学服务机构的承办条件一般包含哪些内容？

项目

3

森林研学课程设计

【项目情景】

根据《全国三亿青少年进森林研学教育活动方案》，某校本学期拟组织森林研学活动，并将通过招标的方式确定服务提供单位。A 研学服务机构拟根据投标要求进行森林研学课程设计，参与投标。

【学习目标】

☞ 知识目标

(1)掌握森林研学课程的基本内涵和设计原则。
(2)掌握森林研学课程主题的设计方法和常用技巧。
(3)掌握森林研学课程目标的设计方法。
(4)掌握森林研学课程内容的设计步骤。
(5)熟悉森林研学课程资源的类型。
(6)掌握森林研学课程的主要教法。

☞ 技能目标

(1)能够设计出具有吸引力的森林研学课程主题。
(2)能够设计适宜的森林研学课程目标。
(3)能够有效组织森林研学课程资源。
(4)能够独立完成森林研学课程内容设计。
(5)能够选用恰当的森林研学课程教法。

数字资源

素质目标

(1)树立尊重自然、顺应自然、保护自然的生态文明理念。

(2)提升集体意识和团队协作意识。

(3)增强创新意识和弘扬创新精神。

任务3-1 森林研学课程认知

任务指导书

任务目标

了解森林研学课程基本内涵、特点和构成要素;掌握森林研学课程的主要类型;掌握森林研学课程设计的基本原则和步骤。

任务描述

走访研学服务机构和中小学,利用搜索引擎、网络文献数据库、图书馆等收集森林研学课程案例,归纳森林研学课程的主要类型,分析当前森林研学课程存在的问题,撰写调查报告,并进行PPT汇报。

任务实施

1. 学生分组

每5~6人为一组,确定组长,实行组长负责制。

2. 收集资料

通过图书馆查阅和网络调查等方式,每组收集3个及以上森林研学课程案例。

3. 总结汇报

对收集到的森林研学课程案例进行整理和分析,撰写森林研学课程调查报告,并制作PPT进行课堂汇报。

考核评价

根据表3-1-1对任务实施过程和结果进行评价。

表 3-1-1 评价表

评价指标	评价标准	赋分	教师评价得分（占70%）	学生互评得分（占30%）	综合得分
学习素养	按时出勤，不迟到或早退，不旷课	5			
	积极发言，参与课堂互动	10			
	按时、按质完成作业，不迟交、不漏交	5			
调查报告	结构流畅，层次分明，逻辑严密，格式规范	10			
	调研方法合理，数据收集可靠，结果分析有力	10			
	语言清晰、流畅，内容全面，分析透彻，有创新性	30			
课堂汇报	仪容、仪表整洁大方，礼仪规范	5			
	PPT 制作精美	10			
	汇报内容全面，重点突出，语言表达流畅	15			
合　　计		100			

知识链接

1. 森林研学课程内涵

当前，社会上的森林研学课程五花八门，良莠不齐。一些地方或学校的森林研学课程不过是走马观花式地看一看，把各种普通的校外活动或者师生集体出游当作森林研学课程，究其原因主要是没有把握好森林研学课程的内涵。因此，要保障森林研学课程的落地实施，首先必须走出研学课程的认识误区，厘清究竟何为森林研学课程。

我国中小学目前有两大类课程，即学科课程和综合实践活动课程。2014 年教育部发布的《关于进一步做好中小学生研学旅行试点工作的通知》和 2016 年教育部等 11 部门发布的《关于推进中小学生研学旅行的意见》均指明了研学旅行应归属于基础教育课程体系中综合实践活动课程的范畴，2017 年教育部发布的《中小学综合实践活动课程指导纲要》也再次强调了这一点，研学旅行是综合实践活动课程的一种活动方式，体现了研究性学习的基本精神。江西省发布的《中小学研学旅行》(DB 36/T 1442—2021)指出：研学旅行课程包括学生参加研学旅行活动所应该学习的内容、参与的活动及其进程与安排。

综合以上有关政策文件和标准文件对研学旅行课程的定义，结合森林研学实际，本教材对森林研学课程定义为：森林研学课程是将一系列森林研学旅行活动依照课程要素和课程基本理论进行序列化、系统化组织所形成的具有计划性的进程与安排的总和。

2. 森林研学课程与学科课程、活动及活动课程的关系

(1) 森林研学课程与学科课程

森林研学课程和学科课程都是中小学课程体系的重要组成部分，两者都服务于中小学整体育人目标，是中小学生核心素养培育和达成的资源和路径。但两者在具体的课程内容、课程组织和实施、学习方式及课程评价上具有一些明显的差别。

在课程内容上，学科课程以学科知识的内在逻辑作为组织和编排课程内容的基本依据，课程内容主要是人类长期积累和总结的体系化的间接经验，学科知识是课程组织的核心，在课程价值上追求知识的准确性、逻辑性和有效性；森林研学课程以学生的"生活世界"作为课程内容和课程资源，以研学路线作为课程内容和课程资源的载体，学生通过自主探究和主体活动来获得直接经验和个体经验，进而建构自己的思想和感情。也就是说，学科课程以探索科学世界作为价值追求，森林研学课程以回归生活世界作为价值追求。

在课程组织和实施上，学科课程以书本作为载体，以课堂、班级、课时作为组织开展的基本单位和途径；森林研学课程则以活动作为组织和开展的基本方式，以活动主题作为课程开展的单位，以研学任务作为驱动和进行引导展开。

在学习方式上，学科课程主要是以教师为引导，学生主动去接受和理解人类长期积累和总结的系统化的间接经验，主要是处理学生的心理经验与学科逻辑的关系；森林研学课程则以学生的主体活动、自主实践交往为途径，主要是处理学生的心理经验与生活世界的关系。

在课程评价上，学科课程更侧重结果性评价，以学生掌握知识的程度和准确性作为基本评判标准；森林研学课程侧重于过程评价，注重学生的学习过程和体验。

（2）森林研学课程与活动

"活动"在哲学上是指主体与客体相互作用的过程。活动具有重要的教育价值。活动的教育价值早在柏拉图时代（前427—前347）就已经得到充分的论述和重视。柏拉图在其著作《理想国》中谈到游戏、故事、唱歌等活动对学生的教育价值。教育本身起源于人类的生产交往活动。有学者把课程定义为学习者的一系列主体活动。这样的课程定义有其积极意义，肯定了学生在学习中的主体地位和主观能动性，强调直接经验的教育价值。但是活动不等于课程，活动是经验获取的途径。学生通过活动获取的是零散的经验，零散的知识不构成能力。课程是有组织、有计划的教育性经验，森林研学课程作为一门课程，具有课程的基本属性。当前，中小学研学实践中存在一个突出问题，就是将研学旅行当作一种校外活动来组织和开展，失去研学旅行作为课程的教育价值。

（3）森林研学课程与活动课程

活动课程以青少年的生活活动为课程内容，以青少年的兴趣、需要和能力为编制课程的出发点，由青少年通过自己组织一系列的活动进行学习，取得经验，掌握解决实际生活问题的知识和技能，培养兴趣、能力和各种品质。活动课程的发展在我国经历了课外活动、活动课、活动课程、综合实践活动等演变过程，在中小学课程中的地位和育人价值不断提升。而森林研学课程是综合实践活动课程的重要组成部分，是综合实践活动课程的进一步深化。从这个意义上来说，森林研学课程与活动课程一脉相承，是活动课程在新时期的重要表现形式，是活动课程理念和价值追求的进一步深化和体现。

3. 森林研学课程特征

森林研学课程是促进学生全面发展的一种创新型综合实践课程，既有传统课堂教学的一些教育特征，又有户外教育的某些特有属性。它把课堂搬出学校，通过户外的游览、体验与交流活动，让学生在阅览风土人情的过程中提升认知，是培养学生探究精神和合作意识的重要手段。从森林研学课程属性和研究性学习方式上来看，它具有教育性、系统性、实践性、科学性、知识性和趣味性等特点，其学习内容新颖，学生主体性强，学习方式灵活，并且注重多种知识与能力的综合培养以及提升学生的道德品质与家国情怀，使学生能够在未来更好地适应社会，懂得如何生活、如何做人和做事。

(1) 教育性

课程化的研学旅行属于中小学课程体系的一部分，国家赋予它的课程地位决定了它必须以育人为出发点，凸显其特殊的教育功能，并要与其他课程相辅相成，共同实现立德树人根本任务。森林研学不同于学校以往开展的春游、秋游或者课外活动，并非以游与玩为主，而是具有深层含义的教育活动。一般而言，森林研学课程必须有明确的主题、目标、内容以及相应的评价方式，并且有专门的指导教师。森林研学课程的教育性主要体现在它能够通过游这种方式促进学生的学，学生不是漫无目的地行走和观光，而是带着思考走进自然，通过各种实践活动提升认知水平和各方面素养。学生在旅行中有所思、有所获，森林研学才具有真正的教育意义。

(2) 系统性

森林研学课程没有明确的学科之分，其囊括了历史人文、地理、科学技术、艺术文化等各领域的内容。作为一门综合实践类的课程，它强调要全面发展学生的综合思维、创新精神和实践能力，使学生学会合理运用各门类的知识内容和各种技能手段，认识、分析和解决现实问题，获得整体核心素养的提升，以适应快速变化的社会生活和个人未来发展的现实需要，更好地迎接信息时代和知识经济社会的挑战。

(3) 实践性

森林研学让学生走出校园，到更加真实的、与日常学习生活不同的环境中去，通过开展各种实地游览和参与体验活动拓展学生的视野、丰富知识结构，让学生亲近自然，更加了解自己所处的社会。首先，学生是研学旅行活动的实践主体。在研学旅行中，学生要学会自主思考，提高思辨能力，还要学会动手，掌握各项实践技能。其次，森林研学课程以研究性学习为主，通过各种探索活动让学生获得良好的学习效果。其活动方式多样，主要包括参观游览、社会调查、观摩体验、实验操作、信息收集等。总之，一个良好的森林研学课程能够给予学生广阔的学习空间和充分的自主性，让学生能够通过亲身实践去探索关于自然的奥妙。

(4) 科学性

森林研学课程具有科学性。第一，森林研学课程的设计不是随意地制订一个简单的出行计划，它与其他学校课程一样，要进行规范化的组织和设计，需要设计者根据学生的特点分析学情和可用的课程资源，设立明确的目标、主题，选择合适的内容，确定合理的学习过程和评价方式等，还要弄清课程内容中的重点、难点，并选择适宜的方法开展活动、达成学习目标。第二，学习的根本目的是学会生存、学会做人、学会做事，森林研学课程正是实现这个目标的有效方式。森林研学课程强调亲近自然，主张让学生回归生活的本源，学会解决在现实中经常遇到或者可能会遇到的问题，使学生既不脱离现实生活，又能养成良好的生活习惯。第三，森林研学课程内容涉及的生物、地理、历史人文、物理、化学等学科内容必须准确，并要做到科学信息的及时更新。

(5) 知识性

掌握知识是森林研学的一个重要目的。森林研学课程是有具体学习内容的，并且这些内容应是在书本上难以学到的。一方面，森林研学的一个重要作用是让学生能够更好地适应未来的社会生活，因此在课程内容的选择上要立足于生活实际，精选出那些能够在社会生活中起到作用的知识，引导学生学会解决现实问题，在轻松愉悦的学习氛围中提升参与社会生活的能力。另一方面，森林研学也要服务于各种科学文化知识的学习，与学科课程挂钩的那部分内容能够帮助学生更好地理解某些深奥的科学原理，促进科学文化素养的提升。

(6) 趣味性

趣味性是森林研学特别强调的一个重要属性，因为森林研学是一种寓教于乐的新型学习方式。首先，森林研学主题的选择把学生的兴趣放在了一个非常重要的位置，在开设森林研学课程时往往会选择学生感兴趣的话题，激发学生的好奇心和求知欲，引导学生积极主动地参与研学旅行中的各项活动。其次，除了学习知识和技能、提升综合素养的任务外，旅行本身还具有休闲娱乐的功能，这一特殊功能决定了森林研学必然是一种带有休闲娱乐性质的学习活动，让学生可以边玩边学，在游玩与活动的乐趣中获得知识文化、综合能力以及道德品质的提升。

4. 森林研学课程要素

课程理论之父泰勒认为，课程的基本要素包括课程目标、课程内容、课程组织管理和课程评价。森林研学作为一门课程，应具备课程的基本要素。教育部印发的《中小学综合实践活动课程指导纲要》突出强调研学课程与学科课程基本要素的规范性，但森林研学课程作为有别于学科课程的综合实践活动课程，课程要素有其特殊性。

(1) 森林研学的课程目标

课程目标是课程建设和实施的出发点和最终归宿，也是课程内容选择、课程组织实施、课程评价的重要依据。课程目标是课程观、课程哲学和课程价值追求的反映，引导课程开发和实施的方向。叶信治提出，"如果脱离教育目的、没有合理的课程实践目的，则所开设的那些课程就可能缺乏内在的整体性、连贯性，而显得零碎、杂乱，就可能影响人才培养的质量"。因此，课程建设必须重视课程目标问题。《关于推进中小学生研学旅行的意见》指出，中小学研学旅行的课程目标在于培养学生"四个自信、三个学会"，增进对生活世界的理解和认识，促进中小学生形成正确的人生观和价值观，成为德智体美劳全面发展的社会主义建设者和接班人。

(2) 森林研学的课程内容

课程内容是指各门学科中特定的事实、观点、原理和问题，以及处理它们的方式。廖哲勋和田慧生则将课程内容定义为：根据课程目标在人类经验体系中择取素材，并按照一定的逻辑顺序编制而成的知识和经验体系。森林研学的课程内容是学生在主题研学活动中产生的直接经验和间接经验。

(3)森林研学的课程组织管理

课程组织管理是制订课程计划并实现由理想课程向实践课程转化的条件，目的在于确保课程质量和课程运行的规范性和有效性。森林研学的课程组织管理是对研学课程进行校本化设计和实施的过程，包括依据学校育人理念和目标来设计研学旅行课程体系，依据学校、地方特色和资源对研学旅行路线进行设计和规划，形成研学主题和路线，并制定相关制度，协调校内外各方面关系，保障森林研学顺利开展和实施。在森林研学课程组织管理过程中，建立一支专业、多元的研学旅行课程建设团队是关键。

(4)森林研学的课程评价

课程评价是森林研学课程的重要组成部分，是对森林研学实践的价值判断过程，也是森林研学课程建设和实践不断完善的动力，它贯穿于森林研学课程的全过程。森林研学课程评价有别于传统的学科课程评价，是一种过程评价和质性评价，不是把分数作为主要的评价方式和手段。当前研学旅行课程处于起步阶段，评价机制短缺，评价方式单一，一定程度上影响了研学旅行实施的效果。因此，森林研学课程评价机制的建立和完善应成为中小学研学旅行课程建设的重点之一。

5. 森林研学课程类型

研学旅行课程分类标准不一，可按照研学旅行的时间、目的地、旅行资源、方式、区域、功能等进行分类。《关于推进中小学生研学旅行的意见》提出："各基地要将研学旅行作为理想信念教育、爱国主义教育、革命传统教育、国情教育的重要载体，突出祖国大好风光、民族悠久历史、优良革命传统和现代化建设成就，根据小学、初中、高中不同学段的研学旅行目标，有针对性地开发自然类、历史类、地理类、科技类、人文类、体验类等多种类型的活动课程。"据此，森林研学课程可分为自然类、地理类、科技类、体验类课程。

因不同森林研学课程的依托环境、教育目标和受众不同，森林研学课程形式上相应地呈现出不同侧重点，形成多样性的特点。根据课程形式和课程内容，国内外森林研学课程大致可归纳为8大类14小类，具体内容见表3-1-2所列。

表3-1-2 森林研学常见课程类型及示例

根据课程形式归类 （8大类）	根据课程内容归类（14小类）	举 例
一、专题讲座与议题讨论	(1)聘请专业人士进行相关主题演讲	森林防火安全教育演讲、"绿色环保、低碳生活"研讨、"关爱动物"生命教育
二、户外教学	(2)专业教师带领进行相关科目的户外学习或技能培训，主要包括生物课程、地理课程、生态课程、艺术课程和人文历史课程	地理课：世界自然遗产三清山花岗岩地貌户外教学。 人文历史课：三清山道教文化户外教学
三、实践操作	(3)园艺实践——在专业人员的指导下进行园艺操作	森林巡护员、消防员、园艺师、花艺师、农艺师等未来职业体验
	(4)手工制作——包括艺术品创作、染布、酿酒等	树叶贴画、竹筷制作、篝火烹饪

（续）

根据课程形式归类 （8 大类）	根据课程内容归类（14 小类）	举 例
四、自然体验	(5)步道探索——体验自然教育基地的主题步道并进行低体能要求的游戏	徒步恩施大峡谷
	(6)定向越野——利用地图、指南针等工具在自然环境进行运动探险活动	森林公园丛林生存探索
	(7)动物互动——提供接触动物并与之互动的机会	与袋鼠"共舞"
	(8)露营探险——特指夜宿型的野外露营体验活动	沙漠星空露营、武功山高山草甸露营
	(9)观测实验——通过实验的方法观测调查自然现象、动植物生长和环境质量变化等	鸟的一天（全方位解读鸟儿的"衣食住行"）
	(10)健身运动	森林徒步等康体课程
五、环境解说	(11)通过人员解说和非人员解说介绍基地的自然资源、人文历史等信息	熊猫饲养员解说熊猫的生活习性
六、户外拓展	(12)利用自然风景区、密林、水域、空旷草坪、山体岩壁等纯天然的自然环境开展拓展活动	溯溪、扎筏泅渡、绝地逢生
七、志愿培训	(13)指导教师和志愿者的培训活动	"鄱阳湖利剑 2021"湿地候鸟保护志愿者护飞行动
八、节事活动	(14)以游园会、主题展览、竞赛等方式举办节庆、季节性、主题性活动	森林游园会、森林趣味运动会、鄱阳湖国际观鸟周、森林音乐节

6. 森林研学课程设计

森林研学课程设计是根据森林研学旅行服务的对象和课程目标，将森林研学课程诸要素有序、优化地安排，形成具有可操作性课程方案的过程。在这个过程中，教育者以研学课程理论为基础，遵循研学旅行的要求，借助一定的教学方式和方法，结合学生实际情况和目的地的资源特点，根据研学课程目标准备研学内容，并对研学内容进行计划、组织、实施、评价、修订，以最终完成研学课程目标。研学课程设计是研学活动有序开展、实现教育功能的前提和基础。

（1）森林研学课程设计原则

森林研学课程设计应遵循以下原则。

①科学性原则　森林研学课程本质上是一门综合活动课程，因此森林研学课程设计绝不仅仅是一次简单的活动方案策划。在进行森林研学课程设计时，必须遵循教育教学、学生身心发展等方面的科学规律，在课程内容上要充分融入科学文化知识。只有当设计更具科学性、专业性，才能真正实现森林研学课程的价值。

②主体性原则　森林研学课程是为中小学生开展的课程，"以学生为主体"的理念应贯

穿森林研学课程设计的始终。从开发森林研学课程开始，就要倾听学生的心声，在不违背教育初心、不背离科学原则和不脱离客观条件的前提下，根据学生需求来确定研学内容。在森林研学课程实施中，则要充分发挥学生的主观能动性，给予学生足够的时间和空间自主探究、充分体验，真正提升学生发现问题和解决问题的能力。

③融合性原则　一是学科的融合。森林研学是综合实践活动，课程内容不能拘泥于某一门课程的书本知识。例如，以庐山为森林研学基地，可以观赏到语文课本中描述的"飞流直下三千尺，疑是银河落九天"的诗词景观，可以破解地理课本中描述的第四纪冰川之谜，可以回顾历史课本中描述的庐山会议的始末，还可以辨识生物课本中描述的植物……森林研学课程与语文、地理、历史、生物等多学科课程相融相生。因此，森林研学课程设计要注意挖掘与各学科的融合点，让学生在森林研学旅行中实践和拓展多学科知识与技能。二是资源的融合。森林研学课程设计要立足国情、省情、市情，对校内外的师资资源、基地(营地)资源等进行充分整合，才能保证森林研学课程的顺利实施。

④选择性原则　市场上不少森林研学课程时间安排紧凑，学习内容固化，学校及教师按规定完成研学教育任务，学生按部就班走完研学流程，自始至终没有选择的机会。可想而知，学生从这种"量贩式"森林研学课程中收获甚微。因而，要想真正实现育人目的，在进行森林研学课程设计时，要充分调研不同学龄、不同学校学生的个性化需求，给学生选择的权利，充分调动学生的积极性。

(2)森林研学课程设计步骤

森林研学课程设计是一项复杂而系统的工程，在实践操作时应遵循一定的范式和步骤，以保证课程的完整性和严谨性。本教材根据课程设计理论和已有研究，以及森林研学课程的特点，总结出森林研学课程设计的具体步骤如下。

①设计森林研学课程主题　森林研学课程主题决定了在森林研学过程中学生学什么、研学旅行指导师指导什么。基于同一个研学旅行地，可以设计出若干个研学主题。以井冈山国家级自然保护区为例，可以设计"追寻革命足迹，传承红色基因"的弘扬井冈山精神类主题、"寻访井冈山客家文化"的文化寻根类主题、"探秘绿色宝库"的科学探索类主题等。

②设计森林研学课程目标　森林研学课程目标规定了学生进行森林研学应达到的要求，是森林研学课程实施和课程评价的依据，是后续课程内容选择和组织的基础。森林研学课程目标的设计需要以国家规定的研学旅行教育目标为准则，即保证大方向与总目标基本一致，再针对不同类型、不同资源的研学旅行课程的实际情况，综合考虑学生、社会和学科的发展需求来设定。

③选择森林研学课程资源　凡是有利于实现森林研学课程目标的因素和条件，均可纳入森林研学课程资源。首先，需要根据森林研学课程的主题和目标，同时结合学生学情分析，以一定的地域为单位，对研学目的地相关的可能用于研学课程的各种资源场景进行信息收集和整理。其次，要对收集到的森林研学课程资源进行信息核实和实地考察，以筛选出最适宜的研学课程资源。

④设计森林研学课程内容　在确定森林研学课程主题和目标以及选定课程资源以后，要根据主题和目标对课程内容进行设计。课程内容不仅要符合课程的主题和目标，而且要符合学生的身心发展规律，并且是他们所需要、所感兴趣的。

⑤设计森林研学课程实施过程 为了使森林研学课程有序、顺利地实施，须按照行前、行中、行后3个基本环节，详细设定各环节研学活动的时长要求及内容安排，以避免课程实施的主观随意性。

⑥设计森林研学课程教法 要达成森林研学课程目标，须采用适宜的教学方法。若教法不当，可能事倍功半甚至是做无用功。森林研学课程教法设计是设计适合森林研学课程内容和学习主体个性的教学模式和手段，以使研学旅行指导师在实施课程时有章可循。

⑦设计森林研学课程评价方案 森林研学课程实施效果、研学旅行指导师教学质量水平、组织领导是否规范满意等都需要进行评价，因此需要事先拟定评价标准、确定评价对象和参与评价的主体等。

⑧撰写森林研学课程教案 森林研学课程实施需要提前撰写好教案，准备好教学材料，才能有条不紊地开展教学。

⑨完善森林研学课程方案 森林研学课程设计是一个循环往复的过程，一个好的研学课程需要经过团队反复讨论、打磨才能形成。另外，课程在实施后还要根据评价反馈进行修改完善。

7. 森林研学课程实例

(1)"神农架自然博物游学探秘"研学课程

神农架生态旅游区(以下简称神农架)被教育部批准为"首批全国中小学生研学实践基地"，原国家旅游局批准为"中国十大研学目的地"，内地游学联盟列为"港澳青少年内地游学基地"。其独特的地理位置，多样的生物物种，特色的民俗民风，丰富的游学内容，为研学旅行的开展提供了充足的条件，逐步成为中小学生研学旅行的目的地之一。其中奥德曼神农架自然营地和官门山生态科普景区成为激发中小学生探索自然、挑战自我的自然学校。在这里可以学习辨识神农架珍稀植物，了解其生长习性及在生态圈中的作用；野外采集植物样本，并亲手制作标本，加深对植被类型的认知，增强动手能力；深入金丝猴栖息地，了解金丝猴生活习性，学习如何保护珍稀动物；探秘原始森林，了解森林生态系统的特征及作用；进行地质科考，读懂岩石地层，寻找亿万年前地质运动留下的证据。

(2)"长白山垂直景观带探秘"研学课程

长白山资源丰富，被称为"行走的地理教科书"。其科考研学活动可围绕火山、植物、动物、水资源等主题，进行综合认知。在亿万年以来的地质历史上，长白山地区经历了沧海桑田的变迁，学生在这里可以探寻时间留在长白山的地质痕迹，进行火山碎屑流的课题研究，通过火山碎屑流推算出当时火山喷发的高度。此外，长白山是欧亚大陆东岸的最高山，拥有完好的大片原始森林。长白山植被受到地形垂直变化的影响，随着海拔的上升，从山脚到山顶形成了由温带到寒带的多个景观带，这种多样的垂直景观带是地球表面植被垂直分布的缩影。在这里，学生可以科学认识并记录植物，采集植物样本，观察植物叶片的形态特征，了解植物进行光合作用和蒸腾作用与叶片参数不可分割的联系。

(3)鼎湖山自然保护区"探究大自然"研学课程

鼎湖山自然保护区"探究大自然"研学课程是结合初高中的科学课程、地理课程和生物课程，将鼎湖山的自然资源和科学项目作为素材设计的探究式研学课程。在"大自然不说谎——水质指示物种"活动中，通过观察水质指示物种来分析鼎湖山的水质情况，了解生物与环境的相互适应性和指示生物的科学应用。通过场景化教学的模式，引导学生从课本理论知识学习走向自然实践，通过野外观察、亲身体验实验、小组讨论汇报等环节拓展思维，培养科学素养，并了解生态保护的重要意义。

(4)"励志高原　博学少年7日游学营"研学课程

"励志高原　博学少年7日游学营"研学课程专门面向港澳青少年，以实地考察、现场体验、访谈等方式获得学科的知识。课程内容为：认识青藏高原的自然生态系统；探秘神秘原子城；行走在青海湖国家级自然保护区壮美生态圈中，考察沙柳河、泉湾湿地；到普氏原羚救护中心了解青藏高原生态环境的变迁及保护生态环境的重要性；在盐文化博物馆探究青藏高原盐文化的发展史及采盐历程。

巩固训练

1. 选择题

(1)秋季流行的银杏叶贴画属于(　　)类型的森林研学课程。

A. 自然体验　　　　　　B. 实践操作　　　　　　C. 户外拓展　　　　　　D. 环境解说

(2)森林研学课程包含哪些要素？(　　)

A. 课程目标　　　　　　B. 课程内容　　　　　　C. 课程组织管理　　　　D. 课程评价

(3)森林研学课程设计应遵循(　　)原则。

A. 科学性　　　　　　　B. 主体性　　　　　　　C. 融合性　　　　　　　D. 选择性

2. 填空题

(1)学校根据学段特点和地域特色，逐步建立小学阶段以＿＿＿＿为主、初中阶段以＿＿＿＿＿为主、高中阶段以＿＿＿＿为主的研学旅行活动课程体系。

(2)森林研学课程主要有＿＿＿＿类、＿＿＿＿类、＿＿＿＿类、＿＿＿＿类课程。

3. 问答题

(1)森林研学课程具有哪些特点？

(2)森林研学课程设计的具体步骤包括哪些？

任务3-2　森林研学课程主题设计

任务指导书

👉 **任务目标**

了解森林研学课程主题的概念；掌握森林研学课程主题设计的原则；掌握森林研学课

程主题的选题方法和命名要求、命名方法；能够结合实际设计优秀的森林研学课程主题。

任务描述

调查森林研学课程需求，结合当地森林研学课程资源实际，设计系列森林研学课程主题供校方选择。

任务实施

1. 学生分组

每5~6人为一组，确定组长，实行组长负责制。

2. 收集案例

通过访谈和网络调查等方式，收集若干个森林研学课程案例，提取案例中的森林研学课程主题并进行汇总和分析评价。

3. 确定森林研学课程主题选题方向

通过对学校、家长、学生等进行问卷调查，确定森林研学课程主题的选题方向和大致内容。

4. 设计森林研学课程主题

从收集到的森林研学课程案例中取长补短，按照规范要求，设计系列森林研学课程主题。

考核评价

根据表3-2-1对任务实施过程和结果进行评价。

表3-2-1 评价表

评价指标	评价标准	赋分	教师评价得分（占70%）	学生互评得分（占30%）	综合得分
学习素养	按时出勤，不迟到或早退，不旷课	5			
	积极发言，参与课堂互动	10			
	按时、保质完成作业，不迟交、不漏交	5			
案例收集	案例的数量充足，内容翔实	10			
	案例的课程主题整理归纳清晰	10			
	案例的课程主题分析评价透彻	10			
课程主题设计	符合课程主题设计原则	10			
	选题新颖	10			
	符合命名规范要求	30			
合　　计		100			

知识链接

中小学研学旅行以主题活动为主要实施方式。在具体的研学课程设计当中，研学课程主题的设计是一个从概括到具体的过程。在进行森林研学课程设计时，一般先明确研学课程的主题方向，然后确定课程大体内容，再通过一定的方法将课程内容凝练成课程的主题（课程名称）。

1. 森林研学课程主题设计原则

森林研学课程主题设计要遵循以下基本原则。

（1）教育性原则

森林研学是校外教育实践活动，教育性是设计森林研学课程主题的本质要求，也是衡量森林研学课程主题是否有效的基本原则。教育性原则要求课程主题以中小学生自身发展需求为中心，尊重学生的自主选择权，充分调动学生参与研学实践教育的意愿和积极性，引导学生根据自我成长需要选择具体活动主题。

（2）实践性原则

实践性原则强调以学习者为中心，让学生亲身经历各项活动过程，在动手做、实验、探究、设计、创作、反思的过程中体验和感受生活，并在全身心参与活动的过程中发现、分析和解决问题，培养实践创新能力。

（3）开放性原则

作为校外教育的重要形式，森林研学课程不仅仅是学校课程的延伸，更是我国基础教育形式的创新和积极探索，课程主题的开放性有利于增加课程的吸引力，促进创新能力的培养。此外，与学科课程相比，森林研学课程更注重情感目标和全面发展，每个课程主题有多种解决问题的途径和方案。学生从开放主题中不断探索，寻找自己感兴趣的主题，从而使自己的个性特长、实践能力得到发展。

（4）综合性原则

森林研学课程以促进学生的综合素质发展为核心，均衡考虑学生与自然的关系、学生与他人和社会的关系、学生与自我的关系这 3 个方面的内容。对课程主题的探究和体验，应有助于学生充分认识个人、社会、自然的内在联系，强化知识、能力、道德等方面的内在整合。

（5）层次性原则

森林研学课程主题应基于学生可持续发展的要求，长、短期相结合，使活动主题向纵深发展。还应有效处理好学期之间、学年之间、学段之间研学内容的有机衔接，构建科学合理的森林研学课程主题序列。

（6）地域性原则

不同的地域，自然与文化条件、办学条件、校园文化等均存在着差异。因此，各地应根据不同的资源状况设计和开发相应的研学课程主题，凸显地域特色，并转化为具有可行性的课程方案。切忌千篇一律，生搬硬套。

（7）时代性原则

森林研学课程主题设计应该及时关注时代的发展，关注鲜活的现实生活环境，回应社会关切热点，与国家乃至世界社会经济发展保持一致性，以弥补学科课程的相对封闭性和滞后性。例如，结合冬奥会掀起的冰雪运动热潮，设计"体验冰雪运动，感受冬奥魅力"的课程主题。

（8）可行性原则

地方资源、学校安排、学生需求、经济情况等均会影响相关主题研学课程实施的可能性。在进行森林研学课程主题选择和确定时，要对主题开展的可行性进行充分考虑和论证。即考虑学校能够利用的校内外资源是否能够满足研学旅行课程主题开展所需的资源条件要求，学校在教学计划、师资安排方面能否为研学课程主题的开展提供充足的保障条件，课程主题能否满足学生的发展需求，以及课程主题开展所需的经费预算能否到位等问题。

2. 森林研学课程主题选题方法

森林研学课程主题的选题方法主要有：整合学科资源法、融合学校活动法、教育目标达成法、发掘社区资源法、运用社会热点法、生活与职业体验法、研学旅行指导师经验提炼法、学生自主选题法。具体采用哪种方法，需要因地制宜、因时制宜。

（1）整合学科资源法

森林研学课程是一种综合性的课程，可整合各学科课程培养学生核心素养的问题设计一个主题，并围绕这个主题组织、设计课程内容。例如，"走进××"系列、"行走××"系列主题的研学课程就具有非常强的综合性，能关联多门学科。需要注意的是，在整合学科资源时，要打破现有学科之间的界限，围绕主题进行整合。课程主题应当体现综合性、开放性、多样性等特点，使学生不只是学习知识，更要学会、学懂知识，不仅要让其"知"和"智"，更重要的是促进其"德"和"能"的发展。

（2）融合学校活动法

《中小学德育工作指南》指出，"要精心设计、组织开展主题明确、内容丰富、形式多样、吸引力强的教育活动，以鲜明的价值导向引导学生，以积极向上的力量激励学生，促进学生形成良好的思想品德和行为习惯"，并建议学校有关校园文化活动与校园德育主题有机结合起来。

森林研学课程主题的设计不能孤立于学校传统活动之外，与学校其他活动相脱离，否则会增加教师教学和学生学习的负担，造成研学旅行低效、表面与肤浅，并且在实施的过程中也会出现很多的困难。学校在以往活动开展的过程中积攒了开展活动的经验，森林研学课程与这些活动之间并不是独立存在的，具有一定的继承性和发展性。因而，可以用研学旅行课程的理念对学校的传统活动和德育活动进行发展和整合，并生成森林研学课程主题。例如，结合植树节活动，可以设计"拥抱春天""手绘春天""播种春天"系列研学课程主题。

（3）教育目标达成法

提升学生核心素养是落实立德树人根本任务，促进教育目的达成的一项重要举措。在发展核心素养方面，以培养"全面发展的人"为核心，涉及文化基础、自主发展、社会参与三个方面，综合表现为人文底蕴、科学精神、学会学习、健康生活、责任担当、实践创新六大素养。具体细化为人文积淀、人文情怀、审美情趣、理性思维、批判质疑、勇于探究、乐学善学、勤于反思、信息意识、珍爱生命、健全人格、自我管理、社会责任、国家认同、国际理解、劳动意识、问题解决、技术运用 18 个基本要点。结合核心素养要点，可设计多样化的研学主题。例如，结合劳动意识这一要点，可设计"制作木制小玩具""搭建鸟巢"等研学课程主题。

（4）发掘社区资源法

社区是学生日常学习和生活的场所，可充分利用社区资源设计丰富多样的森林研学课程主题。例如，利用城市的海洋馆可设计海洋生物研学课程主题，利用城郊的郊野公园可设计军事、国防教育等研学课程主题。

（5）运用社会热点法

社会热点中蕴含着丰富的课程资源，这些课程资源具有新鲜性、生活性、丰富性的特点。从社会热点中挖掘森林研学课程主题，能让学生感受到森林研学是与日常生活紧密相连的，并激发学生探究学习的兴趣和积极性。例如，可从碳达峰与碳中和、美丽中国建设、中央生态环境保护督察等社会热点中挖掘生态文明教育类森林研学主题；还可从"中国传统制茶技艺及其相关习俗"列入人类非物质文化遗产代表作名录的社会热点中挖掘采茶、制茶及茶类习俗等森林研学主题。

（6）生活与职业体验法

社会职业类型多种多样，对于很多职业，学生可能仅从电视上看过或从别人讲述的故事中听过，总觉得离自己很遥远。例如，当教师在讲解古诗《锄禾》，讲述要珍惜粮食，反对餐饮浪费时，学生却可能分不清水稻与韭菜。因而，可以结合中小学职业生涯规划课程设置，将生活中的问题和职业类型相关内容有选择地设计为研学实践活动课题，增加学生的社会生活经验和职业体验，健全人格，树立正确的世界观、人生观、价值观，提升社会责任感。

（7）经验提炼法

森林研学课程主题设计过程中，要充分重视研学旅行指导师的经验和特长。在设计活动主题时，可以从研学旅行指导师的个人经验出发，并且与其自身的特长相结合。使用含有个人经验的主题时，研学旅行指导师对于要开展课程的内容相对比较熟悉，实施起来也会较为顺畅，研学旅行指导师将会更加积极、热情地投入课程中，并且通过自己的热情激发学生的兴趣，同时也有利于研学旅行指导师发挥自身的特长和潜力，激励研学旅行指导师持续改进课程。例如，聘请退伍军人设计野外生存、丛林探险等拓展类研学课程主题。

（8）自主选题法

在进行森林研学课程主题设计时，研学旅行指导师也可以通过创设情境，激发学生的创造性思维，引导和启发学生从多方面发现和寻找研究课题，或鼓励学生在自己所处的自然、社会和生活环境中用心观察、用心体会、细心辨析，探寻自己感兴趣的问题或课题，并将问题及时记录下来，再经过讨论转化为研学实践活动的主题。这样，学生自行设计和选出课程主题，往往参与的积极性也较高。

3. 森林研学课程主题命名基本要求

在森林研学课程主题选题之后，还需要对主题进一步提炼，形成一个简洁、精炼而又富有吸引力的标题，也就是要给主题命名。俗话说："题好一半文。"一个好的研学课程主题名称是好的研学课程的开端，可以有效引导师生进入研学情境。在命名时，应遵循以下基本要求。

（1）客观科学性

研学旅行的教育属性决定了课程主题命名时必须客观科学。一是课程主题要能准确地概括课程的核心内容、精神和本质，做到内容真实、观点准确、文字精确。二是用词要科学，包括选用专业术语和经证实的结论性结果，不能选用俗话俚语和未经证实的假想的内容。例如，庐山是世界地质公园、世界文化景观，但不是世界文化与自然双重遗产，因此不能使用世界文化与自然双重遗产的称谓。三是指表述要科学，包括语言陈述方式要符合学生的阅读习惯，陈述内容的思想导向要符合科学认知。

（2）准确规范

准确规范的要求具体包括：第一，课程名称要内容准确，表述规范，"有其名必有其实，名为实之宾也"；第二，课程名称的外延必须与正文一致，即做到课程主题名称将研学课程核心内容交代清楚，与研学目标相吻合；第三，课程名称的内涵不能太大，也不能太小，要把研学的对象和内容准确地表达清楚；第四，课程名称不能用口号式、结论式、疑问式句型，而应以陈述式句型表述；第五，课程名称表述不能含糊笼统，应尽可能突出主题的研学内容、研学对象、核心概念；第六，课程名称不能出现并列式、对仗式词组。

（3）简洁醒目

《现代汉语词典》对"标题"一词的解释是"标明文章、作品等内容的简短语句"。课程名称要做到简洁醒目，需注意以下几点：长度不要超过20个字；宜简不宜繁，宜短不宜长；尽量避免概念化语言，多用形象化、具体化语言；表述方式要符合阅读习惯，避免晦涩的语言。

（4）新颖有趣

新颖生动、不落俗套的标题更能引起学生的兴趣。要新颖独特，富有新意，但不能盲目蹭热度，套用网络词汇；要有趣，但不能为了有趣而偏离研学目标。

（5）贴近实际

课程名称要贴近学生的生活实际，充分考虑学生的年龄和身心特点。比如，针对小学生用趣味性、生活化的标题；针对初中生用新颖有挑战性的标题；针对高中生用思考性强一些的标题。

4. 森林研学课程主题命名常用方法

森林研学课程主题命名的常用方法有：聚焦法、抽取法、创新法、"地点+"法。

（1）聚焦法

教育部发布的《中小学综合实践活动课程指导纲要》推荐了152个活动主题，但这些主题都比较宽泛，不能直接作为课程主题名称。若参考这些主题，还需根据研学实践活动资源实际，考虑客观存在的城乡差异和学情差异，对某一主题进一步聚焦，使之具体化和具备可行性。例如，给七至九年级推荐的"身边环境污染问题研究"主题可以聚焦到当地某河流的水污染问题研究。

（2）抽取法

抽取森林研学课程中的关键词作为标题，是课程名称命名的常用方法，也是比较稳妥有效的方法。森林研学课程主题可分为单一研学主题与综合研学主题，命名时可以抽取不同的关键词来作为主题名称。单一研学主题相对容易提炼主题名称，综合研学主题则是并列的、相对独立的，不存在先后顺序关系，可根据实际开展活动的时间长短进行内容上的添加或删减。例如，"观仙境海岸，探海蚀地貌"抽取的是自然地貌景观的一个关键词，"探秘多样生物，体验民族风情"抽取的是"生物"和"民俗"两个关键词。

（3）创新法

创新法是先对研学实践活动课程内容进行提炼，再围绕研学主旨发挥想象和联想，凸显学生的学习方式及过程，以各种手法创新地设计标题的方法。创新时可融入文字构词法、借用学科专业词汇、辩证手法等。例如，黄河主题研学中的"行走地上河"的"行走"，"解密五台山"的"解密"，都凸显了学生的学习方式及过程，同时涵盖了研学主题内容。

（4）"地点+"法

进行森林研学课程主题命名时，还可采用地点+研学内容、地点+研学方式、地点+主题内容等命名方法。例如，"梅关古驿道徒步"中的"梅关古驿道"为地点，"徒步"为研学方式。

5. 森林研学课程主题命名步骤

森林研学课程主题命名可按照以下步骤进行。

（1）明确教育目标

教育目标是研学课程主题设计的首要考虑因素，也是遴选研学课程内容、设计研学课程方案的依据。教育目标需要明确而具体，尽量保证可行性，不能大而全，过于空泛。例如，结合学校德育教育目标的劳动教育、红色革命历史教育、感受中华传统美德等目标较为明确，而培养创新精神、实践能力等就相对空泛，不适合作为教育目标。

（2）遴选关键词

通过凝练主题内涵来进行创新，从而选取列入标题的相关内容。在难以精准或一次性确定关键词的情况下，可先根据预设的森林研学课程目标初步确定几个关键词备用，待课程内容、活动组织方式等设计完成后，从中选取关键词，进行反复斟酌，修改或替换前期初步确定的关键词。

（3）选择表述方式

运用文学手法、对比手法、辩证法、抽取法等都能让主题名称具有可读性，且充分体现课程的主旨及教育目标。例如，"走进天府之国，传承治水智慧"是运用指代法表述。

（4）锤炼标题文字

采用压缩标题的内容、删除标题中多余的字词、改变标题的叙述方法、适当使用简称等方式反复推敲和锤炼标题，可以让课程主题名称变得准确、简洁、新颖。例如，"争做洱海小卫士"。

（5）确定课程主题名称

将拟定的课程主题名称交给课程设计团队和学校商议，若无异议，即可确定下来；若有异议，再进行修改，直至学校认可接受。

巩固训练

1. 选择题

（1）下列属于森林研学课程主题设计要遵循的基本原则是（　　）。

A. 教育性　　　　　　　B. 实践性　　　　　　　C. 层次性　　　　　　　D. 地域性

（2）森林研学课程主题常用的命名方法有（　　）。

A. 聚焦法　　　　　　　B. 抽取法　　　　　　　C. 创新法　　　　　　　D. "地点+"法

2. 填空题

（1）森林研学课程主题命名的基本要求包括：_____、_____、_____、_____。

（2）进行森林研学课程主题命名时，可采用_____、_____、_____等命名方法。

3. 问答题

（1）森林研学课程主题的选题方法有哪些？

（2）森林研学课程主题的命名可参照什么步骤？

任务3-3 森林研学课程目标设计

任务指导书

☞ 任务目标

了解森林研学课程目标的内涵；熟悉森林研学课程目标设计的依据；掌握森林研学课程目标设计的原则、设计方式和步骤；能够针对不同学情设计森林研学课程目标。

☞ 任务描述

调查森林研学课程需求，根据所选定的森林研学课程主题设计森林研学课程目标。

☞ **任务实施**

1. 学生分组

每5~6人为一组，确定组长，实行组长负责制。

2. 收集案例

通过访谈和网络调查等方式，收集若干个森林研学课程案例，提取案例中的森林研学课程目标并进行汇总和分析评价。

3. 森林研学课程目标调查

通过对学校、家长、学生等进行访谈和问卷调查，初步确定森林研学课程目标。

4. 设计和撰写森林研学课程目标

从收集到的森林研学课程案例中取长补短，遵循森林研学课程目标设计的方式和步骤，按照规范要求设计和撰写森林研学课程目标。

☞ **考核评价**

根据表3-3-1对任务实施过程和结果进行评价。

表3-3-1 评价表

评价指标	评价标准	赋分	教师评价得分 （占70%）	学生互评得分 （占30%）	综合得分
学习素养	按时出勤，不迟到或早退，不旷课	5			
	积极发言，参与课堂互动	10			
	按时、按质完成作业，不迟交、不漏交	5			
案例收集	案例的数量充足，内容翔实	10			
	案例的课程目标整理归纳清晰	10			
	案例的课程目标分析评价透彻	10			
课程目标设计	符合课程目标设计原则	10			
	课程目标完整	10			
	课程目标表述符合规范要求	30			
合　计		100			

知识链接

1. 森林研学课程目标内涵

课程目标是课程实施的出发点和最终归宿。如果脱离教育目的、没有合理的课程实践目的，则开设的课程就可能缺乏内在的整体性、连贯性，而显得零碎、杂乱，就可能影响人才培养的质量。因此，课程目标设计是森林研学课程开发的重要问题。

森林研学课程目标是指森林研学课程本身要实现的期望和意图，它规定了学生通过课程学习后在知识、能力和情感态度等方面期望实现的程度，对研学课程内容选择、研学课程实施和研学课程评价起指导作用。

2. 森林研学课程目标构成

一个完整的森林研学课程目标包括以下 4 个要素。

(1) 行为主体

行为主体在森林研学课程中指学生，是目标表述中的主语。需特别注意的是，行为目标在描述时应指向学生的学习行为而不是教师的教授行为。规范的行为目标开头应当清楚地表明达成目标的行为主体是学生，如"学生能辨认……""学生能背诵……""学生能解释……""学生能评价……"等。

(2) 行为动词

行为动词说明通过学习学生应能做什么，是目标表述语句中的谓语和宾语。这是目标表述语句中最基本的成分，不能省略。课程目标应采用可观察、可操作、可检验的行为动词来描述，如"识别""制作""测量"等。

(3) 行为条件

行为条件说明上述行为在什么条件下产生，是目标表述语句的状语。如"通过小组探究学习，制定……""在网上收集材料，检验……"等。

(4) 表现程度

表现程度规定学生达到上述行为的最低标准，用来检验学生学习的结果所达到的程度。如"准确无误地说出……""详细地写出……""客观正确地评价……"等表述中的状语部分，正是限定了目标水平的表现程度。

3. 森林研学课程目标设计依据

森林研学课程目标设计的依据包括研学课程本身的理念和性质、学校的育人理念及课程发展需求、学生的身心发展需求、社会和生活发展需求。

(1) 研学课程本身的理念和性质

研学课程本身的理念和性质是设计森林研学课程目标的首要依据。《关于推进中小学生研学旅行的意见》提出，研学旅行旨在落实立德树人，帮助中小学生了解国情、热爱祖国、开阔眼界、增长见识，并提出"四个感受、三个学会"，将研学旅行看作校外教育与学校教育衔接的创新形式以及综合实践育人的有效途径。

(2) 学校的育人理念及课程发展需求

研学旅行作为一门能够较好体现校本育人理念的课程，要结合本校的教育理念和办学理念进行校本课程的设计和开发。研学课程目标的校本化是学校层面对研学旅行的价值判断与价值选择问题，研学课程目标应体现与学校育人理念的一脉相承性。此外，还应从学校课程结构优化和课程发展的角度定位研学课程目标。只有这样，才能使研学课程深度融入学校课程体系，成为学校课程的一部分。

(3) 学生的身心发展需求

学生是研学课程实施的主体，也是研学旅行活动实践的主体，因此研学课程目标的设计不能不考虑学生的身心发展需求。要从学生素养和能力发展现状寻找课程目标设计的逻辑起点，致力于学生核心素养、创新能力以及探究能力的发展，尊重学生的兴趣和身心发展需求。

(4) 社会和生活发展需求

交通的便捷与信息时代的发展，让旅行成为一种生活状态，为学生的社会交往、实践能力的锻炼和文明旅游意识的培养开辟了新的途径。通过研学旅行使学生具备时代必需的交往能力、信息获取能力和旅行技能，是社会和生活发展对研学旅行提出的新要求。在设计研学旅行目标时，要统筹社会和生活发展对人才培养提出的新要求，赋予学生适应时代和生活所需的能力和素养。

4. 森林研学课程目标设计原则

森林研学课程目标的设计必须遵循以下几个基本原则。

(1) 多维性原则

森林研学课程目标设计的多维性原则是指在研学课程目标的设计上既要注重知识的获取，又要关注知识获取的过程与方法，能力的培养及情感、态度、价值观等方面的形成。尤其在思想政治教育方面，研学旅行以立德树人为根本目的，因此研学课程目标设计还必须突出政治教育特性，才能实现立德树人的目的。

(2) 可测性原则

可测性原则是指课程目标的表述应力求准确、具体、清晰，体现目标的操作性和可检测性。要详细规定学生所要达到的发展水平，有明确的数据或可观测的表现，并使之具体化，便于研学旅行指导师、学生和研学旅行活动各方管理者检测目标的达成情况。要避免含混不清和不切实际，否则难以理解和把握，在研学旅行教学中无法执行。

(3) 针对性原则

课程目标不应是固定的、公式化的，维度顺序也不应是一成不变的，而应相对精准地体现研学课程的性质、课程内容的重点与难点、学生及其在特定社会时期的发展需求。

(4) 实际性原则

实际性原则即应根据学生的素质、经历等情况，以实际工作要求为指导，确定切合实际的、可达成的目标。为此，应考虑在目前条件下所设立的目标是否可行或可操作，是否高不可攀或没有意义。

(5) 时限性原则

森林研学课程目标的制定和达成会受到时间的影响和制约。一方面，研学课程目标都是在特定时间内要达成的，在确定目标时必须指明其时间的区间。另一方面，在不同的时段，课程目标是发展变化的，研学课程设计者要根据环境和课程内部条件的变化及时地调整课程目标。没有时间限制的课程目标不仅没有办法考核，而且容易造成考核结果不公平。

(6) 层次性原则

一方面，森林研学课程是循序渐进的课程，难以一蹴而就，因此课程目标要有层次性。另一方面，课程目标设计要考虑到地域差异、学生个体差异及学习结果的层次性、差异性，应根据这些差异制定相应的课程目标。

(7) 灵活性原则

森林研学课程目标并不是一经确定就一成不变的。受到内部和外部环境的影响，森林研学课程目标会表现出较大的差异性，有随时被调整或改变的可能。因此，在森林研学课程目标的设计过程中，一方面需要考虑到未来可能的变化情况，使课程目标的设计更符合实际；另一方面，在外部环境等影响因素有变化的时候，需要随时调整课程目标，以更好地适应课程的开展。

5. 森林研学课程目标设计方法

完整的课程目标体系包括3类目标：结果性目标、体验性目标、表现性目标。

(1) 结果性目标设计

结果性目标说明学生的学习结果是什么，这种目标指向具有精确性、具体性、可操作性的特点。结果性目标细分为知识目标和技能目标两个领域，其中知识目标分为了解、理解和应用3个层次水平，技能目标分为模仿、独立操作和迁移3个层次水平（表3-3-2）。

表 3-3-2 结果性目标设计

领域	目标水平	行为动词	目标举例
知识目标	了解水平：再认识或回忆知识；识别、辨认事实；举出例子；描述对象的基本特征等	说出、背诵、辨认、回忆、选出、举例、列举、复述、描述、识别、再认等	运用地质年代表等资料，简要描述地球的演化过程
	理解水平：把握内在逻辑关系；与已有知识建立联系；进行解释、推断、区分、扩展；提供证据；收集、整理信息等	解释、说明、阐明、比较、分类、归纳、概述、概括、判断、区别、提供、转换、猜测、预测、收集、整理等	运用示意图，说明地球的圈层结构
	应用水平：在新的情境中使用抽象的概念、原则；进行总结、推广；建立不同情境下的合理联系等	应用、使用、质疑、设计、解决、撰写、拟定、检验、总结、推广、证明、评价等	结合实例，说明不同生态系统（类型）对人类活动的影响
技能目标	模仿水平：在原型示范和具体指导下完成操作；对所提供的对象进行模拟、修改等	模拟、重复、再现、模仿、例证、临摹、扩展、缩写等	绘制大气的圈层结构图
	独立操作水平：独立完成操作；进行调整与改进；尝试与已有技能建立联系等	完成、表现、制定、解决、拟定、安装、绘制、测量、尝试、试验等	尝试做一个动物检索表
	迁移水平：在新的情境中运用已有技能；理解同一技能在不同情境中的适用性等	联系、转换、灵活运用、举一反三、触类旁通等	根据景区的森林生态资源和交通运输状况，结合实例设计森林研学出行的时间、线路，设计景区内部森林研学线路

(2) 体验性目标设计

体验性目标主要是描述学生的心理感受、情绪体验。所采用的行为动词是体验性的、过程性的，这种陈述方式指向无须结果化的或难以结果化的课程目标。体验性目标分为3个层次水平，即经历(感受)、反应(认同)和领悟(内化)(表3-3-3)。

表3-3-3　体验性目标设计

目标水平	行为动词	目标举例
经历(感受)水平：独立从事或合作参与相关活动；建立感性认识等	经历、感受、参加、参与、尝试、寻找、讨论、交流、合作、分享、参观、访问、考察、接触、体验等	在特定的活动中，获得一些初步的经验
反应(认同)水平：在经历基础上表达感受、态度和价值判断；做出相应的反应等	遵守、拒绝、认可、认同、承认、接受、同意、反对、愿意、欣赏、称赞、喜欢、关注、重视、尊重、爱护、珍惜、蔑视、拥护等	通过种子发芽试验，懂得珍惜生命、爱护自然
领悟(内化)水平：具有相对稳定的态度；表现出持续的行为；具有个性化的价值观念等	形成、养成、具有、热爱、树立、建立、坚持、保持、确立、追求等	具有学习和探究大自然的好奇心与求知欲

(3)表现性目标设计

表现性目标旨在培养学生的创造性，强调学习及其结果的个性化。表现性目标的陈述，不是规定学生在教学过程结束后应该展示的行为结果，而是强调学生在此情境中的种种际遇所产生的表现。表现性目标主要应用于对实践类和艺术类课程的陈述。表现性目标划分为复制和创作两个层次水平(表3-3-4)。

表3-3-4　表现性目标设计

目标水平	行为动词	目标举例
复制水平：在研学旅行指导师的提示下重复某项活动；利用可得到的资源，复制某项作品、产品或某种操作活动；按研学旅行指导师的指令或提示，利用多种简单技能完成某项任务等	从事、做、说、画、写、表演、模仿、表达、演唱、展示、复述等	能够用竹笛吹奏《映山红》
创作水平：按照提示，从事某种较复杂的创作；按照自己的思想和可得到的资源完成某种服务；利用多种技能创作某种产品	设计、制作、描绘、涂染、编织、雕塑、拓、收藏、表演、编演、编曲、扮演、创作等	能够用井冈翠竹编织小花篮

巩固训练

1. 选择题

(1)陈述课程目标时，应力求准确、具体、表达清晰，体现森林研学课程目标设计的(　　)原则。

A. 可测性　　　　B. 多维性　　　　C. 实际性　　　　D. 灵活性

(2)森林研学课程目标制定的依据包括( )。

A. 研学课程本身的理念和性质　　　　B. 学校的育人理念及课程发展需求

C. 学生的发展需求　　　　　　　　　D. 社会和生活发展需求

(3)一个完整的森林研学课程目标包括( )4个要素。

A. 行为主体　　　　B. 行为动词　　　　C. 行为条件　　　　D. 表现程度

2. 填空题

(1)研学旅行是_____教育和_____教育相衔接的创新教育形式以及_____育人的有效途径。

(2)完整的课程目标体系包括_____、_____和_____3类目标。

3. 问答题

如何理解森林研学课程目标设计的层次性原则?

任务3-4 森林研学课程内容设计

任务指导书

👉 任务目标

　　了解森林研学课程内容的含义、特点和表现形式;掌握森林研学课程内容的选择依据和选择方法;掌握森林研学课程内容的整合方法和组织方法;能够设计出契合课程目标的森林研学课程内容。

👉 任务描述

　　根据确定的森林研学课程主题和课程目标,设计森林研学课程内容,撰写森林研学课程方案。

👉 任务实施

1. 学生分组

每5~6人为一组,确定组长,实行组长负责制。

2. 收集案例

通过访谈和网络调查等方式,收集若干个森林研学课程案例,提取案例中的森林研学课程内容并进行分析评价。

3. 森林研学课程内容调查

通过对学校、家长、学生等进行访谈和问卷调查，在确定森林研学课程主题和课程目标的基础上，初步确定森林研学课程内容框架。

4. 设计森林研学课程内容和撰写森林研学课程方案

参考收集到的森林研学课程案例，采取一定的森林研学课程内容选择和组织方法，设计森林研学课程具体内容，撰写森林研学课程方案。

☞**考核评价**

根据表 3-4-1 对任务实施过程和结果进行评价。

表 3-4-1　评价表

评价指标	评价标准	赋分	教师评价得分（占70%）	学生互评得分（占30%）	综合得分
学习素养	按时出勤，不迟到或早退，不旷课	5			
	积极发言，参与课堂互动	10			
	按时、按质完成作业，不迟交、不漏交	5			
案例收集	案例的数量充足，内容翔实	10			
	案例的课程内容整理归纳清晰	10			
	案例的课程内容分析评价透彻	10			
课程内容设计	课程内容选择依据充分，符合有关规定	10			
	课程内容遵循教学规律，具有科学性、前瞻性	10			
	课程内容符合实际，具有一定特色，可操作实施	30			
合　计		100			

知识链接

森林研学课程内容是指以森林研学课程目标为根据，遵循不同学段中小学生的身心发展规律，并充分考虑学生认知活动的特性，对学生所要学习的内容进行选编而成的研学旅行所指向的要素体系。它包含学生参观、考察和体验的研学点、旅游景区载体、活动场馆、基地（营地）的资源及其承载的文化、技术、概念、原理、方法和传递的思想与价值观。森林研学课程内容的设计与森林研学课程设计的内容不同。森林研学课程内容的设计主要体现在对选定的内容做进一步的细化设计；而课程设计的内容主要体现在设计的项目要素上，包括课程目标、研学方式、研学方法、课程内容、课程资源、课程评价等。

1. 森林研学课程内容表现形式

一般意义上的课程内容，有 3 种文本表现形式：课程计划、课程标准和教材。课程计划是国家对某一学段（如义务教育阶段或高中）的培养目标、课程设置、教学内容、课程实施与评价、课程管理等所做的一系列规定和要求，是学校落实教育教学工作的指南性、纲领性文件，是指导学校课程落地的一个系统性文本。课程标准和教材主要是学科课程内容的表现形式。不同学科按照知识逻辑系统组织课程模块和学习内容，提出应达到的要求，并采用合适的知识呈现方式编写教材。

森林研学课程不同于学科课程，尚没有统一的课程标准，没有考试大纲，只有《关于推进中小学生研学旅行的意见》和《中小学综合实践活动课程指导纲要》等政策依据。因此，森林研学旅行的课程内容更具开放性，承载方式更为多样，体现为研学活动方案、研学线路、考察(探究)内容、研学手册、研学作业、学习资料、评价单等。

2. 森林研学课程内容选择要求

森林研学课程内容的选择需综合考虑以下条件。

(1)与课程目标相对应

课程内容与课程目标的匹配性和一致性是课程内容选择的基本要求。课程内容的选择必须以课程目标为依据，即有什么课程目标，便选择什么课程内容。如果课程目标是培养学生解决问题的能力，那么就应该设计动手操作或探究类课程内容；如果课程目标是让学生了解和体验某种文化，那么就应该设计观赏、体验类课程内容。

(2)与学生需求相契合

森林研学课程的设计要以学生的身心发展特点和需求为依据，着力于促进学生的全面发展。因而，森林研学课程内容要契合学生的需要，要能够激发学生的学习兴趣，从而使学生在学习过程中获得知识、能力、情感、心理等多方面的满足。

(3)与学生学情相匹配

研学旅行课程具有学段特征，同一研学旅行课程资源，在不同学段课程中的内容呈现应有所区别。课程内容的深度、广度及表现形式都要与学生的学段特点相适应。

(4)内容量与课程时间相对应

课程内容量要与课程时间相对应，有多少时间，就安排多少学习内容。要善于利用课程时间，明确各部分课程内容的重要性，在时间总量固定的情况下，考虑各部分课程内容所需的教学活动时间，做到合理分配、安排得当。例如，对基本概念或事实的介绍一般采用讲授法，所用时间较少；而一些探究、实验或技能，需要示范、演练和小组研讨，则要预留更多的时间。

(5)多元化

课程内容应具有多元性。对应于同一课程目标，研学旅行可以有多元化的课程内容。一般来说，在组织森林研学旅行时，都会同时提供多条线路供学生选择，而不同线路的课程内容，都要能够实现研学课程的总体目标。

(6)前沿性

社会的飞速发展使得知识不断更新，技术不断改进，课程设计者在选取森林研学课程内容时应该与时俱进，对于陈旧的内容要果断舍弃，以保证课程内容的前沿性乃至前瞻性。

(7)与研学课程资源相结合

课程内容的选择要考虑资源的可行性。只有具备丰富的、可用的课程资源，才能支撑相应课程内容的学习。如果相关的课程资源缺乏，就要考虑删除或削减相应课程内容。另外，研学课程资源一般都具有多重属性，所以同一课程资源往往会对应多个课程目标。设计者在选择课程资源的时候，尽可能考虑课程资源的多重属性，力求在研学课程实施中"一举多得"。

3. 森林研学课程内容选择方法

大自然当中的江河湖海、一花一草等均可视作森林研学课程资源并转化为森林研学课程内容。面对如此丰富的课程内容，课程设计者可参照以下方法进行选择。

(1)学生需求法

学生需求法是指在了解学生需求的基础上，根据学生需求确定与之匹配的课程内容。课程设计者可以通过各种途径和方法对学生进行需求调查研究，并对调查研究中获得的数据进行分析，找到学生的集中需求点，然后根据学生需求确定课程内容。这是一种基于学生自身兴趣，从自然、社会和学生自身生活中选择和确定研究主题及课程内容的方法。

(2)经验检索法

经验检索法是指具有较深厚的专业经验和一定的社会经验的研学课程设计者，通过挖掘自身积累的专业知识，使其成为文字性课程内容的一种手段。具体分以下两个步骤完成。

第一步，使用第一时间闪烁法进行经验检索。这是一种发散性思维开发方式，即课程设计者在确定好课程主题或课程内容大纲后，第一时间进行内容填充，快速将自己当下能够想到的所有内容写下来。通过这种方式，设计者可以将自己已有的经验和素材在每个课程内容大纲下进行大致归类。

第二步，使用深度搜索挖掘法进行经验检索。在快速写下自己当下能够想到的所有内容后，课程设计者深度思考是否有需要进一步补充的内容，然后将潜藏在大脑深处的内容挖掘出来。

(3)文献研究法

文献研究法即通过查阅书籍、学术期刊及网络资料，了解国家教育主管部门对研学旅行的相关规定、国内外开展研学旅行的相关经验和成果，为研学旅行的课程设计提供理论支撑与做法借鉴，提升课程内容的深度和高度，增强课程内容的系统性。

(4)经验转化法

课程设计者除运用自己的知识和经验外，还可以参考借鉴他人及其他学校以往的研学旅行活动案例，将其中的成功经验转化、运用到自己的课程内容中。

(5)专家推荐法

课程设计者在选择课程内容时，遇到技术性问题，还可咨询专家或请专家论证，这既能大幅度提升课程的可操作性和有效性，又能转化与提炼资深专家的知识和经验。例如，在研学课程中安排越野徒步是否安全妥当，可能需要邀请气象、户外运动等多领域专家进行评估后方可确定。

(6)跨界融合法

课程设计者在课程开发过程中，可以充分运用跨领域知识，触类旁通，为课程开发带来更多的资讯和活力。在使用这一方法时，设计者要对运用的跨领域知识有所选择和鉴别，切忌全盘照搬。

4. 森林研学课程内容整合方法

对海量的森林研学课程内容进行筛选后，还需要进一步加以整合，才能为课程设计所用。课程内容的整合可从以下几方面着手。

(1) 做加法，使课程内容更丰富

即拓展课程内容的广度和深度，使课程内容更饱满丰富，更好地满足学生需求。如增加热点，新闻事件、社会时事都可以整合到森林研学课程内容当中，使得知识与现实生活结合，引发思考与共鸣。例如，将四川凉山森林火灾事件融入课程内容，能有效提升学生的森林防火意识和对防火英雄的崇敬之情。再如增加特色，可以在课程内容中融入地域资源的特色。

(2) 做调整，使内容更合理

通过对内容的调整，使课程内容更加合理，使课程实施更易于操作。课程设计者应尽量使主题下面单元课程的内容能够兼顾大、小活动，力求做到每个活动内容都可以独立成为一个课题，教师可以自由地从中提取任何一个进行二次改造并实践操作。此外，还要关注内容的可接受性，内容选择要适合学生的认知发展水平。

(3) 做优化，使内容更精致

一是优化课程内容的实践性。通过实践，让学生在真实的情境中发现问题、解决问题，尝试用恰当的方式来呈现自己的研究成果。这个过程，需要的并不是直接搬用知识，而是运用各种学习方式体验式地进行学习，表述自己的认知。对于每一个内容，都要着力找到可以体验与实践的点。二是优化课程内容的能力提升性。课程内容要注重帮助学生在实践中达成能力的提升。

5. 森林研学课程内容设计的步骤

(1) 做好学生需求和学情调查

森林研学课程内容应基于学生的兴趣，具有科学性、开放性的特点。此外，研学旅行属于校本综合活动课程范畴，应基于本校学生实际能力和知识基础来设计课程、选择资源。因而，在选择、确定课程内容之前应做学情调查，了解学生对研学目的地的兴趣、对研学内容的兴趣、对研学目的地的了解情况及以往课程行程情况。

(2) 分析研学基地条件

设计森林研学课程内容时还需要从自然资源、文化资源和社会资源几个方面来分析研学基地所具备的条件，使课程内容能顺利落地实施。

(3) 安排研学行程

学生离开熟悉的环境去参加研学旅行，期间的不确定性因素较日常明显增多，因而科学、合理、周密的行程安排以及各个环节的保障非常重要。

(4) 衔接"三段式"课程

森林研学课程是按照活动课程的模式构建的，除了课程目标、课程内容、课程评价等基本要素外，还要将课程实施前后和课程实施过程中的各种因素考虑进去，设计由行前准备课程、行中实践和行后总结构成的"三段式"课程。其中，行中实践的活动内容与活动方式是研学课程内容设计的重点。行前准备通常是给学生提供一些自主阅读的资料，为学生提供专题讲座，让学生在出发之前了解研学目的地，预设自己感兴趣的事物，选择自己可以研究的问题，有准备地前往，这样才能有更多的收获。行后总结包括各种形式的班级、年级研学成果汇报，学生个人作业、作品展示，小组研学课题成果展示，以及家长、学校、机构评价结果呈现等。

巩固训练

1. 选择题

(1)课程内容有(　　　)3 种文本表现形式。

A. 课程大纲　　　　　B. 课程计划　　　　C. 课程标准　　　　D. 教材

(2)森林研学课程内容的选择需综合考虑(　　　)。

A. 与学生需求相契合　　　　　　　　B. 与课程目标相对应

C. 与课程时间相对应　　　　　　　　D. 与研学课程资源相结合

(3)下列属于森林研学课程内容承载形式的有(　　　)。

A. 研学活动方案　　　　　　　　　　B. 研学线路设计

C. 研学手册　　　　　　　　　　　　D. 考察探究内容

2. 填空题

(1)森林研学旅行的"三段式"课程由＿＿＿＿＿、＿＿＿＿＿、＿＿＿＿＿构成。

(2)森林研学课程内容由＿＿＿＿＿＿确定。

3. 问答题

(1)森林研学课程内容选择的方法有哪些？

(2)森林研学课程内容应如何整合？

任务3-5　森林研学课程资源组织

任务指导书

☞任务目标

　　了解森林研学旅行课程资源的含义、特点；熟悉森林研学课程资源的主要类型；掌握森林研学课程资源的组织方式；能够对森林研学课程资源进行有效组织。

任务描述

对当地森林研学课程资源进行调查和筛选，根据森林研学课程的主题、目标和内容，对森林研学课程资源进行计划调度和有效组织。

任务实施

1. 学生分组

每5~6人为一组，确定组长，实行组长负责制。

2. 森林研学课程资源调查

通过实地走访和网络调查等方式，调查当地的森林研学课程资源并进行分类归纳，撰写森林研学课程资源调查报告。

3. 森林研学课程资源筛选

根据森林研学课程主题、目标和内容等，筛选森林研学课程资源。

4. 森林研学课程资源组织

参照森林研学课程资源的常用组织方式，对森林研学课程资源进行计划调度和有效组织。

考核评价

根据表3-5-1对任务实施过程和结果进行评价。

表3-5-1 评价表

评价指标	评价标准	赋分	教师评价得分（占70%）	学生互评得分（占30%）	综合得分
学习素养	按时出勤，不迟到或早退，不旷课	5			
	积极发言，参与课堂互动	10			
	按时、按质完成作业，不迟交、不漏交	5			
课程资源调查	课程资源调查全面翔实	15			
	课程资源分类准确	15			
	课程资源评价合理	10			
	课程资源调查报告完善、符合规范要求	20			
课程资源筛选和组织	课程资源筛选符合原则要求	10			
	课程资源组织符合实际，有一定特色，可用于教学实践	10			
合　计		100			

知识链接

1. 森林研学课程资源含义

森林研学课程资源的概念有广义与狭义之分。广义的森林研学课程资源指有利于实现森林研学课程目标的各种因素，是富有教育价值、能够转化为森林研学课程或服务于森林研学课程的各种条件和要素的总称。作为森林研学课程资源的各种事物，有的可以直接转化为森林研学课程，有的能够为森林研学课程的实施提供环境和条件。狭义的森林研学课程资源仅指森林研学课程各要素的直接来源，如自然保护区的动植物、江河湖海等。

本教材中所指的是广义的森林研学课程资源，也就是能够为森林研学旅行教育服务的、有利于森林研学课程实施和教育目标实现的所有因素都可归属为森林研学课程资源，其中既包括资源包、森林研学旅行基地(营地)等物质资源，也包括学科专家、教师、研学旅行指导师、学生、项目专家、导游、讲解员等人力资源。

森林研学课程资源的开发与利用直接关系到研学课程的实施水平，而且对丰富学生的文化底蕴、培育学生的创新精神具有重要的作用。因此，在推进研学旅行的过程中，要积极开发并合理利用校内外各种课程资源。

2. 森林研学课程资源特点

作为森林研学课程的内部构成要素和运作条件，森林研学课程资源具有以下特点。

(1)潜在性

森林研学课程资源同其他一切功能性资源一样，无论是其存在形态、结构还是其功能和价值，都具有潜在性，必须经过赋值、开发和利用，才能转化成现实的课程成分和相关条件，从而发挥课程作用和教育价值。森林研学课程资源的潜在性表明森林研学课程资源具有开发的价值和效益，而且是能够被开发和设计使用的。

(2)丰富性和多样性

森林研学课程资源具有丰富性和多样性。森林研学课程资源绝不仅仅是文本资料，也绝不仅限于学校内部，它涉及学生学习与生活环境中所有有利于森林研学课程实施、有利于达到森林研学课程目标的教育资源。不同地域、不同学校可供开发和利用的课程资源其构成形式和表现形态各异。在不同的文化背景下，由于价值观念、道德意识、风俗习惯、宗教信仰等具有差异性，所以课程资源也各具特色。不同的课程设计者，各自具有不同的人生经历、学识水平及教育观、课程观等，他们对课程资源的筛选和评价也不同，从而形成了课程资源开发利用的多样性。

(3)间接性

有相当一部分森林研学课程资源在森林研学课程开发之前就已经存在，它具有转化为森林研学课程或支持森林研学课程实施的可能性，但并非是森林研学课程实施的直接条件。因此，森林研学课程资源还有间接性的特点。此外，森林研学课程的教育性不像学校正式课程那么明显、直接，有时森林研学课程资源中的教育性因素与非教育性因素交织在一起，研学课程资源经过筛选或转化，才可能成为研学课程的基本条件或有利于研学课程的实施。

（4）动态性

不同区域的区位条件、自然环境、经济水平和民俗文化等，都影响着森林研学课程资源的客观存在和动态发展。在不同的发展阶段，森林研学课程资源的内涵、外延及内容有所不同。森林研学课程资源是动态的，也是开放的，同时又具有较强的情景性，因而必须针对具体的时空条件和情景进行选择和开发利用。

（5）可开发性

森林研学课程资源是客观存在的各种事物，与学校的正式课程资源相比，它们不一定是规范的、系统的、专门化的，但是可以依据一定的目的对其进行选择、改造并加以利用。相同的研学课程资源由不同的主体进行开发与利用，因主体的课程观、知识及能力水平、实践经验等因素不同，在开发的广度和深度以及达成研学课程目标的效果上都会有较大的差别。

3. 森林研学课程资源类型

森林研学课程资源的类型是多样的，根据不同的研究目的和划分维度，有不同的分类结果。可以从森林研学课程资源的空间来源、载体特性、资源属性和资源层级等方面进行类型划分。

（1）按空间来源划分

森林研学课程资源按空间来源划分，可分为校内研学课程资源和校外研学课程资源。森林研学课程构架应由"课堂导学+实践活动（校内+校外）"组成。

①校内研学课程资源 并不是所有的森林研学课程或者森林研学旅行的全程都在校外开展。校内也有许多可利用和需要利用的资源。如校园里有果树林、花卉基地、试验田等。凡是在学校范围内开展的森林研学课程，其资源就是校内研学课程资源。即除了传统教学资源以外，拓展校本课、社团课关联资源等均属于校内研学课程资源。师生本身不同的经历、生活经验、学习方式、教学策略等同样也是最直接的校内研学课程资源。

校内研学课程资源可以延伸应用到校外研学实践教育的具体活动上，尤其是拓展校本课或社团课等除常规教学之外的研学实践领域。以北京大学附属中学为例，该校利用校内资源很好地开展了博物学校本选修课，通过校园物候观察、校内鸟类调研等平日课程，组成社团化群体，在每年学期结束前通过社团模式集体出行，由学校统一组织前往各类自然保护区开展研学实践活动。这些活动使学生在探究能力、合作能力上有了更好的能动性和创造力。

②校外研学课程资源 超出学校范围开展的森林研学活动所需要的课程资源就是校外研学课程资源，主要包括校外图书馆、科技馆、博物馆、网络资源、乡土资源、自然资源，以及研学旅行国家级、省市级基地和营地等综合性资源。

校外研学课程资源的利用，包括到校外开发利用课程资源和将校外课程资源引进校内两种方式。例如，借助高校、科研机构的实验室资源，开设科技类实验课程；借助博物馆等场馆资源，开设博物类课程；结合企业、行业等的资源，开设参观、考察类活动课程；邀请高校、科研机构的专家和社会人才（如书法家、艺术家等）到校内开设特需课程或特色课程；邀请校外院校、单位、机构到校内开展研学课程相关的主题活动等。

（2）按载体特性划分

根据载体特性，森林研学课程资源大致可以分为以人为载体的人力资源、以物为载体的实物资源、以活动为载体的活动资源 3 种类型。

①人力资源　是指森林研学旅行中具有较高的思想道德素质、丰富的生活经验和广博的专业知识的各类研学旅行指导人员，包括校方、研学旅行服务机构的主管部门等为森林研学旅行提供指导和服务的人员，其最大特点是可以直接参与课程实施，并对其他资源进行深度加工。

②实物资源　是指以历史和现实存在的实物为载体的资源，即物化形态的资源。这类研学资源被选择和使用得较多，只要是研学中附载信息的实物，都有可能成为此类课程资源，关键是要根据需要灵活选用，如研学文献信息资源、研学旅行学生手册、研学旅行指导师手册等。

在选择和利用研学课程实物资源时，按照研学活动的具体需要，可以借助文字、图形、符号、声频、视频等方式对资源进行设计，将其记录在研学旅行指导师手册、研学旅行学生手册上，还可以将这些资源制作成实物道具、模型等供师生使用，如主题活动的系列学习材料、研学实践活动资源包等。

③活动资源　是指森林研学旅行活动或特定的情景所蕴含的资源，表现为特定的机会或情景。这类资源具有动态性、随机性、即时性等特点，只是在特定的时空条件下存在，是不能完全复制的情景性资源。

在选择和利用活动资源时，按照研学活动的具体需求，可以结合具体的场地情况，设定不同的活动项目主题。

(3) 按资源属性划分

根据资源属性，森林研学课程资源可划分为自然课程资源与社会课程资源。

①自然课程资源　自然界中广泛存在的具有多种特性和功能的自然资源都可看作这类课程资源，包括景区、城镇公园、植物园、动物园、风景名胜区、世界自然遗产地、生态保护区、野生动物保护基地等在内的自然生态型资源以及示范性农业基地、科学实践场所等劳动实践型资源。

②社会课程资源　这类课程资源是为开展教育活动课程而直接设计的。社会中广泛存在的具有多种特性和功能的社会资源都可看作这类课程资源，如科普教育基地、海洋意识教育基地等。

(4) 按资源层级划分

结合国家课程、地方课程、校本课程的三级课程管理体系，森林研学课程资源可分为国家课程资源、地方课程资源和校本课程资源。

①国家课程资源　主要是指关系到国家教育发展和国家课程开发的课程资源。主要包括：保证国家组织安全和发展的政治思想及制度化的法律法规；保证培养增强国家竞争实力的人力资源所需要的科学技术知识和创新能力的资源；保证民族文化延续和发展的民族文化课程资源等。

国家课程资源由国家组织专家进行开发设计，能体现国家意志、突出育人价值和素养导向，确保基础教育课程满足语言与文字、数学、人文与社会、科学与技术、艺术、体育与健康等学习领域的基本要求。

②地方课程资源　是指国家内部各地方所具有的政治、经济、文化、风俗、组织等方

面的独特资源。开发地方课程资源，保证地方文化传统的继承和发扬，是在全球化时代继续保护人类文化多元特色的重要手段。

地方课程作为国家基础教育宏观课程体系中的重要组成部分，由地方教育行政部门组织开发，它既是国家课程的有机补充，又是学校课程的重要依据，具有突出的地域性特征。在森林研学课程资源开发时，可以地方课程为出发点，结合地方课程在校内实际开展的情况，于研学课程实施中延续拓展，让中小学生能在课程资源基地亲身实践和体验课堂上的理论内容。

③校本课程资源　是以学校为本位，服务校本课程开发与实施的各类资源，主要包括教师资源、环境资源、文化资源、生态资源、地域文化和地方特色资源等。校本课程资源是国家课程资源和地方课程资源的有力补充，是校本课程实施的重要基础，关系校本课程的内容选择、实施方式和教学效果等。每所学校的校情、学情不同，校本课程资源的开发应因地制宜、富有特色。因此，学校要紧紧围绕立德树人的根本任务，坚持正确的教育价值引领，从学生的年龄特点和成长需要出发，根据各个学段研学活动课程主题和学校周边研学资源实际，开发相关校本研学课程资源。

4. 森林研学课程资源筛选

研学旅行强调要发挥地方特色文化旅行资源的作用，但并非只要具有地方特色，旅行资源就可以被纳入研学旅行课程中。研学旅行不是一场说走就走的旅行，并不是所有的旅行地点都可以转化为理想的户外教室。学习环境的改变正是研学旅行区别于其他教育方式的一大特色，这些各具特色的学习环境是发挥研学旅行教育功能的最重要的物质保证。因此，去哪里旅行、有哪些设备设施或者人力可以辅助开展研学旅行等，恰恰是行前非常重要的问题。课程设计者要对森林研学课程资源"精挑细选"，根据一定标准和方式筛选出那些可行性、教育性较强并且切实有助于学生发展的资源。

在对森林研学课程资源进行筛选时，需要遵循地域性原则、实践性原则、开放性原则、适应性原则、多样性原则、兴趣性原则等要求。

（1）地域性原则

在选择森林研学课程资源时，应当以森林研学课程的主题为依据，以当地的物质基础和客观实际为前提，实事求是，重点突出当地自然资源和具有民族文化特色的资源。

（2）实践性原则

通过研学实现"知行合一"，是学校组织开展森林研学的重要目的之一。因此，在选择森林研学课程资源时，要以学生亲自动手、亲身体验为基本的准则和要求，尽量选择适宜开发体验性、实践性项目的课程资源，以让学生在实践中发现和感悟，提升学生的实践能力。

（3）开放性原则

要以开放的心态对待自然资源、社会资源成果，尽可能选择有益于教育教学活动的一切课程资源。森林研学课程资源选择的开放性包括类型的开放性、空间的开放性和途径的开放性。类型的开放性，是指不论以什么类型、形式存在的课程资源，只要有利于提高研学课程教育教学质量和效果，都应是选择的对象；空间的开放性，是指无论是校内的还是校外的，城市的还是农村的，只要有利于提高研学课程的教学效果，都应加以选择与利用；途径的开放性，是指应探索多样的课程资源选择与利用途径，促使各类课程资源相协调，不能仅局限于单一课程资源的选择与利用模式。

（4）适应性原则

森林研学课程资源的选择要适应学生身心发展的特点，充分考虑学生的现有知识、技能和素质背景，以及学生现阶段的学习能力和需要。一般来说，根据中小学生的身心发展规律，森林研学课程资源的选择遵循由近及远、由简到繁、由易到难的顺序。适应性原则还要求课程资源既适合某一特定群体学生的一般发展水平，又适合该群体内个别学生的发展水平。

（5）多样性原则

不同的学校所在地域、历史传统、培养目标、师生结构、校风校纪、校容校貌等方面各不相同。此外，不同学生在知识结构、年龄结构、身心发展特点、个性发展特点上也有所不同，可以据此选择差异化、多元化的研学课程资源。

（6）兴趣性原则

森林研学课程资源的选择一定要考虑学生的兴趣。在筛选课程资源之前，应通过调查了解不同阶段学生的兴趣、爱好，选择契合学生兴趣的课程资源进行开发。或者说，所选择的课程资源应能激发、提升学生探究和学习的兴趣。

5. 森林研学课程资源组织

森林研学课程资源是中小学生研学实践课程建设的重要因素，要让课程资源形成真正的教育力，还需要采取一定的措施进行组织设计，让其在形式、内容、目的等方面符合中小学生研学实践课程的根本要求。

（1）森林研学课程资源组织的一般路径

首先，对经过筛选的森林研学课程资源进行逐一鉴定，要经得起教育哲学、教学理论、学习理论的推敲，使其具有学理上的支撑。研学旅行课程资源的鉴定与筛选则需要经过课程资源信息查找和实地考察以及资料整理几个步骤完成。其次，建立分门别类、不断更新的研学旅行课程资源数据库，实现不同地区、学校、学科间的数据库资源共享，加强对课程资源的管理与监督，防止课程资源的重复建设、浪费、闲置等现象，实现研学旅行课程资源设计与利用的可持续发展。

（2）森林研学课程资源组织的常用方式

森林研学课程资源类型丰富多样，资源开发的广度和深度影响着其价值和效益的发挥。为了有效地开发和利用森林研学课程资源，可采用以下方式对森林研学课程资源进行组织。

①与旅游观光机构合作寻找优质资源　各级各类风景名胜区、森林公园等旅游观光机构具有丰富的森林研学优质资源，教育机构通过与旅游观光机构开展密切合作，有利于促进旅游产品课程化，将知识学习实践化，形成有创意的高品质研学课程。以江苏省镇江市茅山风景名胜区为例，茅山风景名胜区是国家 AAAAA 级景区；景区内植被茂盛，是典型的亚热带山地植被；低山丘陵和岩溶地貌发育，山中有迎客泉，游客鼓掌则泉水汩汩上涌；景区基础设施完善，周围配套设施齐全。因而，可以开发为森林研学基地。结合高中地理课程可以设计的研学项目有：定向徒步穿越（地图使用）；亚热带植被标本收集与介绍

(植被特征与气候关系);土壤样本收集与实验分析(认识土壤);典型地貌摄影作品展(地貌认知);迎客泉的秘密探知(水循环与地下水的形成)等。

②与企业合作建设专题研修园 教育机构利用企业资源并与其合作建设专题研修园,既有利于丰富研学课程资源,又有利于学生了解产品的生产过程和企业文化,提升企业知名度和美誉度。因此,政府可以进一步出台有关政策,鼓励农、林、牧、渔业企业与教育机构联合开发森林研学基地。例如,备受中小学生欢迎的茶相关研学课程,学生走进茶种植和生产基地,在茶园里观察茶树的生长环境和茶农采茶,并动手实践采茶;在茶厂里参观茶的生产过程,体验制茶技艺;在茶庄里学习泡茶技艺。一趟茶研学之旅,既能增长茶文化知识,又能激发热爱自然、热爱家乡之情。

③与军体机构合作建设技能营 教育机构可以与体育机构或军事国防单位联合建设野外生存技能拓展营地,通过体能训练和野外生存技能培训等项目增强学生体质和自理能力、生存能力,养成自律习惯和拼搏、团结精神。

④与场馆合作开发虚拟基地 虽然森林研学强调走出课堂,走进自然,但是因研学旅行者身体条件制约、自然地理环境的复杂性、自然资源保护的要求等各种主观和客观因素的影响,众多极具研学价值的森林研学课程资源"养在深闺人未识"或成为难以企及、难以触摸、难以感知的"远方"。而与各类自然科普类场馆合作开发虚拟研学基地,通过增强现实技术(AR)或虚拟现实技术(VR)构建沉浸式学习场景,可以突破时空和经济限制,将现实场景复制到虚拟数字场景中,进而实现研学功能。研学者可以通过虚拟现实技术漫游穿越时空,身临史前时代;或穿越地层,见证地球沧海桑田的前世今生;或于火山脚下,踏岩浆而行;或于雪山之巅,探秘极寒之境。这种最新的智能技术让地球历史和自然资源得到了还原,突破了物理边界,给学习者带来更生动、新颖的沉浸式体验。例如,位于云南省普洱市境内的糯扎渡省级自然保护区是各种珍稀动植物繁衍生息的秘境。保护区大力进行生态文明教育基地建设,其与信息技术有限公司联合打造的保护区虚拟现实技术体验馆,将保护区内独具特色的动植物以及生态环境复刻到虚拟现实技术体验馆中,让体验者仿佛置身真实的糯扎渡省级自然保护区,可以看到很多平时难以见到的动物物种,充分感受到糯扎渡省级自然保护区的物种多样性,同时还可以沉浸式体验喂食亚洲象、与白肢野牛共同奔腾在澜沧江边、在雨林露天实验室完成不一样的科学实验、制作虚拟叶脉书签等,感受超越现实的精彩刺激(图 3-5-1、图 3-5-2)。

图 3-5-1 数字场景资源

图 3-5-2 虚拟现实资源

巩固训练

1. 选择题

(1)按载体特性划分，森林研学课程资源可分为(　　　)。

A. 人力资源　　　　　B. 物质资源　　　　　C. 活动资源　　　　　D. 精神资源

(2)按空间划分，森林研学课程资源可分为(　　　)。

A. 校内研学课程资源　　　　　　　　　B. 校外研学课程资源

C. 县域课程资源　　　　　　　　　　　D. 市域课程资源

(3)下列说法正确的是(　　　)。

A. 凡是能够为森林研学教育服务、有利于森林研学课程实施和教育目标实现的因素，都可归属为森林研学课程资源

B. 森林研学课程资源仅仅指文本资料

C. 森林研学课程资源是动态发展的

D. 森林研学课程资源的选择要考虑学生的兴趣

2. 填空题

(1)按资源层级划分，森林研学课程资源可分为：_____、_____、_____。

(2)森林研学课程资源筛选一般要遵循_____、_____、_____、_____、_____、_____几个原则。

3. 问答题

(1)森林研学课程资源具有哪些特征？

(2)森林研学课程资源筛选的原则包括哪些？

任务3-6　森林研学课程教法设计

任务指导书

☞ 任务目标

了解森林研学课程教学方式和教学方法的基本概念；掌握森林研学课程教法设计的依据；掌握森林研学课程的常用教法；能够对森林研学课程设计适用的教法。

☞ 任务描述

根据森林研学课程的主题、目标和内容等，设计森林研学课程的教法，并采用所设计

的教法进行研学课程教学实践。

任务实施

1. 学生分组

每5~6人为一组，确定组长，实行组长负责制。

2. 森林研学课程教法设计

根据森林研学课程的主题、目标和内容等，设计森林研学课程的教法。

3. 森林研学课程授课实践

按照所设计的森林研学课程教法进行教学。

考核评价

根据表3-6-1对任务实施过程和结果进行评价。

表3-6-1 评价表

评价指标	评价标准	赋分	教师评价得分（占70%）	学生互评得分（占30%）	综合得分
学习素养	按时出勤，不迟到或早退，不旷课	5			
	积极发言，参与课堂互动	10			
	按时、按质完成作业，不迟交、不漏交	5			
教法设计	教法设计依据科学、充分	10			
	教法适宜	10			
授课实践	教学实施过程顺畅	40			
	教学评价反馈良好	20			
合　计		100			

知识链接

森林研学课程的教学是整个森林研学旅行活动的核心环节，课程设计者需要根据森林研学课程目标、课程内容和学情，选用恰当的教学方式和教学方法，才能实现预定的研学旅行目标。

1. 森林研学课程教学方式

森林研学课程教学方式是指在进行森林研学课程教学时，为完成研学旅行教学目标而灵活使用的各种形式。根据教育部发布的《中小学综合实践活动课程指导纲要》和《大中小学劳动教育指导纲要(试行)》，森林研学教学实践中常用的教学方式包括考察探究、社会服务、设计制作、艺术审美、职业体验、体育健康教育、党团教育活动、博物馆参观和劳动教育等。

(1)考察探究

考察探究是学生基于自身兴趣，在研学旅行指导师的指导下，从自然、社会和学生自身生活中选择和确定研究主题，开展研究性学习，在观察、记录和思考的过程中主动获取知识、分析并解决问题的教学方式，如野外考察、社会调查、综合实践等。考察探究注重运用实地观察、访谈、实验等方法，形成理性思维及批判质疑和勇于探究的精神。

考察探究的主要流程包括：明确研学旅行目标→发现并提出问题→提出假设，选择方法，研制工具→获取证据→提出解释或观念→交流、评价探究成果→反思和改进。

(2)社会服务

社会服务指学生走出教室，参与社会活动，以自己的劳动满足社会组织或他人需要的教学方式，如公益活动、志愿服务、勤工俭学等。强调学生在满足被服务者需要的过程中获得自身发展，促进相关知识和技能的学习，提升实践能力，担当社会责任。

社会服务的主要流程包括：明确研学目标；联络和确定社会服务对象；社会实践；总结、反思和交流经历过程；概括、提炼经验。

(3)设计制作

设计制作指学生运用各种工具、工艺(包括信息技术)进行设计，并动手操作，将自己的创意、方案付诸现实，转化为物品或作品的教学方式，如植物染料制作等。该方式注重提高学生的动手操作能力等。课程实施过程中，鼓励学生手脑并用，灵活掌握、融会贯通各类知识和技巧，提高学生的技术操作水平、知识迁移水平，培养工匠精神等。

设计制作的主要流程包括：明确研学旅行目标→创意设计→选择活动材料或工具→动手制作→交流、展示物品或作品→反思与改进。

(4)艺术审美

森林研学课程承载着美育教育的功能。艺术审美多关注自然风光的描绘、人物与景物的拍摄、建筑结构和风景园林的赏析等，注重体验，注重学生鉴赏能力的提升。例如，组织学生在森林里写生、摄影、制片。在研学中，以美育人，以文化育人，引导学生发现美，欣赏美，提高艺术鉴赏能力及审美、人文素养。

艺术审美的主要流程包括：明确研学旅行目标→确定赏析对象→选择并准备活动工具→进行创作与制作→交流、展示作品，分享心得和感受。

(5)职业体验

职业体验是指学生在研学旅行指导师的指导下，从实际工作岗位上或模拟情境中见习、实习，体验职业角色的教学方式。注重让学生获得对职业生活的真切理解，发现自己的专长，培养职业兴趣，形成正确的劳动观念和人生志向，提升职业生涯规划能力。

职业体验的主要流程包括：明确研学旅行目标→选择或设计职业情境→实际岗位演练→总结、反思和交流经历过程→概括、提炼经验。

(6)体育健康教育

体育健康教育与国防教育、心理教育密切相关，常见于青少年营地课程，既可以侧重于体能训练和拓展，也可以侧重于团队合作和心理游戏。体能拓展类，如野外生存训练、营地军事训练等，都可以很好地弥补城市学生生活空间不足的问题，让他们暂时放飞身心，在广阔的大自然中和集体活动中陶冶情操、锻炼意志。

体育健康教育的主要流程包括：明确研学旅行目标→选择、准备活动所需物资→帮助学生做好心理建设→活动技术、技巧和流程讲解示范→学生参与活动→总结、分享。

（7）党团教育活动

党团教育活动是指由中国共产党、中国共青团、中国少先队开展的影响学生身心发展的各种有主题、有目的性的教育活动，如红领巾爱心义卖行动、"我为团旗添光彩"活动等。注重对学生的政治思想品德教育，培养学生爱国、爱党、爱团、爱少先队的理想信念和爱国情怀。

党团教育活动的主要流程包括：明确活动目的→制订活动计划→开展教育活动→活动成果展示→反思与改进。

（8）博物馆参观

博物馆参观是指学生在研学旅行指导师的指导下，对专业博物馆如海洋博物馆、昆虫博物馆进行参观、考察、探究的教学方式。注重学生的亲历感悟、实践体验、行动反思，拓展个人视野，形成理性思维，培养主动探索和创新精神，并通过对博物馆的文化展示，使学生了解人类文明和民族历史积淀，增强崇拜感和自豪感。

博物馆参观的主要流程：明确参观主题目标→选择博物馆→参观并听讲解→体验探究→参观后的交流讨论会→回顾、反思与总结。

（9）劳动教育

劳动教育是发挥劳动的育人功能，培养学生热爱劳动、尊敬劳动人民的情感的一种教育方式。当前，实施劳动教育的重点是在系统的文化知识学习之外，有目的、有计划地组织学生参加日常生活劳动、生产劳动和服务性劳动，让学生动手实践、磨炼意志，培养正确的劳动价值观和良好的劳动品质。劳动教育具有鲜明的思想性、突出的社会性和实践性。劳动教育强化劳动观念，弘扬劳动精神；强调身心参与，注重手脑并用；激发学生的创新、创造能力。

劳动教育的主要流程包括：明确劳动教育目标→选择活动材料或工具→劳动技术和流程讲解、说明、示范→学生动手参与劳动→反思交流→榜样激励→劳动教育评价。

2. 森林研学课程教法设计依据

森林研学课程教学方法是师生为了实现共同的研学课程目标，完成共同的研学课程任务，在研学旅行活动中采用的方式与手段的总称。森林研学旅行教育是一种创造性的教育活动，教师应结合实际，恰当地选择和创造性地运用教学方法，展示自己的教学艺术，发挥自己的教学潜能，顺利完成教学任务。

森林研学课程教法的设计要综合考虑以下条件：森林研学课程目标和任务；森林研学课程教学过程、原则和特点；森林研学课程资源的内容和特点；学生的兴趣、发展水平、态度、学风与习惯；森林研学课程教学时间长短；研学旅行指导师的思想与业务水平、经验与能力、教学习惯与特长；师生双边活动配合、互动的状况与质量；研学基地（营地）的物质条件、社会条件、自然环境等；研学旅行过程中的突发性事件。

3. 森林研学课程常用教学方法

森林研学课程教学方法多种多样，下面从含义、实施要求和流程设计（或实施程序）等方面阐述 6 种常用的教学方法。

（1）小组合作法

小组合作法是指教师以学生学习小组为重要的推动力，通过指导小组成员展开合作，形成"组内成员合作，组间成员竞争"的学习模式，利用学习群体的力量，提高个体的学习动力和能力，达到完成特定教学任务的目的。小组合作法中教师是全班小组合作学习的组织者和掌控者，是组内研讨的参与者，是小组研讨的引导者。研学旅行中的小组合作法不仅弥补了学校班级授课中教师难以向有差异的众多学生有针对性地进行教学的不足，更是立足于新的研学旅行教育理念，为每一位学生的全面发展创设了适宜的环境与条件（图 3-6-1）。

图 3-6-1　使用小组合作法开展教学

①实施要求

学生要全员参加　在小组合作过程中，强调小组内每个成员都要积极参与学习活动，学习任务由大家共同分担，集思广益，各抒己见，人人都尽其所能。

学生要主动参与　研学旅行指导师要努力提高学生参与合作的主动性，要善于精心设计合作学习的内容，让学生在合作过程中学会自己发问、自己分析与解决问题，才会有所发现、有所创新。

学生要人人有分工　依据学生能力的大小，引导学生在小组中选择合理的角色，从而促进不同层次的学生在小组合作中都能得到最优发展。

②流程设计　首先引导学生确定研学旅行活动主题，制订活动方案（包含活动目标、活动准备、过程设计）；按照小组制订的活动方案开展活动，随时做好活动记录；活动告一段落时，及时总结活动的体验，准备小组交流的材料；在做活动总结时，尽量通过多种形式展示研究成果；活动结束之后，每一位学生对整个活动过程进行反思，以使学生获得内心深层次的触动和感受。

（2）参观访问法

参观访问法是指研学旅行指导师通过有计划、有组织地安排学生到有关基地或单位参观访问，以使得学生得到启发、巩固所学知识和技能的一种教学方法。该方法的优点是通过典型的现身说法，学生可以迅速接受某一新方法、新事物。主要适用于某些无法或不易于在理论上讲述的研学旅行内容，通过参观帮助学生了解现实世界的一些真实情况，了解理论与实际之间的差距(图 3-6-2)。

图 3-6-2 使用参观访问法开展教学

①实施要求　实行小组责任制，明确集合地点、时间、行进路线等。学生必须确保按计划有序地进行学习活动，同时重视外出安全以及行为规范。按要求做好记录。如写参观记录，重点写参观；而写访问记录，则要着重写好问和答。要做到条理清楚，将重点内容写具体。在参观访问结束后，要组织学生总结活动感受与体会等，让学生在成果展示过程中提升学习质量。

②流程设计　明确所要参观访问的对象及范围；联系参观访问地点的有关人员；根据参观访问主题查阅参观访问对象的相关资料；研学旅行指导师设计参观访问的路线及人员；选择并设计参观访问的内容；学生带好记录工具，做好参观访问记录；研学旅行指导师以例证方式进行具体指导，如在描写参观对象时，要写清方位、布局、形状、色彩、构造、特色、功能等，能用数字说明的尽量用数字说明，用词要准确、形象，注意所写内容的科学性、知识性和趣味性；参观行程结束后，进行简短的讨论和总结，检验是否达到预期目的。

(3)成果展示法

成果展示法就是征集学生在研学旅行活动中的收获，整理成各种形式的成果(作品)，并通过多种方式在班级、年级或学校进行交流、展示和评价的教学方法。

①实施要求　研学旅行指导师应尽量给所有的学生提供充分表现的机会。成果展示不能流于形式、追求热闹，要体现应有的深度。引导学生在展示的过程中发现自我、欣赏他人，最大限度拓展学生学习的空间，培养学生良好的情感态度与新时代价值观。要注意学生的个性差异，对于每一位学生所展示的成果的特色，在评价时都要充分考虑到。学生原有的学习基础不同，成果的水平也会有不同。研学旅行指导师应对学生付出的努力程度给予更多的关注，避免根据学生的学习作品或成果分等划类。成果展示内容和形式要由研学旅行指导师和学生共同商议，确保展示活动能够有计划、有顺序地进行。要引导学生对研学旅行成果进行总结和自我反思，为下一步开展研学旅行活动积累经验。

②展示内容　是学生围绕研学目标进行主题探究活动的过程和结果，如学生进行调查研究、走访、统计、收集与整理资料、动手制作、动脑创意等活动过程的记录与分析结果。有的为成型的成果，如小论文、调查报告、汇报演讲稿、手工作品、自编报刊、设计的图形和方案，也有的为在活动过程中产生的初级成果，如观察记录、调查记录及摘抄、收集的资料等。

(4)情境体验法

情境体验法是指在教学过程中研学旅行指导师有目的地引入或创设具有一定情绪色彩的以形象为主体的场景，帮助学生理解研学旅行内容并使学生的心理机能得到全面发展的教学方法。情境体验法的核心在于激发学生的情感。

实施步骤：

①代入情境　即把学生代入研学旅行基地，从众多的研学课程资源中选取某一场景作为学生观察体验的客体，并借助研学旅行指导师的描绘鲜明地展现在学生眼前。

②演示情境　即以实物为中心，勾画必要背景，构成一个整体，来演示某特定情境。以实物演示情境，应考虑到相应的背景，如"漓江上的竹筏""蓝天上的飞鸟""高速铁路上的火车"等。

③再现情境　用图画再现研学旅行课程情境，把研学课程知识内容形象化、具体化。如特意绘制的研学旅行手册插图、挂图、简笔画等都可以用来再现研学旅行课程情境。

④渲染情境　以音乐特有的旋律、节奏营造出与研学课程在基调、意境以及情境的发展上对应协调的音乐形象，把学生代入设定的研学课程的情境中。播放歌曲、师生弹唱以及学生哼唱都是行之有效的方法。

⑤表演情境　森林研学情境教学中的表演需要完成两个方面的转化，即进入角色和表演角色。表演者要将自己置身于情境中，进入某一角色，并通过语言与身体姿势等将情境内容表演出来，通过表演加深体会，从而主动完成对知识的建构。

⑥描述情境　在情境出现时，研学旅行指导师以语言描绘、解说或者有感情地渲染，这对学生的认知活动起着一定的导向作用。语言描绘提高了感知的效应，情境会更加鲜明，并且带着感情色彩作用于学生的感官。学生因感官的兴奋，主观感受得到强化，从而激发情感，促进自己进入特定的研学旅行情境中。

⑦反思情境　学生结合生活、学习中的个人思想品德和个人能力对整个研学旅行过程进行反思，发现自己的不足，找出自己的差距。例如，学生通过"丛林逃生"活动，反思自己对指南针使用、方向辨识、心理素质等方面的不足，达到育人效果。

⑧提升情境　在对情境反思的基础上，研学旅行指导师引导学生总结研学旅行中的收获，改正自己的缺点，提升自己的思想品德和学习能力。

(5)角色扮演法

角色扮演法是指在研学课程教学中，学生扮演指定行为角色，研学旅行指导师对学生行为表现进行评定和反馈，以此来帮助学生提升自身综合素养、提高个人行为技能的一种教学方法(图3-6-3)。

实施步骤：

①选择剧情　根据研学课程资源和教学目标，选择有多种人物形象的研学旅行剧情。

②布置场景　研学旅行指导师根据教学目标和内容准备教学材料和道具，布置表演的场景，为学生提供角色扮演活动流程和角色介绍的相关资料，并准备角色扮演活动的教学评价表。研学旅行指导师还可以根据需要适当给学生提供服装或道具。

③成立小组　采用学生自愿组合与研学旅行指导师指定相结合的方法，成立工作小组，共同完成研学旅行任务。

图 3-6-3 使用角色扮演法开展教学

④分配任务　研学旅行指导师根据各个小组的分工布置相应任务。要强调小组的学生一起努力来呈现一次有效的表演，而不是个人的表演。小组组长负责与班级中其他人的沟通。

⑤选拔演员　小组集体分析讨论，决定扮演的角色和表演的大体思路，集体描述人物并大致制订行动计划。学生要挑选人物场景并讨论这些人物是如何对情景做出反应的，最大限度地激发学生参与的积极性和能动性，保证角色扮演活动的顺利进行。

⑥组织观众　观众的存在更能保证情境的真实性，有助于学生的表演发挥并让学生产生真实的情感体验。观众也要参与到角色扮演活动中，要承担配合表演、维持秩序、参与互动、进行表演评价等具体的任务。

⑦开展表演　这是角色扮演法的主要教学阶段，既是对前面计划、安排的检验，又是后面评价、反思工作的前提。开展表演要设定时间限制，根据具体情况，每个小组的表演时间大约为 10 分钟，在第 8 分钟的时候提醒一次。

⑧回顾讨论　在表演后，研学旅行指导师指导各小组进行一次小型的讨论，也可以让扮演者来描述他们扮演角色的感受。小组组长报告小组讨论的结果，保存整个过程的文稿或录像等资料。

⑨活动评价　研学旅行指导师要引导、帮助学生开展自评、互评活动，采取多种措施对活动进行全面评价。

（6）直接讲授法

直接讲授法即讲授式教学方法，是教师通过语言系统地向学生描绘情境、叙述事实、解释概念、论证原理和阐明规律的一种教学方法。直接讲授法是一种成熟而传统的教学方法，有人批评它是"照本宣科""满堂灌""填鸭式"的教学，其导致了学生机械、被动地学习，抑制了学生参与的主动性，不利于学生能力的发展。尽管颇受非议，但是研学旅行指导师如果运用得当，直接讲授法也是行之有效的一种研学旅行教学方法，是研学旅行指导师向学生传授知识不可缺少的重要手段。

实施步骤：

①回顾知识　回顾在学校学过的与研学旅行基地资源有关的课本知识；确定学生已经掌握了课本知识，并懂得课本知识和以前掌握的研学旅行知识与当下将要学习的研学旅行新知识之间的联系。

②确定目标　用学生可以理解的语言把研学旅行教学目标陈述清楚。

③导入新课　导入研学旅行新知识。认真组织研学旅行新内容，并且用趣味性的话语陈述出来。

④开展新课　开展研学旅行新课程教学时，引导学生以小组为单位进行研学实践。在学生研学实践的全过程，确定学生进行了正确的研学实践，评估成绩，提供正确的反馈、指导意见。

⑤布置作业　当确信学生能正确地完成研学旅行任务时，布置研学旅行的课后作业。

⑥回顾反馈　研学旅行过后，研学旅行指导师要定期回顾，提供正确的反馈。要进行周期性的检查，从而确定新的研学旅行知识已经被学生掌握。

常言道："教学有法，但无定法。"又言："运用之妙，存乎一心。"教学方法的选择与运用，既要讲科学规范、切合实际，又要重改进与创新。

巩固训练

1. 选择题

(1)森林研学课程的教学方式包括(　　)。

A. 考察探究　　　　B. 社会服务　　　　C. 设计制作　　　　D. 艺术审美

(2)森林研学课程常用的教学方法有(　　)。

A. 小组合作法　　　B. 参观访问法　　　C. 情境体验法　　　D. 角色扮演法

(3)森林研学课程的教法设计要综合考虑(　　)等条件。

A. 森林研学课程目的和任务

B. 森林研学课程教学过程、原则和特点

C. 森林研学课程资源的内容和特点

D. 学生的兴趣、发展水平、态度、学风与习惯

2. 填空题

(1)小组合作法的实施要求是：_____、_____、_____。

(2)_____是发挥劳动的育人功能，培养学生热爱劳动、尊敬劳动人民的情感的一种教育方式。

3. 问答题

(1)情境体验法创设情境的步骤有哪些？

(2)直接讲授法一般有哪些教学程序？

项目 4

森林研学课程实施

【项目情景】

经过激烈的竞标，A研学服务中心凭借优质的森林研学课程等核心优势中标某校本学期森林研学旅行项目。现由小李作为项目负责人，跟进森林研学课程实施。

【学习目标】

☞ 知识目标

(1)掌握森林研学课程实施的原则。

(2)了解森林研学课程实施相关工作人员的构成情况。

(3)了解森林研学实施前、中、后涉及的多方人员的工作内容。

(4)掌握森林研学课程实施的基本要求。

☞ 技能目标

(1)能够根据森林研学课程需求做好行前的准备工作。

(2)能够根据森林研学课程需求制定服务标准。

(3)能够根据森林研学课程需求确定出征开营的流程。

(4)能够根据森林研学课程需求做好行前、行中、行后的课程组织。

☞ 素质目标

(1)树立尊重自然、顺应自然、保护自然的生态文明理念。

(2)提升集体意识和团队协调意识。

(3)培养实践意识和劳动精神。

数字资源

任务4-1 森林研学行前准备

任务指导书

任务目标

掌握森林研学行前准备的工作内容；能够按照方案和多方要求做好行前准备工作。

任务描述

通过各种文献检索工具收集、整理研学旅行行前准备的重点工作内容，并撰写一份研学旅行行前准备工作安排表。

任务实施

1. 学生分组

每5~6人为一组，确定组长，实行组长负责制。

2. 资料收集，讨论总结

在了解森林研学行前准备知识的基础上，利用各种文献检索工具并查阅相关专业图书，收集森林研学行前准备相关知识；组织小组讨论，归纳总结，初步形成研究成果；每个小组制作PPT，交流分享研究成果。

3. 撰写研学行前安排表

根据学习和研究成果，结合有关案例，按照规范要求撰写一份研学旅行行前计划表。

考核评价

根据表4-1-1对任务实施过程和结果进行评价。

表4-1-1 评价表

评价指标	评价标准	赋分	教师评价得分（占70%）	学生互评得分（占30%）	综合得分
学习素养	按时出勤，不迟到或早退，不旷课	5			
	积极发言，参与课堂互动	10			
	按时、按质完成作业，不迟交、不漏交	5			

（续）

评价指标	评价标准	赋分	教师评价得分（占70%）	学生互评得分（占30%）	综合得分
课堂汇报	仪容、仪表整洁大方，礼仪规范	5			
	PPT制作精美	10			
	汇报内容全面，重点突出，语言表达流畅	15			
行前计划表	格式规范，排版美观，内容全面	10			
	计划科学，安排合理，具有很强的操作性	30			
	安全保障措施到位，行前准备提示全面	10			
合　计		100			

知识链接

1. 森林研学服务机构行前准备要求

森林研学服务机构接到研学业务后，进行行前准备工作，具体包括与校方对接、内部准备(含研学旅行指导师培训安排)等。每个岗位负责对应工作，协力完成研学行前准备工作。

(1)在前期沟通工作中，确定基础研学课程方案、研学分工方式、研学课程实施形式等，确保后续工作正常进行。

(2)根据研学课程一校一方案、一年级一形式的要求，将基础研学课程方案进行修改和完善。接着根据研学课程方案的内容制订执行手册，执行手册的内容有时间节点、工作内容、完成要求、所需物料明细、注意事项等。在编制研学执行手册内容时，需要考虑时间安排、课程内容、学生安全、课程衔接4个方面，将课程执行内容标准化。

(3)准备研学课程后续的配套材料，如《致家长的一封信》，研学手册(学生版)，教学课件、教案，物料清单，研学途中讲解稿，研学微信播报，以及开营、结营主持稿等。

(4)做好行前有关对接工作。

①与学校对接研学师生名单(行前3天确定名单)。

②将学生健康调查表随同报名表一并发给学校，待校方填好后统一收回。

③与校方确定横幅内容并将文字发给执行部门。

④与校方确定结款方式并告知财务和计调部门。

⑤与校方建立家长群(出发前3天)，班主任核对好所有参加研学的学生家长已进群后接管群，把注意事项、预习单发至家长群。

⑥与校方对接研学旅行指导师和班主任交接学生的位置及车辆停靠的位置。

2. 学校行前准备要求

教育部等11部门印发的《关于推进中小学生研学旅行的意见》提出，需要规范研学实践组织管理。要求中小学探索制定研学实践工作规程，做到"活动有方案，行前有备案，应急有预案"。

学校根据国家文件，组织开展研学相关工作，并向上级部门进行申报工作。前期工作中需制订符合学生身心发展、知识拓展的研学活动方案，明确研学行程的安排，撰写《致家长的一封信》，向学生家长宣传研学的教育意义和研学具体安排，便于学生家长了解研学的重要性。

(1)制订森林研学活动方案

为森林研学活动制订书面计划，包括时间、地点、目的、内容、形式、参加人数、行程安排、组织机构和职责分工、安全教育措施、安全责任人等。

(2)向教育行政部门报批备案

学生研学实践活动一般由区(县)教育行政部门审批。区(县)教委(教育局)对学生集体外出活动有统一的备案要求，一般是要求提前10~15天备案。根据要求填写对应的标准格式备案表。

备案提交材料如下：

①活动方案　包含活动目的、活动时间、活动地点、组织机构、参加人数、人员安排及职责、活动流程安排、费用明细、行前教育(包括安全教育、文明旅行教育)等内容。

②协议样本和资质证明　学校自己组织的，要提供学校与研学基地及与车辆提供方的协议样本(要具备资质，须签字、盖章)；委托第三方组织的，要提供第三方承接研学服务的资质证明、与第三方签订的协议样本(含收费明细，须签字、盖章)。需集中用餐的，要提供食品经营许可证复印件。

③疫情防控及安全应急预案　包含活动安排、安全工作领导小组人员分工及具体职责、疫情防控措施、各类安全(突发)事故应急处置办法等内容。

(3)组织工作准备

①学校层面

召开专题会议　校长是研学实践活动的第一责任人，校长要组织教师干部研究审核研学活动各项方案、预案，责任到人，留存会议记录。

安排适当的教师配比　森林研学实践的师生比例一般为1：15，具体师生比例根据学生的年龄阶段做出合理的安排。

确定带队领导　考虑到安全的重要性和组织学生群体外出责任重大，森林研学实践活动应该由副校长及以上领导带队。

②班级层面　学校层面的工作部署落实后，各班级班主任在研学开始前3天左右组织学生开设研学行程学生安全教育课程和研学实践课程目的的主题班会，引导学生正确认识研学的安全性和教育性。

(4)活动安全准备

①按照相应要求，开展有针对性的安全教育。

②安排专人考察踩点，对活动地点的地形地貌、天气情况、消防设施、就餐点、疏散集合点、就近医疗机构位置及联系方式等做到心中有数。

③如果学校委托第三方组织活动，需要签安全责任书。

(5)生活保障准备

①合理安排用餐　集体用餐必须选择有资质的餐厅，并留存餐厅有效资质证明文件。

②合理安排住宿　住宿需要选择有资质的宾馆，并留存有效资质证明文件。

3. 研学旅行指导师行前准备要求

(1)接受研学实践行前培训

行前培训内容包括但不限于研学路线与课程教学内容、接送机位置、注意事项、校方特殊要求、每项物资使用方法、应急预案等(图4-1-1)。

(2)准备教具及研学物资

准备森林研学教学用具、研学带队物资(如对讲机、便携医药包、手举牌、相关纸质名单)等。

图 4-1-1　研学旅行指导师行前培训

(3)了解团组信息和主办方

了解团组基本信息,包括团组成员姓名、性别、出生年月,带队教师所在学校、所教学科、职务,以及其他特殊情况,如过敏史、宗教信仰、身体特殊状况、行程中是否有过生日的成员或遇其他有意义的节日等。

了解主办方,通过相关业务人员了解团组从意向到成团整个过程中尤其需要注意的事项等(如需要特殊照顾的人、要求与禁忌等)。

(4)了解本次研学实践目的地

了解当地人文历史、气候条件、研学期间天气情况,宗教信仰、有无需要注意的禁忌,以及接待标准与细节要求等。

(5)建立研学专项工作微信群

专群专办,建立研学专项工作微信群,包括但不限于以下成员:组团方负责人、承办方负责人、供应方负责人、供应方研学辅导员、研学旅行指导师、企划宣传负责人等。建议出行期间将微信群置顶,不要关闭群消息提示。

4. 学生和家长行前准备要求

学生是森林研学活动的主体,同时,森林研学活动还需要家长的通力配合。学生和家长研学行前准备工作的侧重点有所不同。学生行前准备的侧重点在于对研学目的地、课程安排做好预习,家长行前准备的侧重点在于对学生的物品准备、安全教育方面起到监督和教育工作。

(1)学生责任和要求

①遵规守纪,提高安全意识。

②掌握一定的安全保护技能,甚至是逃生自救技能。

③整理出行物品清单。学生参加森林研学实践活动时可能外出购物不方便,需要提前准备好出行所需物品,主要包括证件资料、电子产品、日常生活用品、常见药品等。

④做好研学课程预习单,保障课程效果。

(2)家长责任和要求

①了解森林研学活动的相关信息。家长需要通过家长会或者《致家长的一封信》了解森林研学活动,了解活动意义、时间安排、出行线路、费用支出、注意事项等信息。

②表明参与森林研学活动的态度。

③关注学生在活动中的实际情况。

巩固训练

1. 选择题

(1)对于研学旅行，家长最关心的是(　　)。

A. 费用　　　　　　B. 安全　　　　　　C. 课程安排　　　　　D. 研学收获

(2)研学旅行的主体对象是(　　)。

A. 中小学校　　　　B. 中小学生　　　　C. 家长　　　　　　D. 教育部门

(3)(　　)是森林研学活动的主体。

A. 学生　　　　　　B. 教师　　　　　　C. 家长　　　　　　D. 学校

(4)研学旅行指导师行前准备工作中需要准备的有教学用具和(　　)等。

A. 物资物料　　　　B. 电子产品　　　　C. 扩音器　　　　　D. 行李

(5)研学课程着力于提高学生的社会责任感、创新精神和(　　)。

A. 活动性　　　　　B. 身体健康　　　　C. 实践能力　　　　D. 知识

2. 填空题

(1)研学实践活动从教育均衡和学生发展_____出发。

(2)研学实践活动有助于提高中小学生身心健康，具体表现在_____。

3. 问答题

(1)标准化的研学课程对活动的实施起到什么作用？

(2)简述研学旅行行前准备工作的重要性。

任务4-2　森林研学出征开营

任务指导书

☞ 任务目标

　　掌握森林研学出征开营的概念和基本操作；能够根据研学课程主题撰写对应的出征开营讲话稿；熟练掌握在不同主题、不同环节下如何通过沟通技巧、破冰活动、氛围营造传递研学主题，调动学生的积极性。

☞ 任务描述

　　利用各种文献检索工具收集、整理研学旅行开营安排相关内容。通过创设森林研学出征开营情景，学习通用开场白、破冰游戏、激励语言等开营内容，撰写一份研学开营的活动议程和开营讲话稿，最后完成PPT，分享成果。

☞ 任务实施

1. 学生分组

每5~6人为一组，确定组长，实行组长负责制。

2. 资料收集、讨论总结

利用各种文献检索工具并查阅相关专业图书，收集森林研学开营准备相关内容；组织小组讨论，对收集到的材料进行归纳总结，初步形成研究成果；每个小组制作PPT，交流分享研究成果。

3. 撰写一份研学开营活动议程和开营讲话稿

根据学习和研究成果，结合有关案例，撰写一份研学开营活动议程和开营讲话稿。

☞ 考核评价

根据表4-2-1对任务实施过程和结果进行评价。

表4-2-1 评价表

评价指标	评价标准	赋分	教师评价得分（占70%）	学生互评得分（占30%）	综合得分
学习素养	按时出勤，不迟到或早退，不旷课	5			
	积极发言，参与课堂互动	10			
	按时、按质完成作业，不迟交、不漏交	5			
课堂汇报	仪容、仪表整洁大方，礼仪规范	5			
	PPT制作精美	10			
	汇报内容全面，重点突出，语言表达流畅	15			
开营活动议程	格式规范，排版美观，内容全面	5			
	流程安排合理，具有很强的操作性	5			
开营讲话稿	格式规范，字数合适	10			
	主题明确，结构合理，逻辑严密	15			
	行文流畅，用语规范，有感召力	15			
合　计		100			

知识链接

森林研学出征开营流程

(1)准时集合

学生到指定地点集合,研学旅行指导师以及安全老师找到自己负责的团队,15分钟内集合完毕(图4-2-1)。

(2)开营主持人开场

研学开场词的内容需要满足课程主题的要求、学校的研学要求、学生的认知要求。避免出现语句不通顺、内容累赘、形容不恰当等情况。

(3)校领导致辞

领导致辞从研学大方向落笔,在研学主题意义处升华。用词要专业、严谨,又不乏活泼。应根据不同的研学课程主题,做相应的致辞。

(4)授旗

校领导代表学校向学生代表授旗,表示研学活动正式开启,表达学校对本次研学活动的重视,增强学生的集体荣誉感和团队合作意识。

(5)安全老师致辞

安全老师在出征开营仪式上要致辞,主要是提出安全要求,提醒学生有关安全注意事项,做到防患于未然,避免安全事故发生(图4-2-2)。主要安全要求如下:

图4-2-1　出征开营集合

图4-2-2　安全老师致辞

第一,乘车安全事项。全程系好安全带,在车停稳后按指示排队上、下车;讲究文明礼貌,互相谦让;保持车厢卫生,将垃圾丢进垃圾桶内;下车游览、就餐时,贵重物品随身携带并妥善保管。

第二,住宿安全事项。不要将自己的房号随便告诉陌生人;不要让陌生人随便进入房间;睡觉前要锁好房门;贵重物品放于身边。

第三,游览安全事项。听取研学旅行指导师有关安全的提示和忠告,预防意外事故和突发性疾病的发生;经过危险地段不可拥挤,迅速安全通过;游览期间应紧跟团队,不要掉队，如果不慎掉队迷失方向，原则上应原地等候研学旅行指导师的到来。

第四，其他事项。注意听从研学旅行指导师的安排，记住集合的时间和地点；认清自己所乘坐旅游大巴的车型、车牌号及颜色；不要迟到；带好自己的有效身份证，并注意保管好。

(6) 宣誓和合照

全体学生在学生代表带领下宣誓，宣誓结束后集体合影。

示例：

> 我郑重宣誓：本次研学旅行期间，我将严守纪律、规范言行，服从管理，听从指挥，互相帮助、认真研学，与同学共同收获安全、愉快、成长之旅！
>
> 宣誓完毕。
>
> 宣誓人：×××。

(7) 整肃队伍、登车出发

各营研学旅行指导师整队分组，以小组为单位依次登车，开始研学之旅（图 4-2-3、图 4-2-4）。

图 4-2-3 整肃队伍

图 4-2-4 准备登车出发

巩固训练

1. 选择题

(1) 在开营仪式上，由（　　）向学生代表授旗。

A. 研学旅行指导师　　　B. 安全老师　　　　　C. 校领导　　　　　　D. 班主任

(2) 研学开场词的内容需要满足课程主题的要求、学校的研学要求、学生的（　　）。

A. 心理需求　　　　　　B. 成长需求　　　　　C. 认识要求　　　　　D. 交友需求

(3) 以下不是校领导开营仪式致辞稿基本要求的是（　　）。

A. 专业　　　　　　　　B. 严谨　　　　　　　C. 不失活泼　　　　　D. 呆板

(4)以下哪种行为是研学旅行中应防范的？（　　）

A. 全程系好安全带，在车停稳后方可上、下车，并按指示排队上、下车

B. 保持车厢卫生，将垃圾丢进垃圾桶内

C. 文明礼貌，互相谦让

D. 下车游览、就餐时，贵重物品放在座位上

(5)以下哪种行为是研学过程中应注意避免的？（　　）

A. 听取研学旅行指导师有关安全的提示和忠告，预防意外事故和突发性疾病的发生

B. 经过危险地段不拥挤，迅速安全通过

C. 游览期间发现感兴趣的景点自行活动

D. 如果掉队迷失方向，原则上原地等候研学旅行指导师的到来

2. 填空题

(1)开营仪式的组织者可以是主办方，即学校，也可以是_____。

(2)如果由学校组织开营仪式，则地点一般在_____。

3. 问答题

(1)请阐述研学开营流程。

(2)为什么要举行研学开营仪式？

任务4-3　森林研学课程教学组织

任务指导书

👉 任务目标

掌握森林研学课程教学全过程；能够撰写森林研学课程组织方案。

👉 任务描述

通过创设森林研学课程教学情景，学习森林研学课程教学组织技能，撰写一份完整的森林研学课程教学组织方案。

👉 任务实施

学生以小组为单位，通过各种文献检索工具收集、整理研学课程教学组织相关内容；每个小组撰写研学课程教学组织方案，最后完成PPT，分享成果。

1. 学生分组

每5~6人为一组，确定组长，实行组长负责制。

2. 资料收集，讨论总结

利用各种文献检索工具并查阅相关专业图书，收集森林研学课程教学组织落实步骤和方法；小组讨论，归纳总结，初步形成研究成果；每个小组制作 PPT，交流分享研究成果。

3. 撰写研学课程教学组织实施方案

根据学习和研究成果，结合有关案例，按照规范要求撰写一份研学课程教学组织实施方案。

☞ **考核评价**

根据表 4-3-1 对任务实施过程和结果进行评价。

表 4-3-1 评价表

评价指标	评价标准	赋分	教师评价得分（占70%）	学生互评得分（占30%）	综合得分
学习素养	按时出勤，不迟到或早退，不旷课	5			
	积极发言，参与课堂互动	10			
	按时、按质完成作业，不迟交、不漏交	5			
课堂汇报	仪容、仪表整洁大方，礼仪规范	5			
	PPT 制作精美	10			
	汇报内容全面，重点突出，语言表达流畅	15			
教学组织实施文案	排版美观，格式规范，图表准确	10			
	学情分析透彻，教学计划科学合理，教学流程规范	20			
	教学内容重点突出，教学方法和教学手段选用合理	20			
合　计		100			

知识链接

1. 森林研学行前课程组织

(1) 行前有效沟通

行前课程是由研学活动承办方和主办方共同组织实施的，因此双方要进行有效的沟通，共同确定行前课程的形式和内容，如课程环节、各段时长、上课方式(集体讲授、分组活动)等，以及预期达到的教学效果。

(2) 确定行前课程内容

行前课程主要包括以下内容。

①研学主题解读　研学主题包含了课程设计者对研学目的地特色的挖掘，以及对研学

目标的期许，深度解读研学主题能够使学生深刻理解研学的目的和意义，从内心重视并期待研学实践。

②研学课程内容解读　依据研学课程方案和研学课程学生手册为学生解读课程内容。解读不要求面面俱到，要依据学生特点和课程特点，有选择地进行部分内容重点讲授和大部分内容简单介绍。

③研学行程介绍　学生知道自己未来几天要去哪儿、如何去、会发生什么、要做什么等非常重要。一方面，有利于培养学生关注生活、自主管理生活的能力；另一方面，有利于学生深刻地理解将要进行的研学课程的学习内容。根据研学出行日期的先后，依次介绍时间安排、地点、行程和学习内容4个方面。

④安全教育　安全是研学实践的前提，落实安全防控的重点不在于购买保险，而在于落实安全机制，提高师生的安全意识。行前课程要落实层层安全管控机制，从团组负责人到班级负责人再到小组安全员，明确各环节的安全责任，确保安全工作落地。安全教育的内容重点强调"有序，才有安全"。一般安全教育的内容包含交通安全、饮食安全、住宿安全、户外活动安全等。

⑤绿色文明出行教育　倡导文明出行、绿色环保出行，引导学生养成绿色低碳的生活方式和生活习惯，做绿色低碳生活的践行者。

(3)制作行前课程演示文稿

行前课程的信息量比较大，结合演示文稿讲授会更加形象直观，便于学生接受，因此要制作精良的演示文稿。制作要求：行前课程的5个方面内容要清晰，宜图文结合进行说明，文字要简练，突出重点。演示文稿是演讲稿的辅助说明、重点提纲和图示解读，特别要注意不能将演讲稿复制到演示文稿中。如果学校允许，尽可能使用学校的演示文稿模板，这样更有利于将学校文化融入课程的执行中。

2. 森林研学行中课程组织

(1)参观式课程组织

参观式课程在研学课程中最为常见，是组织实施过程最易操作的研学课程类型（图4-3-1）。在这类课程的组织实施环节，建议按照预习、导入、讲解规则、组织参观、总结、评价6个步骤进行。

图4-3-1　参观式课程组织

(2)体验式课程组织

体验式课程的特点是让学生置身于某种情景或场合中，通过调动学生的五感(视觉、听觉、嗅觉、味觉、触觉)来认识事物、获取知识、培养技能以及树立价值观(图4-3-2)。体验式课程一般分课程启动、组织实施和总结评价3个环节进行。

(3)研究式课程组织

研究性学习为自主式学习，不同于接受式学习，研学实践中的研究性学习就更为特殊，在

图 4-3-2 体验式课程组织

图 4-3-3 研究式课程组织
（鸟窝制作与选址）

研学旅行还没有开始时，其实已经组织学生开始了课程，整个研学过程实施的重点是组织学生在"旅行中"进行研究性课程学习，以及指导学生进行开题和结题的答辩(图 4-3-3)。

（4）服务性课程组织

服务性课程的特点是完全激发学生的主观能动性，调动学生的参与热情，整个学习过程都由学生进行主导，服务性学习方式自始至终贯穿在整个研学课程中，最大程度上模拟了相关职业者的自然工作状态，也就是通俗理解的职业体验。此类课程与社会实习类课程类似，可以与其他类型课程的学习双轨并行或者多轨并行。

（5）预设性课程组织

预设性课程有教师讲解式和学生探究式两种组织形式。教师讲解式的研学课程，可在出发前组织学生统一学习，对课程内容以提纲或者概要的形式放在学生手册中，分别讲解，并设置一些问题引发学生的思考。学生探究式的研学课程，可以在学生手册中将预设主题和场景列出，当学生进入该场景时，自己完成该场景下的学习内容设计，并做出总结。

（6）生成性课程组织

生成性课程可以按照以下几个步骤组织实施。

①预判问题 时刻关注学生的言行，掌握其思想变化，根据经验和知识对可能出现的问题做出预判。

②发现问题 待问题出现时及时发现并制止，将不良影响或者安全隐患排除后，组织学生进行社会学习。

③分析问题 组织学生说明事件的前因后果，并正确分析出现的问题可能带来的不良影响或严重后果，引起学生的重视。

④解决问题 对学生进行教育，讲解正确的处理方式，并展开相关话题讨论，培养学生的生活常识、社会技能和社会经验。

⑤引起反思 引导学生对自己类似的行为做出反思，有则改之，无则加勉，保证在以后的生活中不会出现同样的问题，并在反思中培养和提升公民意识。

3. 森林研学行后课程组织

森林研学行中课程结束后，需要根据研学课程的主要目标和学校的实际需求，对森林研学行后课程进行组织。主要是对作业（作品）进行收集，对课程成果进行展示、汇报等。森林研学行后课程组织的重点是进行课程成果展示。课程成果包括固化类课程成果和动态类课程成果两类。固化类课程成果指能够以物质方式呈现的课程成果，包括学生手册、观后感、研学日记、绘画作品、诗词散文、摄影作品、雕塑作品、视频作品、手工艺品、调查报告、工作方案、总结报告等（图4-3-4）。动态类课程成果指学生通过一定方式表达思想的课程成果，如交流分享会、知识竞赛、文艺演出等。在森林研学行后课程组织中，可以灵活开展固化类课程成果或动态类课程成果展示，巩固乃至升华研学课程教学成效。例如，关于学习延安精神的研学课程，学生通过各种学习内容，感受先烈们创业的艰辛，感受中国人民的伟大，以此达到爱国主义教育的目的。又如，关于壶口瀑布研学课程，学生用合唱《保卫黄河》的形式表达自己的情感，这就是一个重要的课程成果，在研学总结会的时候展示，能够充分培养学生的爱国情怀。

图 4-3-4　课程成果

巩固训练

1. 选择题

(1)行前课程是由研学活动的（　　　）共同组织实施的。

A. 承办方和主办方　　　　　　　　　B. 学校老师和研学服务机构

C. 家长和老师　　　　　　　　　　　D. 家长和研学服务机构

(2)一般安全教育内容包含交通安全、（　　　）、住宿安全、户外活动安全。

A. 人身安全　　　　B. 饮食安全　　　　C. 经济安全　　　　D. 生态安全

(3)行中课程组织方式有参观式和（　　　）。

A. 体验式　　　　　B. 逗留式　　　　　C. 听取式　　　　　D. 讨论式

(4)（　　　）是研学实践的前提。

A. 娱乐　　　　　　B. 教育　　　　　　C. 环境　　　　　　D. 安全

（5）下列哪一项不是动态类课程成果？（　　　）

A. 交流分享会　　　　B. 调查报告　　　　C. 知识竞赛　　　　D. 文艺演出

2. 填空题

（1）体验式课程的特点是让学生置身于某种情景或场合中，通过调动学生的五感来认识事物、_____、培养技能以及_____，这些也是研学课程最显著的优势和最典型的特性。

（2）生成性课程可以按照预判问题、_____、分析问题、_____和_____等步骤组织实施。

3. 简答题

（1）请阐述森林研学课程教学组织的相关步骤。

（2）根据某一个课程环节制订教学组织方案。

任务4-4 森林研学课程实施保障

任务指导书

👉 任务目标

掌握森林研学课程实施保障要点，能够按照森林研学课程组织实施方案和多方要求做好森林研学课程实施保障工作。

👉 任务描述

通过创设森林研学课程教学情景，学习森林研学课程实施保障技能，撰写一份完整的森林研学课程实施保障工作安排表。

👉 任务实施

1. 学生分组

每5~6人为一组，确定组长，实行组长负责制。

2. 资料收集，讨论总结

利用各种文献检索工具并查阅相关专业图书，收集森林研学实施保障措施的相关资料；组织小组讨论，归纳总结，初步形成研究成果；每个小组制作PPT，交流分享研究成果。

3. 撰写研学课程实施保障工作安排表

根据学习和研究成果，结合有关案例，撰写一份研学课程实施保障工作安排表。

考核评价

根据表 4-4-1 对任务实施过程和结果进行评价。

表 4-4-1　评价表

评价指标	评价标准	赋分	教师评价得分（占 70%）	学生互评得分（占 30%）	综合得分
学习素养	按时出勤，不迟到或早退，不旷课	5			
	积极发言，参与课堂互动	10			
	按时、按质完成作业，不迟交、不漏交	5			
课堂汇报	仪容、仪表整洁大方，礼仪规范	5			
	PPT 制作精美	10			
	汇报内容全面，重点突出，语言表达流畅	15			
课程实施保障工作安排表	排版美观，格式规范，内容全面	25			
	安排合理，措施得当，可操作性强	25			
合　计		100			

知识链接

1. 森林研学交通管理

在研学实践活动中，乘坐交通工具是必不可少的环节。

(1)乘汽车

参加研学实践的人员大多是未成年人，乘汽车管理是研学服务保障中的一个重要环节。为了提高学生乘汽车的安全系数，将乘汽车管理分解为 6 个操作步骤：落实车辆安排、集合候车、组织登车、安全检查、车上管理、组织下车。每个操作步骤都要遵循高标准、重规范的原则。

(2)乘火车

乘坐火车是研学实践的主要交通方式之一。考虑到学生年龄特点(未成年人)及人数等因素，学生研学实践乘火车管理更注重细节性、统一性和可操作性。乘火车管理一般分为 7 个步骤：乘车准备、进站安检、组织候车、组织登车、车上管理、组织下车、组织出站。

(3)乘飞机

飞机不是研学实践常选的交通工具，很多学生对乘坐飞机的流程和注意事项非常陌生，因此乘坐飞机出行对服务保障的要求会更高，尤其是前期的安全教育显得更加重要。乘坐飞机的管理一般分为 8 个步骤：乘机准备、手续办理、组织安检、组织候机、组织登机、机上管理、组织下机、领取行李。

（4）乘船

研学实践中的乘船指的是乘坐摆渡船。虽然一般乘坐摆渡船的时间较短，但依然存在着一定的风险性。因此，乘船管理一定要做到位，制订完备的管理流程，确保学生得到充分的安全保障。乘船管理一般分为6个步骤：乘船准备、进港安检、组织候船、组织登船、船上管理、组织下船。

2. 森林研学用餐管理

用餐是研学课程实施中不可或缺的环节。做好用餐管理，不仅可以保证研学课程的顺利开展，而且能起到调整学生情绪的作用，从而提升课程实施效果。用餐管理一般可以分为4个步骤：落实用餐安排、用餐引导、餐中服务、餐后服务。熟练掌握每一个用餐管理的步骤，就能够有条不紊地做好研学实践中用餐的服务保障工作。

（1）落实用餐安排

提前与餐厅确认当天的用餐信息和用餐准备。对用餐地点、时间、人数、标准、形式、菜单以及特殊要求等要逐一核实并确认（旅游旺季时，还需每次用餐前1~2小时进行再次确认）。用餐准备包括桌号牌准备、上菜时间准备、食品留样、安全保障准备等。

特殊用餐要求　如为避免鱼刺卡喉的隐患，一般不允许餐厅提供鱼类菜品；要尽量避免一些容易诱发过敏反应的餐食；避免加工不熟而带有毒素的菜品，如四季豆、茭白、黄花菜等；如果接待有少数民族学生参与的研学实践团队，要提醒餐厅注意民族禁忌。

学生特殊情况要求　由于牙齿受伤、口腔患病等需要特殊安排用餐的，如果人数较多，可以在制作分餐信息表时进行特殊注明，并要求餐厅进行特殊安排；如果人数较少，则可以安排小桌就餐。

（2）用餐引导

用餐引导的内容主要包括：讲解用餐要求、确认分餐信息、组织集合、清点人数、引导学生到达用餐地点、引导学生入座、介绍餐厅设施设备、安排推选餐桌组长、用餐文明教育。

（3）餐中服务

①巡视用餐情况　用餐过程中，按照安排好的用餐值班表轮流巡视学生用餐情况，始终保持学生用餐区域有工作人员监督。

②监督上菜情况　监督、检查餐厅是否按标准提供用餐服务。查看菜品种类是否与菜单一致，避免替换菜单、错上菜品、漏上菜品等问题出现。待所有菜品上齐后，拍照留存，进行核对。

③询问用餐评价　询问部分师生，对菜品分量、种类、质量、用餐环境给予直观评价，如有问题及时反馈。

④满足学生需求　满足学生提出的需求和解决出现的问题。

（4）餐后服务

①核对账单、结账　用餐结束后，严格按照实际用餐人数、标准、数量如实填写餐饮费结算单进行结账，并索要正规发票。

②安排去洗手间　安排用完餐的学生抓紧时间去洗手间。由于学生人数较多，遵循错峰原则，回来后尽快入座。

③清点人数　与餐桌组长确认本餐桌学生是否全部归位。

④清点检查物品　提示学生检查好个人物品（水杯、手机、背包、帽子等），避免丢失，餐桌组长负责核实确认工作。

⑤组织离开餐厅　以餐厅出口为基准，遵循就近原则，以车为单位，引导学生有序离开餐厅。

⑥再次清点人数　在户外场地集合整队或直接上大巴车后，再次清点人数，等待发车指令。

⑦错峰离开　如果恰逢晚餐时间，且涉及学生人数较多，安排学生以车为单位分批离开，确保错峰抵达住宿地点，可以有效解决因住宿地点大堂面积有限、电梯运力有限、入住流程烦琐等所造成的大规模拥堵问题。

3. 森林研学住宿管理

研学实践团队根据实际情况入住酒店或研学基地（营地），二者在设施设备、入住人数等方面略有区别，但服务流程基本一致。可将住宿管理分解成5个操作步骤：落实住宿安排、分房、入住、查房、退房。每个步骤都具有较强的实操要求，任务复杂，每一个细节都必须谨慎到位。

(1)落实住宿安排

①确认住宿信息　提前与住宿地点负责人确认住宿的基本信息，如师生住宿房间数量、司机和工作人员房间数量、具体房型、房间分布楼层、所有房间号、房间号编排规律、各楼层布局、入住地点周边环境等。

②确认早餐方式　确认叫醒服务时间及方式，早餐地点、时间及楼层，以及餐厅容纳人数、用餐形式、用餐要求等。

③确认入住登记方式　提前与入住地点负责人确认入住登记方式（如证件录入登记，人、证比对登记，刷脸比对登记），便于办理入住时做好相应准备。

④完善住宿要求　根据住宿信息的内容，将《研学课程工作手册》中住宿相关注意事项的信息填写完整。

(2)分房

①明确分房规则　落实分房工作时，要明确分房的规则和具体要求。具体如下：安排男、女学生分楼层住宿；同班男学生尽可能安排在同一楼层，以便于管理；每个楼层至少有一名工作人员入住（女学生所住楼层应入住女性工作人员）；所提供的房间一般为双人标间房型，如果该房型房间数量有限，安排特殊房型时，应与学校教师及时沟通并确认分配方式；按照工作人员2张/间、学生1张/间的原则配发房卡，同时搭配1张总卡，既可防止学生随意串房，又便于后期退房管理；如果入住地点的电梯设置了限制跃层，需要为工作人员开通各楼层通卡权限，方便查房管理时使用。

②进行房间分配　按照分房规则进行住宿房间整体分配（应在当日晚餐前完成学生分房信息表中分房信息的录入工作，便于房卡分配使用）。分房信息录入完毕后，所有工作

人员应保证每人一份，便于入住、查房、退房时使用。

③准备住宿房卡　将学生分房信息表以电子版形式及时发送给入住地点负责人。在团队抵达入住地点前，将所有房卡以车为单位准备好。

④告知住宿房号　晚餐结束后去往住宿地点的途中，在大巴车上宣读分房信息，提示学生做好房号相关记录，并告知各楼层工作人员的房号，方便紧急状态下求助。

⑤讲解住宿要求　在大巴车上讲解住宿相关注意事项及办理入住的流程和要求。

（3）入住

抵达入住地点后，引导学生入住。

①班级托管　车辆抵达入住地点后，工作人员将学生安置好，交付给其他工作人员托管，责任到人，通知学生在车上等候。

②领取房卡　工作人员先行到达前台，以车为单位领取房卡，迅速返回车上。

③发放房卡　工作人员大声宣读房号，要求对应学生给予回应，由工作人员亲自将房卡发放到学生手中。

④取行李　由司机安排卸取行李。所有学生保持安静，有序下车，确认同伴，领取本人行李。

⑤办理入住手续。

⑥安排叫醒服务　与入住地点前台工作人员再次确认酒店叫醒服务的时间和形式。一般研学团队会安排两遍叫醒服务，避免学生贪睡延误当日行程。

⑦电梯安全监控　对学生进行引导管理，控制电梯乘坐人员数量，有序乘坐电梯，避免拥挤和踩踏。

（4）查房

①查房工作要求　做好人员分配，必须两名工作人员同时在岗、同时检查，做到相互监督、相互作证，禁止单人独自查房情况出现；女学生入住楼层应安排女性工作人员进行查房；查房人员必须统一着工作服，穿着得体，注意个人形象；查房过程中应仔细核对学生分房信息表上的信息，避免敲错门；查房时只需要在房门外倾听，非特殊情况下，禁止进入学生房间；监督、检查客房服务人员是否按标准提供服务，及时解决可能出现的问题。

②查房相关问题处理　如果发现学生房间里有聊天、吵闹、打牌、看电视等声音，予以敲门提示，进行制止；如果屡教不听，记录房号，通报校方教师。如果遇特殊情况必须进入房间，须通知校方教师一同前往；进入房间前，须通知学生穿好服装；一位工作人员进入，另一位工作人员在门外守候；非特殊情况，不得随意触碰学生物品。如遇学生反映房间内部设施问题，可先通知客房服务人员，工作人员陪同前往学生房间进行问题处理。

（5）退房

①退房工作要求　提醒学生检查房间，清点好个人行李物品，带全行李到指定地点；引导学生在指定地点以班（或车）为单位集中码放行李；工作人员在餐厅门口收取房卡，并做好收卡记录，学生交完房卡后进入餐厅用早餐；工作人员将收取的房卡及时交到前台，安排客房检查工作；学生用完早餐后自行取回行李，在约定时间到达指定地点集合；清点人数，等候指令，准备登车。

②退房相关问题处理　退房时，如果检查到房间内出现物品破损、丢失等情况，须先通知校方教师一同与当事人核实；如果核实无误，应由学生自行照价赔偿，住宿地点开具赔偿证明交由校方教师保管，避免后续产生不必要的纠纷。

巩固训练

1. 选择题

(1)到达餐厅后，迅速以(　　)为单位集合整队，清点人数。

A. 团队　　　　　　　B. 小组　　　　　　　C. 班(或车)　　　　　　D. 自身

(2)以下不属于森林研学住宿管理基本步骤的是(　　)。

A. 落实住宿安排　　　　　　　　　B. 落实分房工作

C. 送机送站　　　　　　　　　　　D. 查房管理工作

(3)研学旅行的安全保障要以(　　)为主。

A. 教育　　　　　　　B. 预防　　　　　　　C. 治理　　　　　　　D. 注意

(4)学生损毁酒店物品，如果核实无误，应由(　　)照价赔偿。

A. 研学服务机构　　　B. 学生　　　　　　　C. 学校　　　　　　　D. 酒店

2. 填空题

森林研学用餐管理的基本步骤包括：落实用餐安排、_____、_____、餐后服务。

3. 简答题

(1)简述森林研学住宿管理分房规则。

(2)研学课程实施主要做好哪些保障工作？

任务4-5　森林研学课程实施总结

任务指导书

☞任务目标

掌握森林研学课程实施总结要点，能够根据森林研学课程实施情况做好森林研学课程实施总结工作。

☞任务描述

通过创设森林研学课程教学情景，掌握森林研学课程实施总结要点，开展总结交流活动，撰写一份森林研学工作总结报告。

☞ 任务实施

1. 学生分组

每5~6人为一组，确定组长，实行组长负责制。

2. 资料收集，讨论总结

利用各种文献检索工具并查阅相关专业图书，收集森林研学课程实施总结相关知识；组织小组讨论，对收集到的材料进行归纳总结，初步形成研究成果；每个小组制作PPT，交流分享研究成果。

3. 撰写研学旅行工作总结报告

根据学习和研究成果，结合课程实施过程和结果，撰写一份森林研学工作总结报告。

☞ 考核评价

根据表4-5-1对任务实施过程和结果进行评价。

表4-5-1 评价表

评价指标	评价标准	赋分	教师评价得分（占70%）	学生互评得分（占30%）	综合得分
学习素养	按时出勤，不迟到或早退，不旷课	5			
	积极发言，参与课堂互动	10			
	按时、按质完成作业，不迟交、不漏交	5			
课堂汇报	仪容、仪表整洁大方，礼仪规范	5			
	PPT制作精美	10			
	汇报内容全面，重点突出，语言表达流畅	15			
工作总结报告	排版美观，格式规范，数据准确	10			
	内容翔实，行文流畅，结构合理	20			
	逻辑严密，思路清晰，总结到位	20			
合　计		100			

知识链接

研学实践结束后返回学校，开展总结交流活动，可使研学的历程变得更加丰满、研学成果更加丰富，使通过研学促进学生综合素质的提升落到实处，还可为学校进一步优化研学实践活动、促进下一次研学实践有效开展奠定基础。总结交流活动涉及3个层面的会议：工作总结分析会、专题讨论交流会和经验交流分享会。

1. 工作总结分析会

工作总结分析会是为了分析、总结研学活动效果而召开的，主要是结合研学课程评价表数据分析的结果，对研学课程进行进一步梳理和总结，是在所有数据分析得出结果之后的一个总结经验、反思改进、交流提升的会议，切不可以偏概全，更不能够蜻蜓点水，要让所有参会者有所启发。

(1) 参会人员

参会人员包括但不限于以下人员。

①主办方(校方领导、教师)　校方领导主要从研学课程的整体效果出发，把握工作方向，提出改进意见。校方教师通常对研学课程设置的专业性更为关注，校方教师的总结可以为研学课程实施提供改进意见。同时，校方教师对参与研学的学生最为了解，能够及时发现学生的状态变化，及时调整对学生的管理工作。

②承办方(研学课程执行组组长、研学旅行指导师)　承办方研学课程执行组组长作为研学课程实施的负责人，负责组织召开工作总结分析会，并在会议中担任主持工作，协调各项工作安排。承办方研学旅行指导师作为研学课程的直接实施者，往往能第一时间发现问题，对学生管理、课程方案等方面都具有重要的发言权。

③供应方(研学课程执行组组长、计调人员、研学旅行指导师、大巴车司机、住宿地点负责人等)　指为研学团队提供各项配套服务的供应方工作人员，如果在住宿、车辆、餐厅等某一环节出现了问题，应该到会反馈。

(2) 会议目的

①反馈问题　通过对研学活动各环节出现问题的反馈，掌握工作中的不足之处，便于及时调整和改进。

②提出要求　通过对所反馈问题提出改进要求，帮助研学课程的组织与管理质量迅速提高，使工作更加顺畅。

③沟通内容　通过对研学活动的组织细节、行程安排、服务保障、安全管理、学生评价等环节的有效沟通，进一步梳理工作流程，明确工作任务，提升各方满意度。

(3) 会议形式

会议形式不是一成不变的，一般采取汇报、陈述和研讨的形式。

(4) 会议内容

①学生表现总结分析

学生在课程活动中的表现　学生对课程活动是否感兴趣，是否能够积极踊跃地参与，是否能够完成研学目标等。例如，如果学生对课程活动表现得不够积极，则需要了解其具体原因是课程活动本身不够有趣，还是课程实施中出现问题给学生造成了困难，或者是学生自身状态出现了问题。如果是课程设置的问题，则需要及时反馈给课程设计人员，在后续的课程中及时做出调整，在以后的类似课程方案中加以改进。如果是实施环节出现问题，则需要弄清出现问题的具体环节，在后续的工作中加以改进。如果是学生自身状态的问题，则需要予以帮助或疏导。

学生在乘车中的表现　学生在乘车中是否能够配合工作人员，是否能够遵守乘车纪律，乘车时的身体健康状态是否有异常等。例如，如果发现大量学生出现晕车现象，则需要了解其具体原因是乘车时间较长，还是路况不佳、频繁晃动，或是车内通风系统不好。如果是乘车时间较长，需要及时反馈给线路设计人员，在后续路线行程安排中做出调整和改进。如果是路况不佳、频繁晃动，则需要提示司机降低车速，或者选择其他行车线路。如果是车内通风系统不好，则需要在后续车辆安排时进行车况排查，或者提示司机做好车辆换气通风。

学生在用餐中的表现　学生在用餐中的纪律表现是否良好，是否出现剩餐等。例如，如果发现剩餐现象较为严重，则需要了解具体原因是饭菜供应量过大，还是学生的身体状况出现了问题，或者是菜品质量、口味不符合学生要求。如果发现学生身体状况出现问题，导致食欲不佳，应关注学生健康状态，必要时安排学生进行就医检查。如果是菜品质量、口味不符合学生要求，则需要在后续的服务保障中及时做出调整和改进。

学生在住宿中的表现　学生是否按时就寝，是否存在串房、串楼层现象，是否能够正确使用房间设施设备等。例如，如果发现部分学生串房、串楼层，则需要了解具体原因是教师安排以小组为单位写作业，还是其他学生需要寻求帮助，或是无正当理由串房聊天。如果是以小组为单位写作业，则需要与教师进行确认，确保学生能够按时正常休息。如果是学生需要寻求帮助(如想家、陌生环境不敢睡觉、同屋之间出现矛盾等)所导致的串房，则需要研学旅行指导师和校方教师共同予以帮助或疏导。如无正当理由串房，应予以制止，并记录学生所在房间，二次查房时加以关注，会上报给校方教师。

②课程设计总结分析

研学课程设计的合理性　课程设计是否能够突出主题，是否达到研学目标，是否符合学生特点，是否满足学习需求，是否结合地域文化特色等。

研学课程设计的科学性　课程设计是否能落地执行，课程评分是否科学有效等。

研学课程设计的教育性　课程设计是否有教育意义，是否能够关联学科，是否能够培养学生解决问题的能力，是否能够培养学生的责任意识等。

③研学服务保障总结分析

车辆管理　大巴车的服务是否符合协议标准，司机在工作中是否符合研学活动的要求，行程线路是否符合研学课程方案的线路要求等。如果司机在工作中存在不符合研学团组服务标准的行为，应当在会议中提出，引起重视，视情节决定相应的处理办法。如司机在驾驶过程中出现打电话的违规行为，应在会议中提出，经过讨论决定是予以警告还是更换司机。

住宿管理　是否按照约定提供住宿条件，住宿管理是否符合服务保障的要求等。如果服务保障不到位，应当在会议中提出，引起重视，在后续的服务保障中及时做出调整和改进。

用餐管理　是否按照约定提供用餐条件，是否按照协议的菜单标准提供用餐等。通过对师生的询问调查，了解师生对菜品分量、种类、质量及用餐环境的评价。如果用餐反馈中确实存在一些实质性的问题，则需要在后续的服务保障中及时做出调整。

④安全管理总结分析

安全事故的预防　对研学中各方面安全事故的预防是否及时到位。如安全管理机制是否完善，安全事故的预防是否责任清晰、岗位明确，所有工作人员是否能把安全防范意识放到首位，面对各种安全隐患是否能积极做到告知和提醒义务，对安全注意事项的讲解是否清晰、到位、有条理，是否能主动配合校方做好安全预防的监督工作。如果在安全事故预防中确实存在失误和疏漏，要及时在会议中明确提出，引起重视，视情节决定相应的处理办法，在后续的安全管理中及时做出改正。

安全事故的处理　对研学中发生的常见安全事故的处理是否得当。如常见安全事故的处理流程及方法是否科学、高效；是否对安全事故的发生原因进行了调查、客观分析和总结，避免再次发生；对造成安全事故发生的相关管理工作是否做出有效的调整和改进。

⑤行程安排总结分析　对研学整体行程安排进行总结分析。如行程是否合理；课程内容是否连贯；对日程安排节奏的把控是否科学；行程安排与协议约定是否一致，是否存在恶意删减行程的情况；遇突发情况需要变更行程时是否反馈事实，积极协商，沟通到位。如果行程安排存在问题，应当在会议中提出，引起重视，视具体情况提出解决办法，并针对同样问题在后续行程中提前做好相应安排。

(5) 会议流程

会议流程一般为：由承办方研学课程执行组组长或研学旅行指导师担任主持人，说明会议的目的、内容和流程；由主办方的学校领导和教师分别对研学活动进行整体性评价并提出问题，再对研学活动中所出现的问题提出改进意见与建议；最后由承办方和供应方确认问题，给出解决方案，再由承办方总结并安排工作部署。

2. 专题讨论交流会

在工作总结分析会之后，针对本次课程中存在的问题开展专题讨论交流会进行系统研讨，反馈问题的真实性，责任到人，制订后续改进方案。例如，引导课程中心对后续课程设计进行优化；引导计调部门与所选择的餐厅、酒店、交通运输部门、课程资源地等进行沟通，为以后的工作提供参考依据和建设性意见。

3. 经验交流分享会

在工作总结分析会和专题讨论交流会之后，还要组织全体研学旅行指导师分组召开个人经验交流分享会。可以让典型代表进行经验交流，也可以让大家都发言，每个人讲述自己在整个课程操作过程中感觉最满意的两个方面和有待改进的两个方面。发言过程最好能自己剖析原因，如果自己觉得有困惑，组长可以组织大家一起对问题进行分析，这个环节是引导研学旅行指导师进行自我反思进而获得提升的关键环节。

无论是以上哪个会议，都应该做好相应的会议记录，与课程的其他所有相关材料进行打包留存。参会人员也应该形成自己的会议记录。实践证明，这种总结、反思、交流的方式是提升研学课程实施效果的重要途径。

知识拓展

研学服务机构工作总结交流会

课程评价数据采集完成后，要组织相关人员对数据进行交流分析。主要分项目负责人进行数据分析总结和全体人员交流分析两个阶段展开。通过对综合数据进行分析，可以全面了解学生、随行教师和研学服务机构从业人员对整个课程设计与组织实施情况的评价；也可以通过做量表之间的比对分析，从而找到研学课程实施过程中存在问题的具体环节；还可以对同一个指标与以往案例进行纵向数据分析，进而更深入地挖掘问题产生的原因。所有表格中"写出你最想说的话或者是意见和建议"一栏对应的数据是带着温度的数据，一定会有很多衷心的感谢和中肯的建议，当然也会有尖刻的语言出现，这都是后期进行团队建设和改进提升的好素材。

在项目负责人完成总结后，各个部门负责人和全体人员还要针对本次课程评价中提出的问题进行系统梳理，开展交流研讨，制订后续改进方案。

巩固训练

1. 单选题

（1）以下哪项不属于研学课程结束后需要召开的会议？（　　）

A. 经验交流分享会　　　　　　　　B. 专题讨论交流会

C. 工作总结分析会　　　　　　　　D. 工作布置会

（2）以下不属于准备工作总结会的基本步骤的是（　　）。

A. 确定参会人员　　　　　　　　　B. 设计会议形式

C. 确定会议内容　　　　　　　　　D. 确定会议主持人

（3）以下哪项不属于工作总结会的基本流程？（　　）

A. 由承办方研学课程执行组组长或研学旅行指导师担任主持人

B. 由主办方的校方领导和教师按照会议内容提出问题和改进意见

C. 由承办方和供应方确认问题，给出解决方案

D. 由主办方总结并安排工作部署

（4）以下哪项不属于工作总结会的会议内容？（　　）

A. 学生评价　　　　B. 服务保障　　　　C. 宣传推广　　　　D. 安全管理

（5）召开交流分享会的作用是（　　）。

A. 自我反思提升　　　　　　　　　B. 吹嘘工作成就

C. 分享有趣故事　　　　　　　　　D. 庆祝活动结束

2. 填空题

（1）工作总结会的主要目的是对学生评价、_____、服务保障、安全管理、行程安排等内容进行总结，发现问题、_____、解决问题。

（2）工作总结会的形式一般采取_____、_____和研讨式。

3. 简答题

（1）森林研学服务机构制订研学课程方案需要考虑哪些因素？

（2）简述对森林研学课程组织实施开展总结分析的要点。

项 目

5

森林研学教育评价

【项目情景】

在森林研学课程实施的过程中常常出现这样的问题：希望向学生全方位呈现森林研学旅行目的地，因而安排了丰富的研学旅行内容，但是由于时间有限，森林研学旅行往往开展得比较仓促，出现只游不学或者游多学少的现象。为了达到研有所学、研有所思、研有所获的研学效果，A市教育局拟对B承办机构及其森林研学课程进行评价。

【学习目标】

☞ 知识目标

(1) 熟悉森林研学课程评价的意义。

(2) 掌握森林研学课程评价的内容和标准。

☞ 技能目标

(1) 能够设计不同评价主体的森林研学旅行评价方案。

(2) 能够将研学课程评价标准运用到森林研学课程评价过程中。

☞ 素质目标

(1) 树立科学、客观、公正的森林研学评价理念。

(2) 提升团队协作意识。

数字资源

任务5-1 森林研学课程评价

任务指导书

任务目标

掌握森林研学课程教学评价的内容；了解森林研学课程评价的原则；掌握研学课程评价的标准

任务描述

通过利用各种文献检索工具、查阅相关专业图书、开展实地调查等方式，获得森林研学课程评价相关资料，设计森林研学课程评价表。

任务实施

1. 学生分组

将班级学生划分为 A、B、C 3 组，A 组完成森林研学课程设计评价表的设计，B 组完成森林研学课程学生自我评价表的设计，C 组完成森林研学课程总结评价表的设计。

2. 资料收集，分析总结

利用各种文献检索工具并查阅相关专业图书，收集森林研学课程设计评价表、研学课程学生自我评价表、研学课程总结评价表的相关资料，并制作 PPT 在课堂上进行汇报。

3. 设计森林研学课程评价表

A 组依据研学课程选题、研学课程目标、研学课程内容以及研学成果与展示进行森林研学课程设计评价表的设计。

示例：

森林研学课程设计评价表		
评价项目	评价标准	赋分
研学课程选题	符合学生的年龄、生活背景； 探究问题具有挑战性； 与课程标准一致	20
研学课程目标	符合课程标准； 有明确、具体、恰当的知识目标、技能目标和素质目标	10

（续）

评价项目	评价标准	赋分
研学课程内容	与研学目标一致； 能引起学生持续性探究和培养学生的合作能力、沟通能力、创新创造能力	50
研学成果与展示	有独立完整的作品； 体现研学的技能目标； 激发学生的兴趣与热情； 有改进和提升的空间	20

B 组以增强自我学习意识、自我反思意识及提高自我意识为目的，围绕自我管理、实践活动、协作精神等方面进行森林研学课程学生自我评价表的设计。

示例：

森林研学课程学生自我评价表

评价项目		评价标准	赋分
自我管理	文明素养	在公共场所文明用语，不大声喧哗，维护公共秩序； 参观时，认真倾听讲解，仔细观察，不推、不挤、不妄加评论； 爱护公物，做文明参观者	10
	遵纪守规	遵纪守规，安全意识强； 遵守行程要求，服从教师管理，离队需要请假； 遵守时间，按时集合出行	10
	生活能力	生活有序，能管理好自己的物品，合理消费； 能做好个人内务，适应集体生活	10
实践活动	实践能力	学会多种方法收集、处理信息； 能够自主探究学习，运用所学知识解决实际问题	30
	参与意识	认真参与小组学习安排； 及时完成活动，积极参与交流分享	20
协作精神	合作意识	小组成员合理分工，团结协作	10
	合作态度	互相尊重，关心同学，取长补短； 主动承担工作，有责任心	10

C 组从研学旅行指导师的角度围绕学习效果、学习成果方面进行森林研学课程总结评价表的设计。

示例：

森林研学课程总结评价表		
评价项目	评价内容	评价结果
学习效果	研学手册的完成率和质量；学习资料收集情况、拓展延伸情况、研学项目实施效果反馈情况	□优秀　□良好　□继续努力
学习成果	小组学习情况、小组活动分享情况、研学作品完成情况	□优秀　□良好　□继续努力

☞ **考核评价**

根据表 5-1-1 对任务实施过程和结果进行评价。

表 5-1-1 评价表

评价指标	评价标准	赋分	教师评价得分（占 70%）	学生互评得分（占 30%）	综合得分
学习素养	按时出勤，不迟到或早退，不旷课	5			
	积极发言，参与课堂互动	10			
	按时、按质完成作业，不迟交、不漏交	5			
课堂汇报	仪容、仪表整洁大方，礼仪规范	5			
	PPT 制作精美	10			
	汇报内容全面，重点突出，语言表达流畅	15			
研学课程评价表设计	格式规范，排版美观	10			
	评价指标体系科学合理，突出过程性、多元化评价	20			
	评价内容全面，具有很强的操作性	20			
合　计		100			

知识链接

1. 森林研学课程评价内容

课程评价是指检查课程的实施是否实现了教育目的，实现的程度如何，以判定课程设计的效果，并据此做出改进课程的决策。森林研学课程建议使用 CIPP 评价模式，从背景、投入、过程、影响、成效、可持续性和可推广性等方面进行系统评价。

(1) 背景评价

研学课程背景主要从需求、问题、有利条件和机会、教学目标、考核方式和评价标准等维度进行评价，即回答下列问题：学生、教师、社会、学科对研学旅行有何需求？研学旅行活动的开展遇到哪些问题？专家服务、物质资源、经费等条件是否对研学课程的实施有利？研学课程的实施能否满足需求和解决相关问题？研学课程教学目标及其他配套服务目标是否明确？学校对研学课程的师生考核方式和评价标准是否合理？

（2）投入评价

在背景评价的基础上，进一步评价研学课程及其服务的策略、课程实施所需预算、课程实施的可行性，即评价达成研学旅行目标所需条件、资源，各种课程的目标、内容、方法，学业评价设计是否科学合理，以及投入的人力、物力、财力是否足够等。

（3）过程评价

对课程实施过程进行监督、记录、反馈，以不断调整和改进实施过程。评价学校是否完成研学课程建议课时，是否全体学生参与研学旅行，课程实施状况以及实施过程中的事件、问题、费用是否得到合理解决，教师指导是否适时、适度、适当，课程实施过程中的反馈信息如何，以及课程实施过程是否需要调整和改进等。

（4）影响评价

评价研学课程对目标受众的影响程度、课程实际服务对象与计划受益者吻合的程度。包括评价课程对学生的影响以及学生对影响的感知、师生教学实践总结和成果的质量、课程对学校和教师的影响、课程服务非预期受益者的程度等。

（5）成效评价

评价研学课程实施的效用性。与影响评价相比较，成效评价侧重于评价研学课程对受益者长久利益的影响，即评价学生、教师或学校发展所发生的质变。主要测评学生发展核心素养和学科核心素养提升的程度、课程影响的深广度、课程目标达成的程度、与其他课程相比的成效等。

（6）可持续性评价

评价研学课程能否制度化循环使用，包括评价学生、教师和其他利益方对课程可持续实施的看法、制约课程可持续实施的问题、课程可持续实施的概率等。如果课程可持续实施，即可着手建设研学旅行的资源包或教材。

（7）可推广性评价

评价可持续实施的研学课程在何种程度上可以推广。包括评价其他地域、领域、学校、研学旅行目的地对该课程的态度，其他地区学生对该课程的态度，以及该课程与学生发展核心素养、各学科核心素养、各学段学业水平要求等的适宜程度。

2. 森林研学课程评价原则

（1）全方位评价原则

研学课程作为综合实践活动课程，对其评价必须全方位进行。不仅要静态评价课程标准、课程建设档案、课程教材、学生研学成果等以书面形式为主的材料，还必须实地动态评价研学旅行基地（营地）、线路等，调查、访谈研学课程相关方的人员，包括学生、指导教师、家长、学校管理人员、基地（营地）工作人员、相关部门的相关人员等。还可以采取暗访的形式，实时观察研学旅行过程。研学课程如有采取服务外包的方式，则对服务承包方也要进行评价。

（2）多主体评价原则

研学课程涉及面广，相关方多，需要由多方面参与对课程的评价。在教育主管部门的组织下，学生、家长、指导教师等都可以作为评价主体，从各自的角度对研学课程开发建设、课程实施、课程条件、学生的研学成果等进行评价，并且只要有一方评价不合格，则整体评价就不合格。

(3)注重实效评价原则

研学课程作为综合实践活动课程，不能简单地依据研学课程的完成情况进行定量评价，而是要采取观察、体验、访谈等方式，定性评价学生通过研学课程实施所得到的综合素养的提升。

(4)全面评价原则

研学课程要特别注意防止只旅不研和只研不旅两种倾向，因此必须兼顾对研学、旅行二者的评价。一方面，要评价旅行线路的设计是否有利于研学目标的达成，以及旅行的性价比，即是否以较低成本的旅行保证研学任务的完成，或者在条件许可的情况下，以较高成本的旅行支持研学成果的创新和突破。另一方面，要评价研学任务是否需要通过旅行来完成，以及研学活动是否充分利用了旅行所提供的研学机会。

3. 森林研学课程评价标准

对应体验式学习的 4 个阶段，将森林研学课程分为行前、行中、行后和应用 4 个阶段。行前阶段为获取间接经验阶段，行中阶段为获取直接经验阶段，行后阶段为整理经验阶段，应用阶段为检验经验阶段。贯穿各个阶段的是教与学的过程。在森林研学课程的实施过程中，教师的教更多地体现为隐性的指导，学生的学更多地体现为学习的主动建构。因此，评价标准也主要涉及教师的指导和学生的学习两个方面。

(1)行前阶段

行前阶段主要是组织学生对森林研学旅行目的地的资源和文化进行了解，需要重点考虑信息提供的多样性和趣味性，以调动学生在有限的时间内了解资源地的积极性。

教师的指导评价标准：方式多元，如通过讲座、视频、网站、作品等使学生了解知识及知识的形成过程；能够调动学生的积极性。主要围绕指导方式和内容进行评价。

学生的学习评价标准：了解知识要点；理解知识脉络及形成过程；明确自身需要关注的重点知识。可以通过学生的听课状态、学习任务规划等进行评价。

(2)行中阶段

行中阶段主要是以学生为主体开展多种多样的活动(以体验式活动为主)，在活动中体验，在活动中建构，在活动中育人。

教师的指导评价标准：活动形式与场馆资源和环境契合，活动内容指向课程目标，活动方式有趣；能够观察学生状态，适时进行指导。

学生的学习评价标准：多感官观察、感知情境；识别和辨析情境中的多种信息；理解情境中的各种信息及关系，提出问题，并探索解决问题的相关信息。可以通过学生的体验状态、参与程度、是否提出有价值的问题等进行评价。

(3)行后阶段

行后阶段主要是依托学校课堂教学对研学过程中的体验进行整理形成经验并建构概念、观点的阶段，要对研学旅行进行回顾、梳理和反思，使研学旅行的价值得到提升，将校内外两个课堂贯通。行后阶段包括两部分内容：对经验本身进行概括与提升、对学习过程与结果进行评价。

教师的指导评价标准：用适当的形式引导学生回顾体验；组织学生根据各自的不同经验进行深度交流；指导学生完善自己的经验；制定学习过程与结果的评价标准；比较不同价值观，做出归纳和总结，适当指导学生对自己和他人做出评价。

学生的学习评价标准：对信息进行梳理，形成观点和作品；分享自己的观点和作品；吸纳他人观点和作品，完善自己的经验；依据评价标准对自己和他人做出适当评价；能够对评价标准提出个人见解。可以通过学生的作品、交流表达、参与程度和对标准修改完善的重要贡献度等进行评价。

(4) 应用阶段

应用阶段主要是学生将所学对接生活实践的尝试阶段。在尝试过程中，学生会进一步丰富和完善自身的经验和知识图式。

教师的指导评价标准：适时指导学生的经验应用。

学生的学习评价标准：将自己的经验应用于新的情境；有意识地进行思考，进一步完善自己的经验。可以通过学生的实践参与、交流表达、作品等进行评价。

4. 学习成果展示

学习成果又称学习结果，指通过学习所获得的可以实现人的各种行为的能力。学习成果主要包括学生手册、观后感、研学日记、绘画作品、诗词散文、摄影作品、视频作品、手工艺品、调查报告、工作方案、总结报告等，还可以是学生通过一定方式表达思想的成果，如交流分享会、知识竞赛、文艺演出等。凡是在研学课程组织实施过程中能作为载体展示的，都可以作为成果展示的素材。教师安排小组之间互评，推选优秀作品，然后将这些作品进行展评，组织全体教师、学生、家长进行观赏和评价。

知识拓展

1. 学生档案袋评价

学生档案袋评价是学生综合素质评价的有机组成部分。它通过记录学生的各种行为表现、学习过程、学习成果，收集教师、同学、家长等方面的信息资料，反映学生学习、生活、思想方面的进步过程、努力程度，反省能力及其最终发展水平，使学生在成功的体验中树立信心，在不断回顾和反思中求得发展。

2. 小学生综合素质评价内容

小学生综合素质评价内容包括思想品德行为习惯及心理素质、科学文化素质、身体健康情况、兴趣特长表现、教师寄语及班主任评语等。

思想品德行为习惯及心理素质　结合学生年龄特点，对学生的 8 项指标 (文明礼貌、遵守纪律、团结同学、关心集体、劳动习惯、与人合作、不怕挫折、爱护环境) 进行评价。

科学文化素质　按照课程计划要求，对学生所学的文化课程的 5 项指标 (学习兴趣、学习态度、学习方法、学习能力、学习水平) 进行评价。

巩固训练

1. 选择题

(1)研学课程过程性评价包括(　　)。

A. 监督　　　　　　　B. 记录　　　　　　C. 反馈　　　　　　D. 总结

(2)学生森林研学自我管理包含(　　)。

A. 文明素养　　　　　B. 学习能力　　　　C. 遵纪守规　　　　D. 生活能力

(3)森林研学成果要求有(　　)。

A. 作品独立完整　　　B. 体现技能　　　　C. 激发兴趣　　　　D. 有改进空间

2. 填空题

(1)森林研学行中评价的要点是_____和_____。

(2)森林研学成果展示主要有_____、_____和_____等方式。

3. 问答题

(1)森林研学课程评价的特点有哪些?

(2)如何开展学生研学自我评价?

任务5-2 森林研学服务机构评价

任务指导书

👉 任务目标

了解森林研学服务机构评价的具体内容;能够运用所学知识设计森林研学服务机构评价表。

👉 任务描述

通过网络查阅及实地调查,了解中小学等相关方的实际需求和评价要求,设计出合理的森林研学服务机构评价表。

👉 任务实施

1. 学生分组

将班级学生划分为 A、B 两组,A 组完成森林研学服务机构课程组织与实施评价表的设计，B 组完成森林研学服务机构服务过程性评价表的设计。

2. 资料收集，分析总结

通过网络查阅相关资料或者实地调查，收集森林研学服务机构评价相关资料，小组成员分析、讨论森林研学服务机构评价表的评价内容和赋分，并制作 PPT 在课堂上进行汇报。

3. 设计森林研学服务机构评价表

A 组完成森林研学服务机构课程组织与实施评价表的设计。

B 组完成森林研学服务机构服务过程性评价表的设计。

☞ 考核评价

根据表 5-2-1 对任务实施过程和结果进行评价。

表 5-2-1　评价表

评价指标	评价标准	赋分	教师评价得分（占 70%）	学生互评得分（占 30%）	综合得分
学习素养	按时出勤，不迟到或早退，不旷课	5			
	积极发言，参与课堂互动	10			
	按时、按质完成作业，不迟交、不漏交	5			
课堂汇报	仪容、仪表整洁大方，礼仪规范	5			
	PPT 制作精美	10			
	汇报内容全面，重点突出，语言表达流畅	15			
服务机构评价表设计	格式规范，排版美观	10			
	评价指标体系科学合理	20			
	评价内容全面，具有很强的操作性	20			
合　　计		100			

知识链接

1. 森林研学服务机构课程组织与实施评价标准

(1) 森林研学课程体系

森林研学服务机构根据主办方需求，针对不同学段学生年龄特点和教育目标，设计符合国家教育政策，具有教育功能，包含国情、省（自治区、直辖市）情、民俗文化和科普知识等多领域、多学科、多元素的研学课程体系。

(2) 森林研学服务流程

在出行前，指导学生做好准备工作，如阅读相关书籍、查阅相关资料、制订学习计划等；在研学过程中，组织学生参与教育活动项目，指导学生撰写研学日记或调查报告；在研学结束后，组织学生分享心得体会，如组织征文展示、分享交流会等。

（3）森林研学服务设施及教材

设计适合不同学段学生使用的研学旅行教材；根据研学旅行服务计划，配备相应的辅助设施，如多媒体、各类体验教育设施或教具等。

（4）研学方案制订

研学方案包含研学线路调研报告、课程资源安全性、课程实施时间、课程实施的物质条件、课程实施的最佳线路等内容。

（5）安全教育

构建完善有效的安全风险防控机制；根据各项安全管理制度的要求，明确安全管理责任人及其工作职责，在研学活动过程中安排安全管理人员随团开展安全管理工作；制订安全教育和安全培训专项工作计划，定期对参与研学活动的工作人员进行培训，培训内容包括安全管理工作制度、工作职责与要求、应急处置规范与流程等；对参加研学活动的学生进行多种形式的安全教育，提供安全风险防控教育知识读本；召开行前说明会，对学生进行行前安全教育；在研学过程中，根据行程安排及具体情况及时进行安全提示与警示，强化学生的安全意识。

2. 森林研学服务机构服务过程性评价标准

（1）交通服务

提前告知学生及家长相关交通信息，以便其掌握乘坐交通工具的类型、时间、地点以及需准备的有关证件；提前与相应交通运输部门取得联系，组织绿色通道或开辟专门的候乘区域；加强交通服务环节的安全风险防范，向学生宣讲交通安全知识和紧急疏散要求，组织学生安全、有序乘坐交通工具；在承运全程随机开展安全巡查工作，并在学生上、下交通工具时清点人数，以防出现滞留或走失；遭遇恶劣天气时，及时调整研学旅行行程和交通方式。

（2）住宿服务

以安全、卫生和舒适为基本要求，提前对住宿地点进行实地考察；提前将住宿地点相关信息告知学生和家长，以便做好相关准备工作；详细告知学生入住注意事项，宣讲住宿安全知识，带领学生熟悉逃生通道；在学生入住后及时进行首次查房，帮助学生熟悉房间设施，解决相关问题；安排男、女学生分区（片）住宿，女生片区管理员应为女性；制定住宿安全管理制度，开展巡查、夜查工作。

（3）餐饮服务

以食品卫生安全为前提，选择餐饮服务提供方；提前制作就餐座次表，组织学生有序进餐；督促餐饮服务提供方按照有关规定做好食品留样工作；在学生用餐时做好巡查工作，确保餐饮服务质量。

（4）讲解服务

讲解服务符合有关规范；将安全知识、文明礼仪作为讲解服务的重要内容，随时提醒、引导学生安全旅游、文明旅游；结合森林研学要求，提供有针对性、互动性、趣味性、启发性和引导性的讲解服务。

知识拓展

江西省学生家长可给研学服务机构评分

江西省教育厅发布《关于进一步规范开展全省中小学生研学实践教育活动的通知》，该文件规定，研学活动结束后，学生家长可通过江西智慧教育 APP 或本地研学实践管理平台给第三方服务机构、研学基地进行评分，学校要在了解师生反馈意见的基础上进行评分。对于综合评分低的研学基地，主管教育行政部门应及时督促整改，对整改不到位的要取消研学基地认定。

巩固训练

1. 选择题

(1)选择森林研学服务机构需要考虑的因素有(　　)。

A. 服务规范性　　　　　　　　　　　B. 有承接研学课程的经验

C. 人员配置到位　　　　　　　　　　D. 无质量投诉

(2)森林研学服务机构设计的课程体系需要具备(　　)。

A. 教育功能　　　　　　　　　　　　B. 符合国情和省情

C. 主题突出　　　　　　　　　　　　D. 多元融合

(3)森林研学服务机构的安全保障服务要求有(　　)。

A. 医疗应急处理能力　　　　　　　　B. 安全管理能力

C. 行程备案　　　　　　　　　　　　D. 讲解能力

2. 填空题

(1)森林研学安全管理制度体系包括_____、_____、_____和_____等。

(2)森林研学服务机构提供的导游讲解服务应该_____、_____和_____。

3. 问答题

(1)森林研学服务机构在研学过程中需要提供哪些服务？

(2)请分享自己在某次研学课程中的收获与心得。

项 目 6

森林研学安全管理

【项目情景】

2016年12月，教育部等11部门发布的《关于推进中小学生研学旅行的意见》明确提出，研学旅行要坚持安全第一，建立安全保障机制，明确安全保障责任，落实安全保障措施，确保学生安全。2017年1月，国家旅游局发布《研学旅行服务规范》(LB/T 054—2016)，强调研学旅行活动的主办方、承办方和供应方应遵循安全第一的原则，全程进行安全防控工作，确保活动安全进行。由此可见，无论是旅游行政部门还是教育行政部门，都强调研学旅行安全第一。小李负责A研学服务中心的安全管理工作，为此，小李需要厘清森林研学常见问题及突发问题，且能准确把握预防措施和处理方法，在此基础上为A研学服务中心提供一份专业、可行的森林研学安全应急预案，为A研学服务中心安全有序开展森林研学活动提供有效指导。

【学习目标】

☞ **知识目标**

(1)理解森林研学安全问题主要类型。

(2)理解森林研学安全问题的重要性。

(3)掌握森林研学安全问题预防措施和处理方法。

☞ **技能目标**

(1)能够判断森林研学安全问题主要类型。

(2)能够做好森林研学安全问题的预防和处理。

(3)能够小组合作编制森林研学安全应急预案。

数字资源

☞ **素质目标**

培养"生命至上，安全第一"的意识。

任务6-1　森林研学常见安全问题预防与处理

任务指导书

☞ **任务目标**

了解森林研学安全问题的概念；理解森林研学安全问题的主要类型；掌握森林研学常见安全问题的预防措施和处理方法。

☞ **任务描述**

利用搜索引擎、网络文献数据库、图书馆等收集森林研学安全相关文献资料，了解森林研学安全问题的主要类型，提出森林研学常见安全问题的预防措施和处理方法。

☞ **任务实施**

1. 学生分组

每5~6人为一组，确定组长，实行组长负责制。

2. 收集资料

通过各种文献检索工具、查阅相关专业图书以及实地走访研学服务机构，收集森林研学常见安全问题案例，了解森林研学过程中的常见安全问题。

3. 案例分析，问题分类，撰写报告

每个小组对所找到的资料进行归类整理，提交一份森林研学常见安全问题类型分析报告，并提出森林研学常见安全问题的预防措施和处理方法，制作PPT在课堂上进行汇报。

☞ **考核评价**

根据表6-1-1对任务实施过程和结果进行评价。

表 6-1-1 评价表

评价指标	评价标准	赋分	教师评价得分（占70%）	学生互评得分（占30%）	综合得分
学习素养	按时出勤，不迟到或早退，不旷课	5			
	积极发言，参与课堂互动	10			
	按时、按质完成作业，不迟交、不漏交	5			
报告撰写	思路清晰，能按一定逻辑顺序呈现森林研学常见安全问题	10			
	收集的森林研学常见安全问题典型、有代表性且能融入典型案例。对安全问题分析透彻，具有启发性，能强化安全重要性	15			
	内容全面，涵盖安全问题预防措施和处理方法，结构合理，可操作性强	25			
课堂汇报	仪容、仪表整洁大方，礼仪规范，PPT制作精美	5			
	汇报内容全面，思路清晰，按一定逻辑顺序汇报常见安全问题、典型案例、预防措施和处理方法	10			
	重点突出，语言表达流畅；有适当的安全问题预防或处理的现场情景展示	15			
合　计		100			

知识链接

广义的森林研学旅行安全是指在森林研学实践教育中一切安全现象的总称，狭义的森林研学旅行安全是指森林研学旅行活动中涉及研学参与者人身、财产安全现象的总称。本教材中，森林研学旅行安全指中小学校或教育部门在组织中小学生开展森林研学旅行实践过程中，中小学生身心健康及财产不受威胁的安全状态。森林研学常见安全问题的预防措施和处理方法具体如下。

1. 晕车(机、船)

晕车(机、船)常见于乘坐交通工具时。晕车的表现有头晕、恶心、呕吐、上腹部不适、面色苍白、出冷汗等。

(1) 晕车(机、船)**的预防**

让学生带一些预防晕车的药物，乘车(机、船)前先服用药物；让容易晕车的学生坐到前排，同时目视前方，朝远处看，保持心情愉悦。

(2) 晕车(机、船)**的处理**

给学生备好塑料袋等；让学生多喝温开水；严重时需将学生送往就近医院救治。

2. 中暑

中暑是指在温度或湿度较高、不透风的环境下，因体温调节中枢功能障碍或汗腺功能衰竭，以及水、电解质丢失过多，从而发生的以中枢神经和(或)心血管功能障碍为主要表现的急性疾病。通常表现为头晕、头痛、面色潮红、口渴、大量出汗、体温升高，严重的会出现全身肌肉抽搐、痉挛。

(1)中暑的预防

保证充足的睡眠，科学合理饮食；做好防晒，如穿浅色衣服、戴遮阳帽；多喝水，如条件允许，可适当补充淡盐开水；备好防暑药物，如仁丹、十滴水、藿香正气水等。

(2)中暑的处理

立即将学生移到通风、阴凉、干燥的地方，如树荫下，条件允许时可移动至有电风扇或空调的房间，进行降温处理。使学生仰卧，解开衣领，脱去或松开外套，用湿水浸透的毛巾擦拭全身，进行蒸发降温。若降温处理后病情仍不能缓解，须及时将学生送至医院进一步处理。

3. 急性肠胃炎

急性肠胃炎是指在研学旅行途中因食物和饮水不洁引起的各种急性肠道疾病，通常来势凶猛，主要表现为恶心、呕吐、腹痛、腹泻、发热等，且容易传播扩散。

(1)急性肠胃炎的预防

选择符合资质的餐厅，严把食物卫生关，保证饮食卫生；教育学生不喝生水、不吃生冷变质的食物，不在小摊上买零食，不暴饮暴食。

(2)急性肠胃炎的处理

根据学生症状进行处理。如果症状不是很严重，未出现脱水现象，则在队医的指导下让其服用药物并尽量多喝热水；如果症状比较严重，带有脱水现象，要立即送往医院进行隔离治疗。对学生的吐泻物及时清理，防止传播扩散。

4. 流鼻血

流鼻血是少年儿童群体中较常出现的一种现象，一般由鼻部疾病引起，也可能是疾病所致。缺乏维生素、外力损伤、挖鼻孔、患病，或空气干燥，都可能引起流鼻血。多为单侧鼻出血，少数情况下可出现双侧鼻出血。出血量不一，轻者仅为涕中带血，重者可引起失血性休克。

(1)流鼻血的预防

教育学生勿用力擤鼻；改正学生揉鼻、挖鼻孔等易导致鼻黏膜损伤的不良习惯。另外，流鼻血也与饮食有一定关系，研学旅行时要安排学生进食一些易消化的软食，多吃水果、蔬菜，忌辛辣刺激食物。

(2)流鼻血的处理

切勿往鼻孔塞纸巾，否则容易发生感染，产生炎症；切勿躺卧、仰头，否则会使鼻血顺着喉壁流入食道和胃部，造成恶心、呕吐甚至是窒息。

可以采用按压止血法，让学生坐直，头部微向前倾，用食指和拇指紧捏鼻翼。还可采取冷敷法，把冰袋或用冷水浸湿的毛巾放在鼻翼或鼻根冷敷，使血管收缩，加快止血的速度。如果采取了以上操作后仍流鼻血，应马上送医院就诊。

5. 摔伤

在森林研学活动中，学生摔伤轻则肿胀，重则骨折。因此，要做到"安全第一，预防为主"。

(1) 摔伤的预防

研学旅行前提醒学生准备好防滑鞋。研学过程中禁止学生追逐打闹，要多提醒学生注意脚下路滑。如果是走山路，要提醒学生小心青苔。

(2) 摔伤致骨折的处理

可采取手压法、加压包扎法或止血带法给学生止血。包扎前先清洁好伤口。包扎时动作要轻柔，松紧要适度，不要在创伤处打结。就地取材上夹板，以固定两端关节，避免转动骨折肢体，并立即送往就近医院医治。

骨折后户外急救遵循"三不"原则。一是不冲洗。若冲洗，容易将污染物带入皮肤内部甚至骨髓，造成伤口感染，引发骨髓炎。同时，冲洗开放性骨折处可能会将已经产生的血痂冲开，导致再次出血。二是不复位。盲目复位极易造成二次损伤或使污染的骨折端回缩造成深部感染。三是不上药，以免增加处理难度。

6. 溺水

溺水是指人淹没于水中并受到伤害的情况。水充满呼吸道和肺泡会引起缺氧窒息。溺水的症状因溺水程度不同而不同。重度溺水者若抢救不及时，4~6分钟即可死亡。因此，必须争分夺秒地进行现场急救，切不可急于送医院而失去宝贵的抢救时机。

(1) 溺水的预防

要带领学生远离湖泊、河道，保持安全距离开展研学旅行。不要让学生独自到河边玩耍。

(2) 溺水自救方法

不要慌张，发现周围有人时立即呼救；放松全身，让身体漂浮在水面上，将头部浮出水面，用脚踢水，等待救援；身体下沉时，可将手掌向下压；如果在水中突然抽筋，又无法靠岸，且周围无人，可吸一口气后潜入水中，伸直抽筋那条腿，用手将脚趾向上扳，以解除抽筋。

(3) 水中救护方法

可将救生圈、竹竿、木板等物抛给溺水者，再将其拖至岸边。安排水性好的人员直接下水救护，接近溺水者时要转动他的髋部，使其背向自己，然后采用侧泳或仰泳拖运法将其拖运至岸边。特别注意严禁安排学生下水实施营救。

(4) 岸上急救方法

立即清除溺水者口鼻内的异物，使其保持呼吸道畅通。迅速进行控水，方法是：把溺水者放在斜坡地上，使其头向低处俯卧，压其背部，将水控出。如无斜坡，救护者一腿跪地，另一腿屈膝，将溺水者腹部横置于屈膝的大腿上，头部下垂，按压其背部，将口、鼻、肺部及胃内积水倒出。进行人工呼吸及心脏按压并迅速送往医院急救。

7. 花粉过敏

研学时常能遇到种子植物，如构树、蓖麻、地肤、三球悬铃木等，这些植物花粉量大、体积小，在开花季，植株周围空气中花粉含量高，有风的条件下更容易传播，引起吸入式花粉过敏。一旦发生花粉过敏，会表现为：一是花粉过敏性鼻炎、鼻痒、打喷嚏、流鼻涕、鼻子堵塞、呼吸不畅等；二是花粉过敏性哮喘，表现为阵发性咳嗽、呼吸困难、有白色泡沫样黏液，或突发性哮喘发作并渐重；三是花粉过敏性结膜炎，表现为眼睛发痒、眼睑肿胀，并伴有水样或脓性黏液分泌物出现。

（1）花粉过敏的预防

行前做好学生体质摸排工作，提醒过敏体质的学生备好口罩并多备几件干净的衣服便于发生过敏时及时更换，以免受到持续刺激。在开花季节进行户外活动时，提醒学生戴好帽子、穿长袖衣物，尽量避免与花粉直接接触。同时，为避免眼睛受到花粉影响，用带镜片的眼镜替代隐形眼镜，室外活动可带上太阳镜。做好车厢等室内的通风工作，提醒学生常洗脸、洗手，防止花粉等附着。根据行前学生体质摸排情况，对容易发生食入式过敏的学生妥善安排好饮食。

（2）花粉过敏的处理

保持冷静，如果能明确判断出过敏源；要迅速将学生带离过敏源；如果无法知晓过敏源或远离过敏源后依然没有好转，则需要及时送往医院进行药物治疗。苯海拉明、氯雷他定、马来酸氯苯那敏均是脱敏药物，但开展森林研学旅行活动时，相关药物一定要在随队医生的指导下使用。

8. 被动物咬伤、蜇伤

森林研学时易发生被毒蜂、毒虫、毒蜘蛛、毒蛇等野生动物蜇伤、咬伤。遭到袭击后，进行急救处理的同时要马上送往医院。

（1）毒蜂蜇伤

蜂类有群居的生活习惯，喜光。白天出巢，晚间归巢不动。风力3级以上时停止活动，雨天停止外出。春季中午气温高时活动最为频繁。夏季中午炎热，常暂停活动。秋后气温降至6~10摄氏度时越冬。蜂类主要有蜜蜂、黄蜂、土蜂等，其中黄蜂和土蜂属于毒蜂，有尾刺，蜇人时通过尾刺把毒液导入人体内。人一旦被毒蜂蜇伤，会在1~15分钟内引起全身性过敏反应，有的甚至会血压下降、喉部肿胀、阻塞气管等，从而危及生命。

①预防方法　进入林区时戴帽子、穿长袖衣裤；如果有毒蜂飞到身上，不要紧张，慢慢地走开或者轻轻挥动，让其自行飞走；如果不小心遭到群蜂攻击，要立即用衣物保护好自己的头、颈部，往蜂巢或蜂群相反的方向逃跑，或者原地趴下，把皮肤裸露的地方全部遮住。

②处理方法　一旦被毒蜂蜇伤，有毒刺入皮肤者，先拔去毒刺，然后用温水、肥皂水或者盐水清洗伤口（注意：如果是被胡蜂蜇伤，由于其毒液呈弱碱性，必须用酸性的液体如食醋清洗伤口）。在队医的指导下涂药，如有需要，送往医院就医。

（2）毒虫咬伤

森林中的毒虫一般指的是蚊子、臭虫、毒蚁、隐翅虫、蜱虫等，不同的毒虫所含毒液不一样，学生一旦被咬伤，轻者出现轻度红斑、丘疹或荨麻疹，伴有不同程度的瘙痒、烧灼及疼痛感，重者可能出现皮肤广泛损伤或者坏死、关节痛等。

①预防方法　进入林区时戴帽子、穿长袖衣裤。开展户外森林研学活动时，提前在暴露的皮肤上喷涂驱蚊液等。

②处理方法　若被毒虫叮咬，可用随身携带的清凉油、风油精或花露水涂抹患处，以止痒、止痛、防感染。如有需要，送往医院就医。

（3）毒蜘蛛咬伤

蜘蛛属于节肢动物，常栖居于森林、灌木丛或农田中。世界上大约有4万种蜘蛛，多数没有毒性。有毒性的蜘蛛都有一对角质螯，可以分泌含有神经毒素和组织溶解毒素的毒液。在我国的长江以南地区，有黑寡妇蜘蛛、澳洲蜘蛛及狼蜘蛛等伤人蜘蛛。毒蜘蛛有神经性蛋白毒，咬人后不痛，毒入人体内引起局部苍白或发红，出现荨麻疹；严重者组织坏死，有头晕、头痛、恶心、呕吐、软弱无力、发热、谵妄、呼吸增快、出汗等症状，甚至虚脱、死亡。

①预防方法　要提醒学生注意防护，穿长袖衣裤，扎紧袖口、裤腿，戴上手套。随队医生应备好急救消毒药品。

②处理方法

清洗　尽快用肥皂水或者清水清洗受伤的地方。如有条件，在伤口处敷上冰袋，以减轻疼痛。

包扎　要在伤口近心端绑扎，每15~30分钟松开一次，2~3分钟后再绑上，同时要挤压伤口，挤出毒液，并立即送往医院接受治疗。

（4）毒蛇咬伤

如果被蛇咬伤，应该先分清是否为毒蛇。一般从以下几个方面判断：一看外表。无毒蛇的头部呈椭圆形，尾部细长，体表花纹多不明显；毒蛇的头部呈三角形（但眼镜蛇、银环蛇的头部不呈三角形），一般头大颈细，尾短而突然变细，表皮花纹比较鲜艳。二看伤口。由于毒蛇都有毒牙，伤口上会留有两颗毒牙的大牙印，而无毒蛇留下的伤口是一排整齐的牙印。三看时间。一般而言，被毒蛇咬伤后10~20分钟其症状才会逐渐呈现。如果这段时间内出现伤口灼痛，局部肿胀并扩散，伤口周围有紫色瘀斑，有浆状血从伤口渗出，则极有可能是被毒蛇咬了。此时可能还伴有附近淋巴结肿大，有压痛，起水疱。全身症状有发热、寒战、头晕、头痛、乏力、恶心、呕吐、嗜睡、腹痛、腹泻、视物不清、鼻出血，严重者惊厥、昏迷、心律失常、呼吸困难、麻痹、心肾衰竭。

①预防方法　要尽量穿高帮鞋，尤其不要穿凉鞋，因为有70%的人被蛇咬的部位是在足部；穿长袖衣裤，戴帽子，扣紧衣领；尽量避免在草丛里行走或休息，如果迫不得已，最好拿一根树枝或竹鞭，边抽打路面边走；在山野中行走时，不要随便将手插入树洞或岩石孔隙。蛇白天基本都在休息（眼镜蛇除外），只有在感到受威胁时才会主动攻击人，因此看到蛇时不要惊慌，远远避开是上策；如果被蛇追赶，不要沿直线跑，尽量沿"S"形线路跑；带上蛇药片，以防万一。

②处理方法　被毒蛇咬伤后，争取时间是最重要的。首先要进行现场急救，随后立即送往医院就医。具体急救方法如下。

绑扎　找一根布条或长鞋带在伤口近心端5~10厘米处扎紧，以减缓毒素扩散。但为了防止肢体坏死，每隔10分钟左右放松2~3分钟。

冲洗　用冷水反复冲洗伤口表面，有条件的话可用生理盐水、肥皂水、双氧水等冲洗。

排毒　应及时排毒。用清洁的小刀、三棱针或其他干净的利器挑破伤口（不要太深，以划破两个毒牙痕间的皮肤为原则）或用小刀在伤口周围的皮肤上挑一些孔，刀口米粒大小，这样可防止伤口闭塞，有利于毒液外流。然后应马上清洗伤口，从上而下向伤口不断挤压（15分钟左右），挤出毒液。排毒后的伤肢应下垂放置，让毒血易于排出，并尽量使局部降温（如用湿毛巾覆盖等），这样可使中毒的化学反应减慢，还能使血管因寒冷而收缩，从而在一定程度上阻止蛇毒在体内扩散。

9. 走失

学生走失一般发生在森林研学旅行活动开展时或自由活动时，一般是由于对某种现象和事物产生兴趣，停留时间过长而脱离班级导致走失。要特别注意的是，研学旅行的主体是中小学生，年纪偏小，一旦在林区走失，搜救难度大，学生也易产生紧张、害怕情绪甚至会造成心理阴影。因此，研学过程中要特别注意防止学生走失（尤其是在林区走失）。

(1)走失的预防

多点名，尤其在离开场地或组织完一个活动后要点齐人数再出发；多提醒，向学生强调要有集体观念，严禁擅自脱离队伍私自行动；多配合，两名研学老师一前一后配合照看好学生。另外，应教会学生辨别方向与应对迷失的方法。

(2)走失的处理

立即问明情况，了解学生走失的时间、地点；安排人员管理好现场学生，稳定学生情绪并维持现场秩序；明确寻找路线，立即统一安排人员分组寻找；必要时，可报当地公安机关和研学场所安保部门协助寻找。

10. 财物遗失

财物遗失是指财产（钱、银行卡）、物品（手机、身份证）等遗失。

(1)财物遗失的预防

多做提醒工作。出发前，提醒学生尽量少携带贵重物品；每次学生下车后，提醒司机清车、关窗并锁好车门；在拥挤的场所开展研学活动时，提醒学生保管好自身财物；在离开酒店退房时，切实做好物品的清点、交接工作。

(2)财物遗失的处理

稳定学生情绪，请其冷静回忆，详细了解情况，找出线索，帮助寻找。若无法找回，则根据情况进行处理，并耐心安慰学生；如果是证件遗失，马上报告研学服务机构，并带学生到当地派出所办理临时身份证明；如果是钱物被盗，应立即向公安机关及有关部门报警。

巩固训练

1. 选择题

(1) 以下不属于森林研学常见安全问题的是（　　）。

A. 身体疾病 　　　　B. 意外伤害 　　　　C. 晕车 　　　　D. 地震

(2)（　　）是中暑后可服用的药物。

A. 十滴水 　　　　B. 阿司匹林 　　　　C. 布洛芬 　　　　D. 黄连素片

(3) 流鼻血时，以下做法正确的是（　　）。

A. 将纸巾塞入鼻孔 　　B. 躺卧 　　　　C. 仰头 　　　　D. 按压止血

2. 填空题

(1) 学生过敏源一般包括_____、_____、_____。

(2) 如果被蛇追赶，不要沿直线跑，要尽量保持_____形线路跑。

3. 问答题

(1) 森林研学过程中，学生中暑后应如何处理？

(2) 森林研学过程中，学生发生骨折后急救的"三不"原则是什么？

任务6-2　森林研学突发安全问题预防与处理

任务指导书

☞ 任务目标

了解森林研学突发安全问题的概念；理解森林研学突发安全问题的主要类型；掌握森林研学突发安全问题的预防措施和处理方法。

☞ 任务描述

利用搜索引擎、网络文献数据库、图书馆等收集森林研学安全相关文献资料，了解森林研学突发安全问题的主要类型，提出森林研学突发安全问题的预防措施和处理方法。

☞ 任务实施

1. 学生分组

每 5~6 人为一组，确定组长，实行组长负责制。

2. 收集资料

通过各种文献检索工具和查阅相关专业图书，收集森林研学突发安全问题案例。

3. 案例分析，课堂汇报

每个小组对收集的资料进行整理分析，提交一份森林研学突发安全问题类型及预防措施和处理方法分析报告，并制作PPT在课堂进行汇报。

☞ **考核评价**

根据表6-2-1对任务实施过程和结果进行评价。

表 6-2-1　评价表

评价指标	评价标准	赋分	教师评价得分（占70%）	学生互评得分（占30%）	综合得分
学习素养	按时出勤，不迟到或早退，不旷课	5			
	积极发言，参与课堂互动	10			
	按时、按质完成作业，不迟交、不漏交	5			
报告撰写	思路清晰，能按一定逻辑顺序呈现森林研学突发安全问题	10			
	收集的森林研学突发安全问题典型、有代表性且能融入典型案例，与常见安全问题区分明显。对安全问题分析透彻，具有启发性，能强化安全重要性	15			
	内容全面，涵盖突发安全问题预防措施和处理方法，结构合理，可操作性强	25			
课堂汇报	仪容、仪表整洁大方，礼仪规范，PPT制作精美	5			
	汇报内容全面，思路清晰，按一定逻辑顺序汇报突发安全问题、典型案例、预防措施和处理方法	10			
	重点突出，语言表达流畅；采取适当方式展示突发安全问题的处理或防范	15			
合　计		100			

知识链接

森林研学突发安全问题一般是指突然发生的，造成或可能造成中小学生人身损害、财产损失或严重社会危害，需要采取应急处置措施予以应对的自然灾害、突发事故、突发公共卫生事件等。

1. 自然灾害

自然灾害是指给人类生存带来危害或损害人类生活环境的自然现象。森林研学中常见的自然灾害有洪水、泥石流、山体滑坡、地震等。

(1) 洪水

洪水多发生于夏季,森林研学活动可能会在山地、湿地、湖泊等环境中开展,因此带领学生开展研学活动时,若遇暴雨,要特别注意洪水的发生。

①洪水的预防　行前要收听天气预报,如果处于汛期,在气象台发布红色预警或橙色预警时,不得将学生带至野外开展研学活动,可适当调整研学活动项目。

②突发洪水的处理　带领学生迅速转移到地势较高的地方躲避洪水。若未成功转移,已被洪水包围,要设法尽快寻求救援,如利用手机迅速报警,讲明受洪水围困的地点、人数和所处困境等。若有人不慎被卷入洪水中,告知其尽可能抓住一切固定的或能漂浮的东西。

(2) 泥石流

泥石流是指在山区或其他沟谷山壑,由于暴雨、暴雪或其他自然灾害引发的携带有大量泥沙以及石块的特殊洪流。泥石流发生前通常伴有持续降雨或突然暴雨,山谷中出现火车轰鸣或雷鸣般的声响,沟水突然断流或水量突然加大变得十分浑浊,沟谷深处突然变得昏暗并有轻微震动感等。

①泥石流的预防　行前收听天气预报,避免在可能发生泥石流的天气里带领学生到野外开展研学活动。森林研学旅行活动不要在山谷、沟道、沟内低平处、河沟底部开展,应选择平整的高地开展。

②泥石流的处理　立即带领学生向与泥石流流向垂直方向的坚固高地或泥石流旁侧山坡跑去,不能在地势低处停留,并要求学生将一切重物抛掉,跑得越快越好,爬得越高越好。无法继续逃离时,要迅速抱紧身边的树木等固定物体。抵达安全地带后,将学生集中起来,清点好人数等待救援。

(3) 山体滑坡

山体滑坡是山体斜坡上某一部分岩土在重力作用下,沿着一定的软弱结构面(带)产生剪切位移而整体地向斜坡下方移动的现象。据统计,80%以上的山体滑坡发生在雨季,尤其是降雨过程中或雨后一段时间内最容易发生。

①山体滑坡的预防　行前收听天气预报,避免在可能发生山体滑坡的天气里带领学生到森林开展研学活动。

②山体滑坡的处理　保持沉着冷静,不要慌乱;迅速环顾四周,组织学生向与滑坡方向垂直的方向逃离,逃离后尽快在周围寻找安全地带;遇无法跑离的高速滑坡时,躲避在结实的障碍物下并保护好头部;如果有人员受伤,拨打急救电话120及时送往医院救治。

(4) 地震

地震是指当地壳快速释放能量过程中造成震动,期间产生地震波的一种自然现象。地震常常造成严重人员伤亡,会引起火灾、水灾、有毒气体泄漏、细菌及放射性物质扩散,还可能造成海啸、山体滑坡、崩塌、地裂缝等次生灾害。

地震发生前是有预兆的,如出现地下水异常、生物异常、地声异常、地光异常、气象异常等现象,一旦发现异常状况应及时报告。发生地震时,冷静迅速处理。

①在室内活动时发生地震的处理　指导学生利用身边的软坐垫、毛毯、枕头等保护头

部；就近躲到床、桌子等下面的"安全角"或卫生间、厨房等小开间内；切不可跳楼，也不可乘坐电梯；如有可能，在两次震动之间迅速撤离房屋，跑到空旷的地方。

②在室外活动时发生地震的处理 迅速环顾四周，带领学生远离建筑物，快速转移到安全地带；如果在街道上，要迅速离开电线杆、路灯、变压器等危险设施、设备和狭窄通道，转移到空旷地；如果在野外，要迅速组织学生撤离山体，集中在空旷地。

2. 突发事故

突发事故是指因行为人故意或过失造成的意外事故。森林研学中的突发事故有拥挤踩踏事故、火灾、交通事故等。

(1) 拥挤踩踏事故

拥挤踩踏事故是指因聚集在某处的人群过度拥挤，致使一部分人甚至多数人因行走或站立不稳而跌倒并且未能及时爬起，被人踩在脚下或压在身下，造成的短时间内无法及时控制的混乱场面。在拥挤行进的人群中，如果前面有人摔倒，而后面不知情的人继续前行的话，极易出现连锁倒地的拥挤踩踏事故。

①拥挤踩踏事故的预防 有序开展森林研学活动，人多的时候可按小组列队前行；如果有拥挤的人群向自己的方向行进，应立即组织学生避到一旁，不要慌乱，不要奔跑，避免摔倒；假如陷入拥挤的人流，提醒学生一定要先站稳，避免身体倾斜失去重心（即使鞋子松了或被踩掉，也不要弯腰系鞋带或捡鞋子），有可能的话，先尽快抓住周围坚固可靠的东西慢慢走动或停住，待人群散去后再组织学生迅速离开现场。

②拥挤踩踏事故的处理 如果遇人群骚动，提醒学生要注意脚下，千万不能被绊倒，避免自己成为拥挤踩踏事件的诱发因素；若发现前面有人突然摔倒，要马上停下脚步，同时大声呼救，告知后面的人不要向前靠近；若有学生被人群挤倒，要设法帮助其靠近墙角，身体蜷成球状，双手在颈后紧扣以保护身体最脆弱的部位。

(2) 火灾

火灾是指在时间或空间上失去控制的燃烧所造成的灾害。如果林区发生火灾，会在林区内自由蔓延和扩展，扑灭处置较为困难，使研学学生的安全受到威胁。除此之外，酒店、餐厅、车厢等场所也有可能发生火灾，威胁学生的生命和财产安全。

①火灾的预防 行前提醒学生不要携带易燃、易爆物品；不携带火种进山，不在林区吸烟；不在林区内组织野炊。

②林区发生火灾的处理方法 保持镇定，在转移避险后及时拨打森林火警电话12119；用沾湿的毛巾捂住口鼻，并沿着逆风方向，选择植被稀疏的路线向下或横走逃生。

③酒店、餐厅发生火灾的处理方法 保持镇静，组织学生从安全通道疏散到安全区域（不能乘电梯）；如遇浓烟，组织学生用湿毛巾或打湿衣服捂住口鼻，弯腰前行；疏散到安全区域后，立即清点学生人数。

④车厢发生火灾的处理方法 保持镇静，迅速做出判断，组织学生压低身体、屏住呼吸，或用衣物遮掩口鼻（洒水后遮住口鼻效果更好），以最快的速度从最近的出口有序离开。切不可大喊大叫，防止烟雾吸入呼吸道造成严重的呼吸道和肺部损伤。如果因电气故障无法打开车门，旋转应急断气开关（司机座位旁和前、后车门顶部各有一个），手动打开

车门。开门后组织学生俯身弯腰行走，避免被火焰灼伤；如果车门处有火，指导学生用衣服包住头部，迅速冲过车门。当车门无法打开时，可使用安全锤敲碎就近的车窗逃生（使用锤体尖头一侧捶打玻璃，而且要捶打每块玻璃的四个角落）。如果车窗玻璃有贴膜，玻璃破碎以后不会立即脱落，这时需抓住车内扶手支撑身体，并用脚用力将碎开的玻璃踹出车外，然后组织学生跳窗逃生。跳窗逃生时要注意尽量避免发生二次伤害。如果未找到安全锤，可使用车载灭火器（通常放在司机座椅后，也有的在后门垃圾桶的位置）等硬物击碎车窗玻璃。如果短时间内无法下车，应迅速使用灭火器进行灭火，但严禁学生参与灭火工作。

（3）交通事故

研学旅行中的交通事故是指运载师生、相关人员的车辆在道路上因过失或意外造成的人身伤亡或财物损失的事件。

①交通事故的预防　应选择有资质的车队、车辆；司机开车时，不能与其聊天，以免分散其注意力；如遇雨、雪、雾天气，应主动提醒司机注意安全、小心驾驶；提醒司机经常检查车辆，排查事故隐患。

②交通事故的处理　迅速抢救受伤的学生，尤其是对重伤者，进行止血、包扎、上夹板等初步处理，同时立即拨打急救电话120；立即拨打交通事故报警电话122，并设法保护现场；迅速向研学服务机构和学校领导报告此事，讲清交通事故发生和学生受伤情况。

3. 突发公共卫生事件

突发公共卫生事件是指突然发生，造成或者可能造成社会公众健康严重受损害的重大传染病疫情、群体性不明原因疾病、重大食物和职业中毒以及其他严重影响公众健康的事件。森林研学中的突发公共卫生事件主要有食物中毒和传染病疫情等。

（1）食物中毒

食物中毒指患者所进食的食物被细菌或细菌毒素污染，或食物含有毒素而引起的急性中毒性疾病。通常表现为恶心、呕吐、腹泻、胃痛等。

①食物中毒的预防　研学前可通过学校广播、报刊、黑板报、网络、宣传画和食物标本等各种形式，对学生宣传普及预防食物中毒的相关知识；研学过程中教育学生不饮用生水，不吃生冷变质的食物，不在小摊上买零食，以防食物中毒；引导学生养成良好的用餐习惯，不挑食，少吃零食；选择有合法经营资质的餐厅，并督促其按照有关规定做好食品留样工作。

②食物中毒的处理　发现学生出现疑似食物中毒症状后，现场人员迅速报告研学服务机构和学校安全领导小组；迅速拨打急救电话120，将学生送往医院救治；封存相关食物，配合卫生监督部门查明事件原因；积极做好学校师生和家长的安抚工作，控制事态扩大，做好善后工作。

（2）传染病疫情

传染病疫情是指高致病性的或者高传染性的传染病突然在人群之中暴发，且迅速传播，如2019年12月暴发的新型冠状病毒疫情。森林研学是由学校有计划地组织安排，通过集体旅行、集体食宿方式开展的研究性学习与旅行体验相结合的校外教育活动，如果出现传染病疫情未及时处理，后果不堪设想。

①传染病疫情的预防　人员方面，对所有的研学旅行参与者开展健康筛查工作，建立电子档案，一人一档，坚决杜绝患病人员带病参与活动；餐饮方面，餐饮单位要从餐品、餐具、餐厅、用餐、服务人员 5 个方面严格把关，所有人持健康证上岗，采取明厨亮灶，加强清洁消毒，确保餐饮卫生安全；研学场所方面，场所环境、设施设备、器材器具都要做到卫生达标；疫情期间出行，需戴口罩、勤洗手、常消毒。

②传染病疫情的处理　做到早发现、早报告、早隔离、早治疗。发现传染病患者和疑似病例时，及时、妥善处理。对于疑似病例，要从严处理，采取就地隔离、就地观察、就地等待医疗部门治疗等措施，防止疫情扩散。采取必要的保护措施，如发放必要的防护用品。对活动场所要采取必要的消毒措施。一旦发生疫情，严控外来人员进入。

4. 其他突发安全事件

(1) 学生欺凌事件

欺凌行为是指有意地对他人造成伤害的行为，这种伤害可能是身体的或心理的。欺凌包括语言方面的威胁、辱骂、奚落、嘲弄和起外号，行为方面的打、踢、推搡、抓、咬以及勒索、抢夺物品，以及发动其他学生孤立受欺凌学生，或者借助其他第三方的力量对受欺凌学生造成身心方面的伤害。

①发生欺凌事件的原因　欺凌事件的发生一般与实施欺凌者、欺凌受害者的性格特点等多种因素有关 (表 6-2-2)。

表 6-2-2　研学期间欺凌事件成因分析

身　份	性格特点	研学期间隐患
实施欺凌者	大多性格外向、控制欲强、表现欲强；情绪调节能力较弱，处事急躁；普遍缺乏同情心，以自我为中心。他们易将一些自卑、怯弱、不灵敏的孩子作为"出气筒"	研学期间集体外出，家长不随团，对其管理相对放松，同时教师的管控力有限，这些因素往往使得欺凌者没有了约束感，可能会实施变本加厉的欺凌行为
欺凌受害者	大多性格懦弱、内向、自卑；体形偏瘦或者偏胖，行动比较迟缓，处事敏感、多虑，抑郁倾向明显。这些都会使他们很容易与他人产生明显不同，不受人欢迎，成为被欺凌的目标，而他们自身又缺乏反抗能力	离开熟悉的环境，与研学旅行指导师不熟悉，对外界的无助感加强，心理上更加懦弱

②欺凌事件的预防　行前向家长、学生公布关于安全事件、安全隐患的投诉及咨询电话。对缺乏自信的学生进行自信心训练和社交能力训练，如安排其作为小队长或者轮值小安全员等，使其在指导教师的指导下承担一定的管理责任，增加与其他学生的沟通机会。研学服务机构从业人员要营造良好的反欺凌氛围，这对欺凌者具有教育意义，并对旁观者具有警示作用。对个别强势的学生 (潜在欺凌者) 和过度缺乏自信的学生 (潜在被欺凌者) 要重点关注。由于研学时间相对较短，学校和家长经常低估活动期间欺凌事件发生的可能

性和严重性，所以要使他们在思想上引起重视。研学期间，要通过电话或者微信沟通学生的消极情绪和受排斥状况，鼓励受欺凌学生报告类似问题并做好保密工作。总之，研学服务机构、学校、家庭要形成强大的反欺凌教育合力，避免在研学期间出现欺凌事件。

③欺凌事件的处理　提前咨询专家意见，针对各种欺凌事件形成安全预案及解决方案。与当事人沟通，形成谈话记录，注意留痕。与学校充分沟通后，撰写事件报告及后续处理方案发送给学校、家长。必要时聘请心理咨询专家对受欺凌学生进行心理干预。如果只涉及民事责任，不涉及治安及刑事责任，协调双方家长协商解决。协商不成时，建议并协助家长走诉讼渠道。如果涉及刑事责任，向所在地区公安机关报案。

（2）外来侵害事件

森林研学的外来侵害事件是指未经允许强行闯入森林研学活动场所、住宿场所等造成学生人身、财产等损害的事件。森林研学中的外来侵害事件包括绑架、抢劫等恶性事件或打架斗殴事件。

①外来侵害事件的预防　对学生进行治安管理常识教育，提高学生的治安防范能力。研学期间，加强对活动地点、住宿地点的安全管理工作，阻止外来人员进入。

②外来侵害事件的处理　发生绑架、抢劫、爆炸等恶性事件或者打架斗殴事件，及时通知指挥中心，并第一时间拨打电话110报警，配合公安部门提供相关破案线索。本着"先控制、后处置、救人第一、减少损失"的原则，果断处理，指导现场师生离开危险区域，保护好贵重物品，维护现场秩序，做好事故现场保护工作。拨打急救电话120对伤员进行救治，将其他人员带到安全的地方，并进行心理疏导。及时调查恶性侵害事件的原因，实事求是地配合有关部门调查，提供相应证据、证件，并形成安全事故报告，报送学校同时在森林研学服务机构存档。

巩固训练

1. 选择题

（1）发生交通事故后的报警电话是（　　　）。

A. 121　　　　　　　B. 122　　　　　　　C. 119　　　　　　　D. 110

（2）森林火警电话是（　　　）。

A. 12119　　　　　　B. 12110　　　　　　C. 119　　　　　　　D. 12315

2. 填空题

（1）发生山体滑坡时要组织学生向_____方向逃离，逃离后尽快在周围寻找安全地带。

（2）森林研学突发安全问题一般可以分为_____、_____、_____、_____。

3. 问答题

（1）森林研学中发生地震，如何处理？

（2）森林研学中突发食物中毒事件，如何处理？

任务6-3 制订森林研学安全应急预案

任务指导书

☞ 任务目标

了解森林研学安全应急预案的概念和制定原则；理解森林研学安全应急预案的制定流程；能够编制森林研学安全应急预案。

☞ 任务描述

利用搜索引擎、网络文献数据库、图书馆等收集森林研学安全应急预案编制的相关文献资料，加强对有关理论知识的学习和掌握，理解森林研学安全应急预案编制流程，完成森林研学安全应急预案的编制。

☞ 任务实施

1. 学生分组

每5~6人为一组，确定组长，实行组长负责制。

2. 查阅文献资料，分析案例

利用各种文献检索工具和查阅相关专业图书，收集森林研学安全应急预案编制的相关资料和森林研学突发问题案例，并分析所属的森林研学突发问题类型，提出解决和预防方案。

3. 制订应急预案

每个小组提交一份森林研学突发问题的类型及预防和处理分析报告，并根据本组所找到的资料编制森林研学安全应急预案，通过PPT形式在课堂进行分享。

☞ 考核评价

根据表6-3-1对任务实施过程和结果进行评价。

表6-3-1 评价表

评价指标	评价标准	赋分	教师评价得分（占70%）	学生互评得分（占30%）	综合得分
学习素养	按时出勤，不迟到或早退，不旷课	5			
	积极发言，参与课堂互动	10			
	按时、按质完成作业，不迟交、不漏交	5			

（续）

评价指标	评价标准	赋分	教师评价得分（占70%）	学生互评得分（占30%）	综合得分
预案撰写	排版美观，格式规范，有目录、页码、适当图表（如组织框架图）	10			
	内容全面，融入森林研学常见安全问题、突发安全问题相关知识，应急预案组成和内容完整	15			
	行文流畅，逻辑严密，预案具有可操作性、推广性	25			
课堂汇报	仪容、仪表整洁大方，礼仪规范，汇报内容清晰、呈现直观	5			
	体现预案编制流程，有风险分析、应急能力评估等	5			
	思路清晰，按一定逻辑顺序汇报应急预案，重点突出，语言表达流畅	10			
	现场进行按照应急预案处理某一突发安全事件的情景展示，处理恰当	10			
合　计		100			

知识链接

2017年国家旅游局发布《研学旅行服务规范》（LB/T 054—2016），指出研学旅行的主办方、承办方及供应方应制定安全管理制度体系，包括但不限于：研学旅行安全管理工作方案、研学旅行应急预案及操作手册；研学旅行产品安全评估制度；研学旅行安全教育培训制度。因此，研学服务机构除了做好安全防范措施、行前安全培训外，还要做好安全应急预案，它是研学旅行安全开展的有效保证。没有安全应急预案的研学就如没有灭火器的篝火晚会，家长、学生都没有"定心丸"，甚至会成为放弃参加研学旅行的原因。

1. 森林研学安全应急预案概念及编制原则

森林研学安全应急预案是指为保证迅速、有序、有效地针对研学旅行过程中可能发生的威胁学生心理、财产和人身安全的突发事件开展控制与救援行动，尽量避免事件的发生或降低其造成的损害。安全应急预案主要解决突发事件前做什么（即预防工作）、事发时做什么、事发后做什么、以上工作谁来做4个问题，是应对各类突发事件的操作指南。其编制原则如下。

（1）以人为本

森林研学安全应急预案的编制应遵循以人为本的原则。生命不保，谈何教育，谈何研学？因此，在编制突发事件处理方法相关内容时，无论针对何种情况，都必须把保护学生的人身安全放在首位。

（2）依法依规

森林研学安全应急预案的编制应遵循依法依规的原则，内容上要符合国家法律法规、标准规范的要求。通常依据的法律法规和行业规范有《中华人民共和国突发事件应对法》《中华人民共和国传染病防治法》《中华人民共和国道路交通安全法》《中华人民共和国安全生产法》《中华人民共和国旅游法》以及《研学旅行服务规范》（LB/T 054—2016）等。

（3）预防为主

森林研学安全应急预案的编制应遵循预防为主的原则。德国飞机涡轮机发明者帕布斯·海恩提出的关于飞行安全的"海恩法则"认为，每一起严重事故的背后，必然有29起轻微事故、300起未遂先兆及1000起事故隐患。也就是说，事故的发生是量的积累结果，必须将安全隐患消灭在萌芽状态，防微杜渐。因此，编制森林研学安全应急预案时应进行安全风险分析，并制订好相关事故预防方法，把事故苗头扼杀在萌芽状态，防患于未然。

（4）内容完整

森林研学安全应急预案应内容完整，具体要求是基本要素要齐全、完整，如果有附件，应确保信息准确。

（5）注重实效

森林研学安全应急预案的编制应遵循注重实效的原则，即安全应急预案具有实用性和可操作性。当遇突发事件时，有关应急组织、人员可以根据应急预案迅速、有序、有效地开展控制与救援行动，降低事件造成的损失。

2. 森林研学安全应急预案编制流程

（1）组建编制小组

一般要结合本单位各部门职能分工，成立以单位负责人为领导的应急预案编制工作组，明确编制队伍、职责分工、工作计划，安排专人负责收集安全应急预案编制工作的有关法律法规、行业规范，并进行线路勘察，结合实际收集与应急预案编制有关的环境、设施、人文、气象、地质等资料。

（2）进行安全风险分析

教育部等11部门印发的《关于推进中小学生研学旅行的意见》中明确指出，研学旅行参加对象主要是小学四到六年级、初中一到二年级、高中一到二年级。这些学生活泼好动，精力旺盛，具有冲动、冒险的特点，但生活经验和安全知识都比较欠缺，安全意识相对淡薄，自我防护能力也比较差，而研学旅行又是校外集体活动，兼具集体性、实践性特征，如果安全管理不当、引导不利，学生在参加研学活动过程中容易发生安全事故。因此，要从景点安全风险、住宿安全风险、交通安全风险、餐饮安全风险、人身安全风险、财产安全风险等多方面进行风险分析。

（3）进行应急能力评估

应急能力评估指对人力、财力、物力、医疗、交通运输等方面的各种保障能力的评估。开展研学活动的单位应全面调查并客观分析本单位、研学课程参与各方应急能力。

（4）编制应急预案

依据安全风险分析以及应急能力评估结果，组织编制应急预案。应急预案的编制应注重系统性和可操作性，做到与相关部门和单位的应急预案相衔接。

（5）应急预案评审

应急预案编制完成后，应组织评审。评审分为内部评审和外部评审，内部评审由本单位主要负责人组织有关部门和人员进行，外部评审由本单位组织外部有关专家和人员进行评审。应急预案评审合格后，由单位主要负责人（或分管负责人）签发实施，并进行备案管理。

3. 森林研学安全应急预案组成和内容

森林研学安全应急预案主要由综合应急预案、专项应急预案组成。

（1）综合应急预案

综合应急预案是总体上阐述处理事故的应急方针、政策，以及应急组织机构和职责、行动、措施和保障等基本要求和程序，可以说是应对各类事故的综合性文件。综合应急预案主要内容有：

①总则 包括制定目的、制定依据、适用范围、应急预案体系、应急工作原则等内容。

制定目的 如为了贯彻落实"安全第一，预防为主"的安全工作方针，切实保障广大师生研学旅行活动安全，特制定此次森林研学旅行活动安全应急预案。

制定依据 即制定森林研学安全应急预案所依据的法律、法规、标准、行业规范等，如《中华人民共和国突发事件应对法》《中华人民共和国传染病防治法》《中华人民共和国道路交通安全法》《中华人民共和国安全生产法》《中华人民共和国旅游法》以及《研学旅行服务规范》（LB/T 054—2016）等。

适用范围 是指本预案使用的范围、事故类型等。

应急预案体系 要说明本单位研学旅行安全应急预案体系的组成情况。

应急工作原则 内容要清晰、简明、扼要。

②事故风险分析 简要描述研学旅行中可能出现安全隐患的地方、可能出现的安全问题、安全工作要点等。此处以景点安全风险分析为例进行说明。

可能出现安全隐患的地方 电动扶梯、楼梯、登山道、水边、护栏（轮渡）等。

可能出现的安全问题 走失、中暑、冻伤、拥挤踩踏、摔伤、溺水等。

安全工作要点 对新开发景点要进行实地考察，排查所有的安全隐患，并制定相应的安全工作要点；参观景点之前对学生进行安全提示，指导学生分组行动，反复强调集合时间和地点，并告知学生若不慎走失要保持冷静，原地联络辅导员。

③组织机构和职责 要明确研学旅行应急组织及组成小组或人员，明确小组职责。一般分为领导小组、活动组、安保组和后勤组。领导小组组长一般由学校负责人（即校长）担任，副组长由承办方（即研学服务机构）负责人担任，全面负责研学旅行工作，协调指导各部门的安全工作。活动组由学校负责人（一般是学校主管副校长）和研学服务机构研学部负责人组成，其职责是协助领导小组组长和副组长工作，具体督促、检查各部门的安全工作。安保组由学校安保负责人和研学服务机构安保负责人、学校保安等组成，其职责是落实研学旅行各项安全保卫工作。后勤组由学校后勤负责人和研学服务机构负责人、校医等

组成，负责研学旅行物品供给、住宿、餐饮和医疗救护等工作。

④预警及信息报告　制定安全应急预案时，应明确预警的条件、方式、方法和信息报告的程序。一般根据研学旅行风险监控信息变化状况、事故险情紧急程度和发展态势或有关部门提供的预警信息进行预警。信息报告的程序主要包括信息接收与通报、信息上报、信息传递。

信息接收与通报　明确 24 小时应急值守电话，以及事故信息接收、通报程序和责任人。

信息上报　明确事故发生后向上级主管部门、上级单位报告事故信息的流程、内容、时限和责任人。

信息传递　明确事故发生后向本单位以外的有关部门或单位以及学生家长通报事故信息的方法、程序和责任人。

⑤应急响应　是指事件的紧急状态达到响应级别时，启动应急预案并实施救援的过程。应急预案中应急响应部分一般明确以下内容：响应标准、响应程序和应急结束。

响应标准　也称响应分级。一般根据事故危害程度、影响范围和本单位以及研学旅行带队教师团队或课程项目组控制事态的能力，对事故应急响应进行分级，明确响应级别。常见的应急响应主要分为四级，响应机制强度由一级至四级依次减弱。

一级响应：以中央政府为响应主体，针对特大的事故(灾情、险情)。如发生特大洪水、传染性非典型肺炎、人感染高致病性禽流感等。

二级响应：以省级政府为响应主体，针对重大的事故(灾情、险情)。

三级响应：以市(地区)政府为响应主体，针对较大的事故(灾情、险情)。

四级响应：以市(县)政府为响应主体，针对一般的事故(灾情、险情)。

在森林研学安全应急预案中，应规定不同级别应急响应的条件、机构和具体要求。

响应程序　接警并根据警情判断响应级别，并启动应急方案。

应急结束　明确现场应急响应结束的基本条件和要求。一般当突发事件现场得到控制，导致的次生、衍生灾害隐患消除等，即可下达应急结束指令。

⑥信息公开　明确向有关新闻媒体、社会公众通报事故信息的部门、负责人和程序以及通报原则。

⑦后期处置　主要明确医疗救治、人员安置、善后赔偿、应急救援评估等内容。

⑧保障措施　主要是指通信与信息保障、应急队伍保障、物资装备保障、其他保障。

通信与信息保障　明确可为研学旅行提供应急保障的相关单位(如研学旅行所在地的派出所、医院以及研学旅行投保的保险公司等)及人员联系方式和方法，并提供备用方案。同时，建立通信系统及维护方案，确保应急期间信息通畅。

应急队伍保障　明确应急响应的人力资源，包括应急专家、专业应急队伍、兼职应急队伍等。

物资装备保障　明确与研学旅行救援相关的应急物资及使用条件、采购管理责任人及其联系方式等。

其他保障　根据应急工作需求而确定的其他相关保障措施，如经费保障、交通保障、技术保障、医疗保障、后勤保障等。

（2）专项应急预案

专项应急预案是指针对具体事故类别编制的方案，它有明确的救援程序和具体的应急救援措施，是综合应急预案的组成部分。主要分为自然灾害突发事件应急预案、事故灾害突发事件应急预案、公共卫生事件应急预案、社会安全事件应急预案4种类型，主要由事故风险分析、应急指挥机构及工作职责、应急处置和注意事项4个部分内容组成。

①事故风险分析　是指针对研学课程实施过程中可能发生的事故风险，分析事故发生的可能性以及严重程度、影响范围等。主要内容包括：事故类型；事故发生的区域、地点；事故危害的严重程度及其影响范围；事故前可能出现的征兆；事故可能引发的次生、衍生事故。

②应急指挥机构及工作职责　根据事故类型，明确应急指挥机构总指挥、副总指挥以及各部门或人员的具体职责。应急指挥机构可以设置相应的应急救援工作小组，明确各小组的工作任务及主要负责人职责。

③应急处置　主要包括以下内容：

事故应急处置程序　明确事故及事故险情信息报告程序、报告方式和责任等；根据事故响应级别，具体描述事故接警报告和记录、应急指挥机构启动、应急指挥、资源调配、应急救援、扩大应急等应急响应程序；确定与研学旅行各参与方应急预案衔接的程序。

现场应急处置措施　针对可能发生的事故风险、事故危害程度和影响范围，从人员救护、处置操作规范、事故控制、善后处理等方面制订明确的应急处置措施。

明确报警负责人、报警电话，上级管理部门、相关应急救援单位的联络方式和联系人，以及事故报告的基本要求和内容。

④注意事项　主要包括：采取救援对策或措施的注意事项；现场自救和互救的注意事项；现场应急处置能力确认和人员安全防护等的注意事项；应急救援结束后的注意事项；其他需要特别警示的事项。

巩固训练

1. 选择题

（1）应急响应分为一级响应、二级响应、三级响应、四级响应，其中一级响应以（　　）为主体。

A. 中央政府　　　　　　　　　　　　B. 市（地区）政府

C. 省级政府体验安全　　　　　　　　D. 市（县）政府

（2）森林研学综合应急预案中总则的编制内容不包括（　　）。

A. 适用范围　　　　　　　　　　　　B. 编制依据

C. 应急工作原则　　　　　　　　　　D. 事故风险分析

（3）应急预案评审合格后，由（　　）签发实施，并进行备案管理。

A. 本单位负责人　　　　　　　　　　B. 专家

C. 学校主要负责人　　　　　　　　　D. 教育主管单位负责人

2. 填空题

（1）森林研学安全应急预案的编制应遵循_____、_____、_____原则。

（2）安全应急预案主要解决_____、_____、_____、_____4个问题，是应对各类突发事件的操作指南。

3. 问答题

（1）森林研学安全应急预案中事故风险分析主要包括哪些内容？

（2）简述森林研学安全应急预案的组成及它们之间的关系。

森林研学课程教学综合实训

任务7-1 爬行动物研学课程教学

任务指导书

☞ 任务目标

了解爬行动物研学课程教学知识要点；掌握爬行动物研学课程行前、行中、行后等不同环节以及参观式、体验式、探究式等不同课程类型的教学工作要点；能够根据不同教学情境和教学要求优化爬行动物研学课程方案并组织实施。

☞ 任务描述

利用搜索引擎、网络文献数据库、图书馆等收集爬行动物相关文献资料，加强对有关理论知识的学习，掌握爬行动物研学课程知识要点和基本教学技能，开展爬行动物研学课程教学设计与实操。

☞ 任务实施

1. 课程教学准备

(1) 熟悉爬行动物研学课程基本信息，进行课程需求调研分析，了解学校基本情况和对研学课程的目标定位及预期成效，确定学校对研学课程的实际需求。

数字资源

（2）进行学情分析，了解学生基本情况、知识掌握情况、身心和情感特征以及生活经验等。

（3）完善爬行动物研学课程方案，确定研学主题、研学目标、教学内容、课程重难点和风险点。

（4）做好课程知识、教学资源、教学工具、个人形象与心理等准备工作，确定好行程安排和其他保障准备工作，编制爬行动物研学课程介绍并确认行程安排。

示例：

爬行动物研学课程介绍	
项　　目	内　　容
课程主题	走近爬行动物，感受动物世界
课程意义	爬行动物在地球生命进化史上地位独特，它们是第一类完全脱离水环境的四足动物，而且称霸地球长达1.6亿年之久，对哺乳动物甚至人类的出现都产生了深远的影响。目前，我国爬行动物种类繁多，但面临着不小的生存危机。本研学课程通过引导学生进行爬行动物观察和辨识并深入探究爬行动物的主要特征、生态习性与生活习性，培养学生敬畏自然、与自然和谐相处的意识
研学对象	小学四至六年级学生
研学时长	1天
学情分析	本学段学生对自然充满好奇，同时积累了一定的自然知识。可以通过自然观察等方式激发学生对蛇类、蜥蜴类、鳄类、龟鳖类爬行动物的认知，促进学生对自然界爬行动物的深入了解，引导学生在自然环境下遇到爬行动物时进行自我保护。由于学生年龄较小，部分学生对爬行动物存在天然的恐惧心理，需要在教学过程中加以正面引导，做好风险防范
课程目标	了解爬行动物的不同种类、常见爬行动物的身体组成及其功能等相关知识，增进学生对爬行动物的了解；能够辨别出4种不同类型的常见爬行动物，对每种类型的爬行动物能够列举出1~2种珍稀动物，体验爬行动物考察的乐趣
	掌握观察爬行动物基本工具的使用方法；掌握爬行动物检索表的使用方法；掌握爬行动物拓画制作技巧，了解有关爬行动物标本制作方法
	提升学生的探索能力、观察能力、创造能力和审美能力；提升学生对生命的认知，引导学生对人与自然和平共处进行深度思考
课程要点	重点：肉食性爬行动物和植食性爬行动物的辨识
	难点：爬行动物检索表的使用
	风险点：学生观察爬行动物时可能会出现产生恐惧心理、被蛇类咬伤等问题
知识准备	爬行动物种类、身体结构、习性等相关知识，爬行动物标本制作和拓画制作相关知识
教学工具	扩音器、爬行动物检索表、大头针、玻璃盒、草纸、带有爬行动物镂空造型的A4纸、水粉原料、拓印海绵、垫板、纸巾、马克笔

爬行动物研学课程行程安排

研学服务机构：_____ 　　　　　　日期：_____年___月___日

时　段	内　容
8：00	在学校集合，前往森林研学基地（营地）
9：00~10：00 （课时 1）	初识爬行动物： 认识爬行动物的生长环境及身体组成，了解爬行动物分类知识，参观爬行动物馆
10：00~11：00 （课时 2）	蜥蜴类和龟鳖类辨识： 辨识常见蜥蜴类和龟鳖类，掌握其特征、生活习性和生态习性等
11：00~12：00 （课时 3）	鳄类和蛇类辨识： 辨识常见鳄类和蛇类，掌握其特征、生活习性和生态习性等
12：00~14：00	午餐及午休
14：00~15：00 （课时 4）	观察爬行动物标本及其制作过程： 参观爬行动物馆
15：00~16：00 （课时 5）	爬行动物拓画制作： 现场学习爬行动物拓画制作方法
16：00~16：30	作品展示交流、动物辨别游戏、自由活动
16：30	发放研学证书、合影、返回学校
服务保障	用餐（略）
	交通（略）
安全保障	研学旅行指导师：×××
	队医：×××
注意事项	行前： 研学旅行指导师指导学生按照森林研学手册（学生版）的要求做好知识和物品准备，按时到达集合点乘车
	行中： 乘车要求：自觉排队，有序上车，系好安全带；车辆行驶途中不得擅自离开座位在走道上随意走动，不要把头、手伸出窗外；不大声喧哗，保持车上卫生。 研学要求：坚持安全第一，服从安排；跟着研学旅行指导师的路线有序行进，不追逐打闹；认真听研学旅行指导师的讲解，按要求填写研学手册；有集体观念，统一行动，互相帮助，不擅自离队；不接受陌生人的食物和饮水，遇到有人搭讪或纠缠要立刻向教师和研学旅行指导师报告。 就餐要求：餐前要洗手，不抢先，不挑食，吃饭和上菜时注意避免被烫伤
	行后： 按要求完成研学日志或心得等；与家长、朋友分享研学所看、所学、所获；根据自己的兴趣，进一步查找对应资料或向教师请教，提升研学效果

2. 课程教学导入

在前往研学地点的车上，可指导学生预习研学内容，启发学生带着问题去思考研学内容。提出的问题主要来自森林研学手册(学生版)，可采用设问、质疑或讲故事、列举案例等方法引起学生的好奇心，进而引出课程。课程教学导入不需要讲授课程内容，可以讲解有关拓展知识，为正式研学课程教学做铺垫。

示例：

> 在前往研学基地(营地)的车上，教师和学生进行互动。
>
> 教师："各位同学，中国有一种特别稀有的动物——扬子鳄，大家都知道扬子鳄吗？"
>
> 学生："知道。"
>
> 教师："那大家认为扬子鳄是爬行动物还是两栖动物呢？"
>
> 学生A："爬行动物。"
>
> 学生B："两栖动物。"
>
> 教师："回答'爬行动物'的同学肯定是生物知识渊博的小学霸。大家知道爬行动物是如何在环境中生长的吗？这里面可蕴含着不少科学知识呢。今天我们将到×××森林研学基地(营地)进行'走近爬行动物，感受动物世界'的研学课程学习。我们将一起学习爬行动物的相关知识，参观爬行动物馆，辨识常见爬行动物，还将通过观察爬行动物的标本认识爬行动物的身体结构，并学习爬行动物的拓画，大家期待吗？"(同时现场展示爬行动物图片和爬行动物拓画，引起学生的浓厚兴趣)
>
> 学生："期待！"(鼓掌)

3. 课程教学实施

根据课程需求、学情分析和课程教学内容，确定各教学环节的教学目标、教学方法。在此基础上结合教学场地实际，确定教学实施过程，设计每个教学环节的教学步骤，最终完成课程教学任务。

示例：

爬行动物研学课程教学实施过程			
教学环节	教学目标	教学方法	实施步骤
课时1 初识爬行动物	了解爬行动物基础知识，掌握爬行动物的基本类型；能够区分植食性爬行动物和肉食性爬行动物；掌握爬行动物观察工具和爬行动物检索表的使用方法	演示法、讲授法、观察法	①演示并讲授爬行动物的基本结构，重点讲解头、躯干、尾巴的功能；②演示并讲授观察爬行动物的基本工具；③讲授爬行动物的4种常见类型，包括蜥蜴类、龟鳖类、鳄类、蛇类；④演示并讲授爬行动物检索表的使用方法；⑤指导学生代表现场使用爬行动物检索表检索爬行动物

（续）

教学环节	教学目标	教学方法	实施步骤
课时 2　蜥蜴类和龟鳖类辨识	能够清晰地辨识不同的蜥蜴类、龟鳖类，掌握其特征、生存环境和生态习性等	演示法、讲授法、观察法	①讲解蜥蜴类和龟鳖类的形态； ②讲解 10~20 种常见蜥蜴类、龟鳖类的特征和辨识要点，分析 1~2 种蜥蜴类、龟鳖类的生态习性； ③学生现场辨识蜥蜴类、龟鳖类，讲解其生态习性，教师进行纠正和指导
课时 3　鳄类和蛇类辨识	能够清晰地辨识不同的鳄类、蛇类，掌握其特征、生存环境和生态习性等	演示法、讲授法、观察法	①讲解鳄类、蛇类的形态； ②讲解 10~20 种常见鳄类、蛇类的特征和辨识要点，分析 1~2 种鳄类、蛇类的生态习性； ③学生现场辨识鳄类、蛇类，讲解其生态习性，教师进行纠正和指导； ④对比分析 4 类爬行动物，得出爬行动物的主要特征
课时 4　观察爬行动物标本及其制作过程	了解爬行动物标本制作方法	演示法、讲授法、	①讲解制作爬行动物标本的基本原理； ②演示制作爬行动物标本的具体方法； ③引导学生近距离观察爬行动物标本； ④组织学生参观珍稀爬行动物馆
课时 5　爬行动物拓画制作	掌握爬行动物拓画制作的具体方法	演示法、讲授法	①讲解拓画制作的要点，拿出带有爬行动物镂空造型的 A4 纸； ②选出一名或者多名学生代表现场开展爬行动物拓画制作，并且自己发挥想象搭配生存环境，教师进行纠正和指导； ③全部学生选择自己喜欢的爬行动物的镂空造型进行拓画制作； ④对学生作品进行点评，评选出优秀作品

4. 课程教学评价

为了评价课程教学效果，教师应对学生进行过程性和总结性评价，作为学校评价学生学习效果的依据，同时也是研学服务机构做好教学总结、改进教学方法、优化课程内容的重要手段。此外，对于研学课程实施过程中产生的优秀作品、作业等要进行展示交流。

示例：

爬行动物研学课程学习评价表

姓名：_____   学号：_____   班级：_____   学校：_____   日期：_____

项　　目	评价等级			
	努力达成	合格	良好	优秀
爬行动物基本知识掌握				
蜥蜴类、龟鳖类辨识				
鳄类、蛇类辨识				
观察爬行动物标本				
爬行动物拓画制作				

爬行动物研学课程研学行为评价表

姓名：_____   学号：_____   班级：_____   学校：_____   日期：_____

项　　目	观测点	自评	督导员评价	研学旅行指导师评价
安全行为	擅自离开团队	是/否	优秀/良好/合格/努力达成	优秀/良好/合格/努力达成
	擅自到水边或水井边玩耍	是/否		
	擅自玩火	是/否		
	携带危险物品	是/否		
	擅自逗狗、逗猫或其他野生动物	是/否		
	追逐打闹	是/否		
环保行为	使用一次性用品	是/否	优秀/良好/合格/努力达成	优秀/良好/合格/努力达成
	乱扔垃圾	是/否		
	随地吐痰	是/否		
	攀折花木	是/否		
纪律行为	迟到	是/否	优秀/良好/合格/努力达成	优秀/良好/合格/努力达成
	早退	是/否		
	做与研学无关的事情	是/否		
	毁坏活动设施	是/否		
	在景物上刻画	是/否		
	用语不文明	是/否		
研学行为	主动完成研学任务	是/否	优秀/良好/合格/努力达成	优秀/良好/合格/努力达成
	主动参与分享	是/否		
	研学报告生动、有创意	是/否		

（续）

项　　目	观测点	自评	督导员评价	研学旅行指导师评价
自我总结与评价：			整体评价： 优秀/良好/合格/ 努力达成	整体评价： 优秀/良好/合格/ 努力达成

爬行动物研学课程小组活动表现评价表

项　　目	关键评估点	赋分	得分
团队纪律	遵守各项作息制度，不迟到或早退	20	
团队协作	互相帮助，互相鼓励，共同进步	20	
团队参与度	态度认真，准备充分，积极参与活动	20	
团队成果	成果丰富、有创意	40	
合　　计		100	

爬行动物研学课程研学旅行指导师教学评价表

项目	关键评估点	赋分	得分
内容	内容有趣，能让学生积极参与	15	
	能锻炼实际的动手能力	15	
	讲解通俗易懂，能让学生都理解	10	
管理	准备充分	10	
	时间安排合理，研学过程不拖沓	10	
	能及时协调处理各种突发事件	10	
素质	能进行激励性评价	10	
	公平、公正地对待每一名学生	10	
安全	认真负责，时时将学生的安全放在首位	10	
合　　计		100	

☞考核评价

根据表 7-1-1 对任务实施过程和结果进行评价。

表 7-1-1　评价表

评价指标	评价标准	赋分	教师评价得分（占70%）	学生互评得分（占30%）	综合得分
学习素养	按时出勤，不迟到或早退，不旷课	5			
	积极发言，参与课堂互动	10			
	按时、按质完成作业，不迟交、不漏交	5			
专业知识	掌握爬行动物基础知识	20			
	掌握研学课程教学实操的要点	20			
教学能力	仪容、仪表整洁大方，礼仪规范，语言表达流畅	5			
	能够熟练运用有关教学工具	10			
	能够熟练辨识常见爬行动物、制作爬行动物拓画	15			
	能够熟练开展爬行动物研学课程教学实操	10			
合　计		100			

知识链接

爬行动物是从古代的两栖动物进化而来的。爬行动物表皮干燥，用肺呼吸，卵生或卵胎生，有耳孔，没有耳郭。

1. 爬行动物身体组成

除一些蛇类和蛇蜥没有四肢外，爬行动物的身体一般可分为头部、躯干及四肢、尾部。

(1) 头部

爬行动物的头部全部骨化，外有膜或骨掩覆，能够灵活转动。脑的构造分为端脑、间脑、中脑、小脑、后脑与嗅球等，最高级的神经中枢是中脑背后的圆形视叶，并且大部分爬行动物的中脑已经进化出了四叠体。

(2) 躯干及四肢

爬行动物是最先进化出胸廓的动物，躯干部分胸椎连着胸肋形成胸廓，用于保护躯体内部的内脏器官。除去蛇类，大多数爬行动物拥有两对掌形肢体，多数为5出，部分前指为4出。水生类爬行动物往往拥有指桨形掌，趾间有蹼，利于游泳。爬行动物的足部一般从体侧横出(恐龙除外)。多数爬行动物不能够直立，躯体腹部常附着地面，是典型的爬行态势。恐龙中非鸟臀目则是少数能够进化得更加完善的爬行动物。蛇类是较为特殊的一类，它们的躯干内没有胸椎，因此能够吞噬比自己身体大许多倍的食物，并且没有脚，依靠腹鳞和肌肉缩放产生的移动力进行爬行。多数爬行动物是四足类动物，蛇类为无足类。

（3）尾部

爬行动物的尾部一般较长，而且看上去坚硬且结实。对爬行动物而言，尾部的主要作用是平衡身体。部分爬行动物的尾部还具有自我保护作用。大多数蜥蜴都具有自断尾部的能力，如壁虎、鳄蜥等都有断尾逃生的技能。尾部也是爬行动物攻击其他动物的利器。

2. 爬行动物生活习性

爬行动物已经能够完全地适应陆地生活，从生存到繁殖都可以完全脱离水的束缚。爬行动物自身不具备完善的保温能力和体温调节能力，很容易丧失自身热量，需要从外界获取必要的热量，因此又被称为外热源动物。爬行动物会通过自身的行动调节体温，如移动身体到太阳光源充足的地方，通过晒太阳获取热量，升高体温；或爬行到树荫、地洞等阴凉的地方，让体温下降。

爬行动物的活动具有鲜明的季节性特征，夏季是爬行动物活动十分活跃的时期，冬季是爬行动物的冬眠时期。部分爬行动物的活动与食物有关，如蛇岛蝮每年都会在夏初、冬初由于过往鸟类的停歇而出现活动高峰期，其他时间则因为食物匮乏而进入睡眠。

3. 爬行动物分类

现存的爬行动物共有四大类：蜥蜴类、龟鳖类、蛇类、鳄类。已经消失的爬行动物有恐龙类。

（1）蜥蜴类

蜥蜴属于冷血爬行动物，又被称为"四脚蛇"（图 7-1-1）。现有记录的品种超过 4700 种，我国有 150 多种，分布广泛，形态各异。常见蜥蜴类爬行动物有草蜥、鬣蜥、壁虎、变色龙、巨蜥、沙蜥等。蜥蜴的活动受温度的影响极大，在不同的生存环境下蜥蜴的活动节律是不同的，不同的天气环境也会对蜥蜴的活动产生影响。一般而言，蜥蜴会因为温度的升高而增加活动频率，但是夜行性蜥蜴的活动频率则相反。蜥蜴的行为会因为生存环境而产生差异，如角蜥属会选择不同的觅食环境，从而降低被天敌发现的可能。大部分蜥蜴产卵，部分种类则直接生下幼小蜥蜴。珍稀的蜥蜴类爬行动物有鳄蜥、科莫多巨蜥（易危）、脆蛇蜥（国家二级保护野生动物）等。

图 7-1-1 蜥 蜴

（2）龟鳖类

龟鳖类是地球上最古老的爬行动物。龟鳖类最早的起源还没有明确的界定，现已发现

的龟鳖类化石可以追溯到二叠纪的古龟。侏罗纪时期的四川曾经有两栖龟、侧颈龟的分布。全世界现有龟鳖类包括水龟、半水龟、陆龟、海龟4类300多种。常见的龟鳖类有乌龟、棱皮龟、巴西龟（图7-1-2）、长颈龟、陆龟、中华鳖等。龟鳖类拥有坚固的外壳，在受到外界袭击的时候会把柔软的四肢、尾巴、头等缩回到甲壳内，保护自己。多

图 7-1-2 巴西龟

数龟鳖类是肉食动物，一般能够水陆两栖，也有龟鳖类常年生活在海中，即海龟。龟鳖类是长寿动物，现存的自然界中就有年龄超过百年的龟鳖类。很多龟鳖类动物都已经濒临灭绝，如斑鳖（极危）、玳瑁（极危）、卡罗莱纳箱龟（易危）。

（3）蛇类

蛇类的别名为小龙、有鳞目等。蛇类身体细长，整个身体分为头、躯干、尾3个部分，一般无四肢，或者在横裂的泄殖孔两侧有爪状的后肢遗迹。蛇类头部各异，周身都披有鳞片，鼻孔大多数位于吻侧。蛇类的性别仅从外形很难分辨，一般雄蛇尾部较长。蛇类的栖息环境是多样化的，包括穴洞、地下、地面、树上、水中等。蛇类自身的体温调节机制不完善，是一种变温动物。蛇类都是肉食性动物，食物种类分布在全球南、北极之外的所有地方。根据 *The Reotile Database* 记载，全球共有4000余种蛇，我国有310余种。常见的蛇类有眼镜蛇、蝰蛇、蝮蛇、竹叶青、蟒蛇、森蚺、水蛇、海蛇等。蟒蛇在我国属于国家二级保护野生动物，莽山原矛头蝮更是珍稀濒危物种。

（4）鳄类

鳄类与恐龙类是近亲，从1.4亿年前就已经生活在地球上。鳄类是一种长嘴的爬行动物，身体长度为3~6m。头部一般较为扁平，吻和尾部很长，四肢短小，体被有角质鳞。作为爬行动物，鳄类也会爬到岸边晒太阳。鳄类是肉食性动物，主要食物为鱼、乌龟、哺乳动物等，大型鳄类会对人类、家畜等发起攻击。主要分布地区有亚洲、美洲、澳大利亚。珍稀鳄类的代表是扬子鳄，有"活化石"之称，已经在地球上存活了2亿多年。扬子鳄为中国特有。

4. 爬行动物检索表

爬行动物检索表是鉴定、识别爬行动物的工具。编制爬行动物检索表，首先要认真观察、比较爬行动物的特征，在深入了解各种爬行动物特征之后，再列出相似特征和区别特征的比较表，同时确定各类爬行动物之间最突出和稳定的区别，依主要、次要特征进行排列，最后编制成不同界、门、纲、目、科、属、种等分类单位的检索表。

使用爬行动物检索表时，先用分目检索表检索出所属的目，然后用该目的分科检索表检索到科，再用该科的分属检索表检索到属，最后用该属的分种检索表检索到种。

巩固训练

1. 选择题

（1）（　　）是肉食性动物，主要食物为鱼、乌龟、哺乳动物等，主要分布地区有亚洲、美洲、澳大利亚。

A. 蜥蜴　　　　　　B. 龟鳖　　　　　　C. 蛇　　　　　　D. 鳄

（2）爬行动物的身体可分为（　　）。

A. 头部　　　　　　B. 躯干　　　　　　C. 四肢

D. 尾部　　　　　　E. 腹部

2. 填空题

（1）爬行动物的活动具有鲜明的_____特征，_____是爬行动物活动十分活跃的时期。

（2）珍稀鳄类的代表是_____，拥有_____之称，为中国特有。

3. 问答题

（1）简述常见蛇类及其特点。

（2）简述爬行动物的身体组成及特征。

任务7-2　鸟类研学课程教学

任务指导书

☞ 任务目标

掌握鸟类研学课程教学知识要点和实操的基本技能；能够胜任鸟类研学课程行前、行中、行后等不同环节以及参观式、体验式、探究式等不同课程类型的教学工作；能够根据不同教学情境和教学要求优化鸟类研学课程方案并组织实施。

☞ 任务描述

利用搜索引擎、网络文献数据库、图书馆等收集鸟类相关文献资料，加强对有关理论知识的学习，掌握鸟类研学课程知识要点和基本教学技能，开展鸟类研学课程教学设计与实操。

☞ 任务实施

1. 课程教学准备

(1)熟悉鸟类研学课程基本信息，进行课程需求调研分析，了解学校基本情况和对研学课程的目标定位及预期成效，确定学校对研学课程的实际需求。

(2)进行学情分析，了解学生基本情况、知识掌握情况、身心和情感特征以及生活经验等。

(3)完善鸟类研学课程方案，确定研学主题、研学目标、教学内容、课程重难点和风险点。

(4)做好课程知识、教学资源、教学工具、个人形象与心理等准备工作，确定好行程安排和其他保障准备工作，编制鸟类研学课程介绍并确认行程安排。

示例：

鸟类研学课程介绍	
项　　目	内　　容
课程主题	趣味观鸟，保护森林精灵
课程背景	我国的自然生态环境日渐向好，鸟类栖息环境得到改善，促进了鸟类种群和数量的不断增长。目前，我国绝大多数鸟类的野生种群正在恢复性增长，部分极度濒危鸟类已经摆脱灭绝风险，观鸟地点和各地举办的观鸟活动不断增多，加上学生对鸟类充满了兴趣和好奇，观鸟正逐步成为中小学研学活动的热点
研学对象	中小学生
研学时长	1天
学情分析	本学段学生对自然充满好奇，同时积累了一定的自然知识，可以借助望远镜以观察为探究手段，激发学生的观鸟兴趣，引导学生发现鸟类趣事，并进行鸟类绘画、鸟窝制作、鸟类形态剪纸、鸟类黏土制作等创作活动。本学段的学生存在着好动、纪律性不足、自我保护意识差、自然环境活动经验不足等问题，需要在教学过程中加以正面引导，做好风险防范
课程目标	了解鸟类身体的基本结构；了解鸟类的行为
	掌握鸟类六大生态类群；掌握鸟类主要特征的记录方法；掌握观鸟手册的使用方法，认识观察到的鸟类
	提升学生的探索能力、观察能力、创造能力和审美能力；提升学生保护生态环境的意识
课程要点	重点：常见鸟类的辨识
	难点：描述鸟类主要特征和准确使用观鸟手册
	风险点：野外活动中被带刺植物扎伤、蜂类蜇伤或蛇类咬伤
知识准备	鸟类相关知识、鸟类绘画知识
教学工具	研学基地(营地)常见鸟类的标本或者图片、鸟类解剖图、U盘、扩音器、观鸟手册、A4纸、素描纸、纸巾等

鸟类研学课程行程安排

研学服务机构：＿＿＿＿＿＿＿＿＿＿＿ 日期：＿＿＿＿年＿＿月＿＿日

时　段	内　容
8:00	在学校集合，前往森林研学基地(营地)
9:00～10:00 (课时1)	认识鸟类： 了解鸟的身体结构；区别中国鸟类六大生态类群；了解鸟儿的求偶、自卫、觅食、自我清理、迁徙等有趣行为
10:00～11:00 (课时2)	学习鸟类救护知识： 学习遇到受伤的鸟应该如何救护
11:00～12:00 (课时3)	学会观鸟： 辨识常见鸟类；学会使用望远镜，培养观鸟兴趣
12:00～14:00	午餐及午休
14:00～15:00 (课时4)	欣赏鸟类标本，了解鸟类标本制作： 通过标本认识更多的鸟类，了解鸟类标本的制作方法
15:00～16:00 (课时5)	鸟类绘画或鸟窝制作： 现场学习鸟类绘画；或者学习鸟窝制作，动手制作鸟窝
16:00～16:30	作品展示交流、自由活动
16:30	发放研学证书、合影、返回学校
服务保障	用餐(略)
	交通(略)
安全保障	研学旅行指导师：××× 队医：×××
注意事项	行前： 研学旅行指导师指导学生按照森林研学手册(学生版)的要求做好知识和物品准备，按时到达集合点乘车
	行中： 乘车要求：自觉排队，有序上车，系好安全带；车辆行驶途中不得擅自离开座位在走道上随意走动，不要把头、手伸出窗外；不大声喧哗，保持车上卫生。 研学要求：坚持安全第一，服从安排；跟着研学旅行指导师的路线有序行进，不追逐打闹；认真听研学旅行指导师的讲解，按要求填写研学手册；有集体观念，统一行动，互相帮助，不擅自离队；不接受陌生人的食物和饮水，遇到有人搭讪或纠缠要立刻向教师和研学旅行指导师报告。 就餐要求：餐前要洗手，不抢先，不挑食，吃饭和上菜时注意避免被烫伤
	行后： 按要求完成研学日志或心得等；与家长、朋友分享研学所看、所学、所获等；根据自己的兴趣，进一步查找对应资料或向教师请教，提升研学效果

2. 课程教学导入

在前往研学地点的车上，可指导学生预习研学内容，启发学生带着问题去思考研学内容。提出的问题主要来自森林研学手册(学生版)，可采用设问、质疑或讲故事、列举案例等手段引起学生的好奇心，进而引出课程。课程教学导入不需要讲授课程内容，可以讲解有关拓展知识，为正式研学课程教学做铺垫。

示例：

在前往研学基地(营地)的车上，教师和学生进行互动。

教师："各位同学，大家请听我诵读一首诗：谁道群生性命微，一般骨肉一般皮；劝君莫打枝头鸟，子在巢中望母归。大家知道这首诗表达了什么吗？"

学生："表达了作者希望大家一起爱护鸟类，否则母鸟死了，幼鸟失去了母亲非常可怜，会被饿死。"

教师："非常棒！所以我们一定要保护好鸟类。大家知道为什么大部分的鸟能在天空飞翔吗？"

学生："知道，鸟儿有一对轻盈的翅膀。"

教师："这可能是其中的一个原因，这里面可蕴含着不少自然科学知识呢。今天我们将到×××森林研学基地(营地)进行'趣味观鸟，保护森林精灵'的研学课程学习。我们将一起学习鸟类的身体结构相关知识，大家就知道为什么鸟类能在天空中飞翔了。另外，我们还将了解鸟类的行为，参观鸟类标本馆，辨识常见鸟类，并现场进行鸟类绘画或者制作鸟窝，大家期待吗？"(同时现场展示鸟类的画册)

学生："期待！"(鼓掌)

如果路程比较远，可以在车上玩鸟类相关诗句接龙的游戏。

3. 课程教学实施

根据课程需求、学情分析和课程教学内容，确定各教学环节的教学目标、教学方法。在此基础上结合教学场地实际，确定教学实施过程，设计每个教学环节的教学步骤，最终完成课程教学任务。

示例：

鸟类研学课程教学实施过程

教学环节	教学目标	教学方法	实施步骤
课时1　认识鸟类	了解鸟类的身体结构；区别中国鸟类六大生态类群；了解鸟儿的觅食、求偶、产卵、育雏等有趣行为	演示法、讲授法、观察法	①演示并讲授鸟类的身体结构；②演示并讲授鸟类六大生态类群以及对应的典型鸟类；③演示并讲授鸟类的各种有趣行为
课时2　学习鸟类救护知识	学习遇到受伤的鸟应该如何救护	演示法、讲授法、观察法	①提出问题"遇上鸟儿受伤了我们应该怎么办？"，学生分组进行讨论，并总结答案；②讲解鸟类救护知识，总结救护要点和注意事项

（续）

教学环节	教学目标	教学方法	实施步骤
课时3 学会观鸟	辨识常见鸟类；学会使用望远镜，培养学生的观鸟兴趣	演示法、讲授法、观察法	①讲解观鸟手册中本研学基地(营地)10种常见的鸟类，并详细讲解鸟类的突出特征； ②讲解望远镜的使用方法，指导学生正确观鸟，学生根据教师口述的鸟类特征正确寻找到对应的鸟类； ③学生自由观鸟，了解鸟类生存环境、生态习性和主要特征并完成观鸟手册，教师进行纠正和指导
课时4 欣赏鸟类标本，了解鸟类标本制作	掌握鸟类标本制作的具体方法	演示法、讲授法	①带领学生参观研学基地(营地)博物馆展示的鸟类标本，进一步加深学生对鸟类识别相关知识的掌握； ②以视频或者现场演示等方式讲解鸟类标本的制作过程和方法(由于鸟类标本的制作过程中需要使用一些危险的试剂，所以只让学生观看制作过程，不动手实践)
课时5 鸟类绘画或鸟窝制作	根据个人喜好掌握一种艺术创作方法(鸟类绘画或者鸟窝制作)	演示法、讲授法	①演示并讲授鸟类绘画、鸟窝制作的要点； ②学生根据自己的兴趣爱好进行艺术创作，教师进行纠正和指导； ③对学生作品进行点评，评选出优秀作品

4. 课程教学评价

为了评价课程教学效果，教师应对学生进行过程性和总结性评价，作为学校评价学生学习效果的依据，同时也是研学服务机构做好教学总结、改进教学方法、优化课程内容的重要手段。此外，对于研学课程实施过程中产生的优秀作品、作业等要进行展示交流。

示例：

鸟类研学课程学习评价表

姓名：_____　　学号：_____　　班级：_____　　学校：_____　　日期：_____

项　目	评价等级			
	努力达成	合格	良好	优秀
鸟类基本知识掌握				
鸟类辨识				
观鸟表现				
创作的表现				

鸟类研学课程研学行为评价表

姓名：_____　　学号：_____　　班级：_____　　学校：_____　　日期：_____

项　目	观测点	自评	督导员评价	研学旅行指导师评价
安全行为	擅自离开团队	是/否	优秀/良好/合格/努力达成	优秀/良好/合格/努力达成
	擅自到水边或水井边玩耍	是/否		
	擅自玩火	是/否		
	携带危险物品	是/否		
	擅自逗狗、逗猫或其他野生动物	是/否		
	追逐打闹	是/否		
环保行为	使用一次性用品	是/否	优秀/良好/合格/努力达成	优秀/良好/合格/努力达成
	乱扔垃圾	是/否		
	随地吐痰	是/否		
	攀折花木	是/否		
纪律行为	迟到	是/否	优秀/良好/合格/努力达成	优秀/良好/合格/努力达成
	早退	是/否		
	做与研学无关的事情	是/否		
	毁坏活动设施	是/否		
	在景物上刻画	是/否		
	用语不文明	是/否		
研学行为	主动完成研学任务	是/否	优秀/良好/合格/努力达成	优秀/良好/合格/努力达成
	主动参与分享	是/否		
	研学报告生动、有创意	是/否		
自我总结与评价：			整体评价：优秀/良好/合格/努力达成	整体评价：优秀/良好/合格/努力达成

鸟类研学课程小组活动表现评价表

项　　目	关键评估点	赋分	得分
团队纪律	遵守各项作息制度，不迟到或早退	20	
团队协作	互相帮助，互相鼓舞，共同进步	20	
团队参与度	态度认真，准备充分，积极参与活动	20	
团队成果	成果丰富、有创意	40	
合　　计		100	

鸟类研学课程研学旅行指导师教学评价表

项目	关键评估点	赋分	得分
内容	内容有趣，能让学生积极参与	15	
	能锻炼实际的动手能力	15	
	讲解通俗易懂，能让学生都理解	10	
管理	准备充分	10	
	时间安排合理，研学过程不拖沓	10	
	能及时协调处理各种突发事件	10	
素质	能进行激励性评价	10	
	公平、公正地对待每一名学生	10	
安全	认真负责，时时将学生的安全放在首位	10	
合　　计		100	

☞ 考核评价

根据表 7-2-1 对任务实施过程和结果进行评价。

表 7-2-1　评价表

评价指标	评价标准	赋分	教师评价得分（占 70%）	学生互评得分（占 30%）	综合得分
学习素养	按时出勤，不迟到或早退，不旷课	5			
	积极发言，参与课堂互动	10			
	按时、按质完成作业，不迟交、不漏交	5			
专业知识	掌握鸟类基础知识	20			
	掌握研学课程教学实操的要点	20			

（续）

评价指标	评价标准	赋分	教师评价得分（占70%）	学生互评得分（占30%）	综合得分
教学能力	仪容、仪表整洁大方，礼仪规范，语言表达流畅	5			
	能够熟练运用有关教学工具	10			
	能够熟练辨识常见鸟类，制作鸟类标本、鸟窝，掌握鸟类绘画技能	15			
	能够熟练开展鸟类研学课程教学实操	10			
合　计		100			

知识链接

　　鸟是飞禽的总称。鸟类是最初从爬行动物逐渐演化发展而来的高等脊椎动物，多能飞，是卵生恒温动物。鸟类身体表面覆盖着羽毛，是唯一长着羽毛的动物。羽毛既有利于鸟类展翅飞翔，又有利于鸟类保暖。鸟的前肢进化为翼，后肢用于栖止。

1. 鸟的分类

(1) 按形态特征和生活习性划分

鸟类可分为鸣禽、陆禽、游禽、涉禽、猛禽和攀禽六大生态类群。

　　①鸣禽　是雀形目鸟类多个属中的小型鸟类，是天生的"歌手"。其种类较多，有100科，分布很广泛，可适应多样的生态环境，所以它们的外部形态复杂多变，彼此的差异也很明显，外形和大小都不相同（图7-2-1、图7-2-2）。发声器官很发达是鸣禽的共同特征。它们嘴较小，都善于鸣叫，鸣声大多婉转悦耳。羽毛华丽，脚短而强。大部分鸣禽为候鸟。多数种类的鸣禽树栖生活，少数种类地栖生活。

图 7-2-1　黑尾蜡嘴雀

图 7-2-2　震旦鸦雀

　　②陆禽　也称为走禽，主要在陆地上栖息，不适于远距离飞行，包括鸽形目以及鸡形目的所有种类。很多走禽的翼短小，翅膀退化，失去了飞翔的能力。它们的脚长而强大，下肢比较发达，前趾和后趾可对握，适合栖息在树枝上，嘴较短，大部分结群生活，一般在地面活动和觅食。常见的走禽有鸵鸟、原鸡、鹌鹑等。大部分走禽种类为留鸟，只有少数种类为候鸟。

③游禽　包含雁形目、企鹅目、潜鸟目、鹲形目、鹱鹲目、鹈形目和鸥形目中的所有种类，常见的有鸭（图7-2-3）、雁（图7-2-4）、天鹅等，体型相差较大。游禽喜欢在水面上游泳和潜水。它们的脚向后伸，趾间均生长着肉质的脚蹼，适合游泳；嘴扁阔或尖，方便在水中抓取食物；身上覆盖着厚而浓密的羽毛，保暖效果较好。大部分游禽不善于行走，但飞翔速度较快。

图7-2-3　青头潜鸭

图7-2-4　白额雁

④涉禽　指适应在沼泽和水边栖息生活的鸟类，大多分布在湿地或沿海，但是不包括海边有蹼的海鸟。涉禽包括鹭类（图7-2-5）、鹤类（图7-2-6）、鹳类和鹮类等，其体型大小相差较大。涉禽有"三长"，即嘴长、颈长和脚长，这是它们比较明显的特征。涉禽不善于游泳，足蹼位于趾间的基部，可增加与地面的接触面积，有助于在湿地上活动，涉水而行。有些种类如秧鸡，脚趾细而且长，可以在荷叶或浮萍上快速行走。它们一般从污泥中或水底取得食物，休息时经常用一只脚站立。

图7-2-5　白琵鹭

图7-2-6　丹顶鹤

⑤猛禽　涵盖隼形目和鸮形目的所有种类，包括鹰、雕、鹗、鸢、鹫、隼、鹞、鸮等，都是掠食性鸟类，数量比其他类群少，却处于食物链的顶层。它们大多性情凶猛，翅膀较大，擅长飞翔；强大的嘴呈钩状，脚生有锐爪，强而有力，视力良好。猛禽分布广泛，除南极洲以外均有分布，多在高山草原和针叶林地区生活。捕食鼠、蛇、兔和其他鸟类等，因此很多猛禽都是益鸟。鉴于很多猛禽正濒临灭绝，我国将隼形目和鸮形目中的所有种类均列为国家级保护动物。

⑥攀禽　涵盖鹦形目、雨燕目、鹃形目、咬鹃目、鼠鸟目、夜鹰目、鴷形目和佛法僧

目的鸟类。它们的脚短而强健，脚趾两个向前，另两个向后，有利于攀缘树木，这是攀禽最明显的特征。攀禽的翅膀一般为圆形或近圆形，因此很多攀禽不善于飞行，尤其不善于长距离飞行。大多数攀禽选择独栖，主要在有树木的平原、山地或者悬崖附近活动。攀禽的食性较杂，食物包括昆虫、昆虫幼虫、植物果实和种子以及鱼类等。大部分的攀禽属于留鸟。其中的夜鹰目鸟类为夜行性鸟类。

（2）按迁徙习性划分

鸟类可分为留鸟和候鸟。

①留鸟　是指没有迁徙行为的鸟类，常年居住在出生地，如喜鹊、麻雀等。大部分的留鸟可能终生都不离开它们的巢区，一些留鸟则会进行不定向的短距离迁移。以乌鸦为例，它们在冬季时会向城市中心聚集，在城市中心越冬，到了夏季，则会分散到郊区或山区生活。而雪鸡则会根据季节变化在高、低海拔间进行迁移，它们在夏季时会转移到雪线上的区域生活，冬季则下降到灌丛带以下甚至云杉林中生活。

②候鸟　是指那些有迁徙行为的鸟类。它们总是在春季和秋季沿着固定路线在繁殖地和避寒地之间往返，如家燕、天鹅等。鸿雁、鹭、鹤等体型较大的鸟类在迁徙飞行时多排成"人"字形或"一"字形，雀形目鸟类及小型鸟类在迁徙时一般采用封闭群，其数量不一，数量多的如虎皮鹦鹉能结成上万只的大群飞行。北极燕鸥在北极地区繁衍后代，在南极海岸越冬，它们的迁徙全程逾4000千米，是已知的动物中迁徙距离最远的。鸟类在迁徙时一般的飞行高度为几百米，少数鸟类如大天鹅能够飞越珠穆朗玛峰，飞行高度最高可达9千米以上。

> 👉**小贴士**
>
> 　　鸟类在迁徙时经过某个地区，但是不在这个地区繁殖后代或越冬，对于这个地区而言，这样的鸟种便可以称为旅鸟。
>
> 　　个别鸟类在迁徙过程中，由于狂风、暴雨等恶劣的天气或其他自然原因偏离了自己的迁徙路线，最终出现在了本来不该出现的地方，对于这个地区而言，这样的鸟便是迷鸟。

2. 鸟类的行为

仔细观察鸟类，会发现它们有许多行为，这些都是对于它们的生存而言非常重要的行为。

①求偶　鸟类为了繁衍后代，雄鸟和雌鸟配对，产卵、育雏。雄鸟会采用各种各样的方法来求偶，如向雌鸟展示自己美丽的羽毛、做出不同寻常的举动、鸣啭、给雌鸟赠送食物作为礼物，等等。

②自卫　鸟类在遇到危险的时候，一般能够立刻飞走脱离险境。但是当巢穴中有鸟卵或雏鸟或是突然受到攻击的时候，许多鸟类会将自己的羽毛鼓起使体型变大来恐吓敌人，或者与周围的景色融为一体以迷惑对方。

③觅食　鸟类一般栖息在海边、河边、池塘边、树林等地带。在这些地方，它们用喙或者爪等寻找、捕捉自己喜爱的各种各样的食物而生存下来。

④自我清洁　鸟类用自己的喙尖或者爪来整理羽毛，称为整羽。它们通过用水、沙冲洗及晒太阳等方式进行自我清洁以防止寄生虫寄生，保持身体健康。

⑤迁徙 很多鸟类在不同的季节会更换栖息地，无论是从营巢地区转移到越冬地区，还是从越冬地区回到营巢地区，这种季节性的行为都属于鸟类的迁徙。不仅是鸟类，一些蝴蝶、海龟、海豹等也有季节性的迁徙行为。鸟类迁徙的原因较多，一般是为了躲避恶劣的环境和天敌，寻找食物和合适的繁殖地等，这是鸟类在大自然环境中生存的本能反应。

3. 鸟类救助基础知识

如果看到鸟类受伤，首先要判断它是成鸟还是雏鸟。如果是雏鸟，它可能在接受训练，学习飞行，这是鸟类成长过程中必须经历的阶段，并不需要人类的帮助，因此不要去动它，它的父母会来寻找它的。如果遇到生病或受伤的雏鸟，而且旁边的环境很危险，可以向野生动物机构求助，切记不要收养，因为雏鸟的父母才是它成长中最好的老师。如果发现成鸟受伤，不要急着靠近、捕捉、喂食，要先观察，确定伤病鸟的种类和数量、发现伤病鸟的具体位置，以及是否有环志。在不惊扰它们的前提下拍摄照片，并立刻向野生动物救护机构报告。不要贸然给受伤的鸟类喂食，但是可以少量多次喂水，注意水的流速和流量，避免二次创伤。接触伤鸟时，务必注意人身安全。对于小型鸟类，可以让它的两翼贴着它的身体，背部靠近人的手掌，用食指与中指夹住它的脖子进行固定。救助人员不宜用力太大，以免引起呼吸系统的问题。对于大型鸟类，可以用外套把它的身体包裹起来，用袜子罩住头部，将其背向抱起，注意避开腿部和喙部的同时，固定它们。如果伤鸟正在流血，可以使用棉签、纱布等压住出血口。若伤鸟有明显的骨折脱臼等症状，应尽可能利用毛巾、围巾等物品将其包紧，防止再次受到伤害，并转运救治。转运时不要使用鸟笼，应使用长约为鸟体长 1.5 倍的纸箱，在纸箱上挖几个洞，便于通气和观察。若鸟的体型过大，也可以采取衣物包裹的形式运输。如果伤病鸟所处的位置不易接近，可向当地消防部门寻求帮助。在救助大型鸟类和猛禽时，尽量求助野生动物救护机构。

巩固训练

1. 选择题

(1)在城市里，每年冬天都会见到一群群的乌鸦，白天飞到郊区觅食，黄昏回到城里过夜，到了春天则到远郊山林繁殖，它们属于城市里的(   )。

A. 旅鸟   B. 冬候鸟   C. 留鸟   D. 夏候鸟

(2)在迁徙飞行时多呈"人"字形或"一"字形的候鸟有(   )。

A. 鸿雁   B. 鹭   C. 鹤   D. 家燕

2. 填空题

(1)鸟类按形态特征和生活习性可分为_____、走禽、_____、_____、猛禽和攀禽六大生态类群。

(2)披羽既有利于鸟类展翅飞翔，又有利于鸟类_____。

3. 问答题

(1)如何救助鸟类？

(2)鸟类按形态特征和生活习性可分为哪些生态类群？

任务7-3 昆虫研学课程教学

任务指导书

☞ 任务目标

了解昆虫研学课程教学知识要点；掌握昆虫研学课程行前、行中、行后等不同环节以及参观式、体验式、探究式等不同课程类型的教学工作要点；能够根据不同教学情境和教学要求优化昆虫研学课程方案并组织实施。

☞ 任务描述

利用搜索引擎、网络文献数据库、图书馆等收集昆虫相关文献资料，加强对有关理论知识的学习，掌握昆虫研学课程知识要点和基本教学技能，开展昆虫研学课程教学设计与实操。

☞ 任务实施

1. 课程教学准备

(1)进行调研分析，确定市场、从业人员、学校对昆虫研学课程实际需求。

(2)广泛征求学生意见，了解学生基本知识掌握情况等。

(3)完善昆虫研学课程方案，做好课程相关准备工作，编制昆虫研学课程介绍并确认行程安排。

示例：

昆虫研学课程介绍	
项　　目	内　　容
课程主题	无处不在的昆虫
课程背景	昆虫是大自然中的常见生物，也是世界上数量最多的生物。虽然昆虫在人们生活中不太起眼，但它们在维护生态平衡方面具有重要作用，对于植物授粉、动物尸体分解和土壤处理均具有不可替代性。昆虫的存在与人类生存息息相关，如果没有昆虫的授粉，那么全世界的农业将遭受严重损失。本研学课程引导学生通过观察感受昆虫的无处不在，引导学生提出问题并做出猜想，小心求证，培养学生大胆假设的探究精神
研学对象	小学四至六年级学生
研学时长	1天

（续）

项 目	内 容
学情分析	本学段学生对自然充满好奇，同时积累了一定的自然知识，可以通过自然观察等方式引导学生认识蝴蝶、飞蛾、甲壳虫、金蝉、金龟子等昆虫，并制作蝴蝶标本，促进学生对自然界的深入了解。由于本学段学生年龄较小，因此对于学生在自然环境活动中可能遇到的问题，在教学过程中要加以正面引导，做好风险防范
课程目标	了解常见昆虫的身体构造和各部位的功能，以及昆虫的不同种类，增进对昆虫的了解；能够辨别常见昆虫四大目下 10 种左右的昆虫。对每个目下的昆虫能够说出它们的主要特征，体验昆虫考察的乐趣
	掌握观察昆虫的基本工具的使用方法；掌握昆虫检索表的使用方法；掌握蝴蝶标本制作方法、昆虫画法和技巧
	提升学生的探索能力、观察能力、创造能力和审美能力；提升学生对生命的认知，引导学生对人与自然和谐共处进行深入思考
课程要点	重点：部分昆虫体型较小，观察中需要仔细、认真以及使用放大镜
	难点：昆虫检索表的使用
	风险点：学生观察昆虫时，可能会被某些昆虫叮咬
知识准备	昆虫相关知识、蝴蝶标本制作方法和步骤、昆虫画法和技巧
教学工具	扩音器、昆虫检索表、干燥的蝴蝶虫体、三级台、展翅板、昆虫针(0~5 号针)、大头针、纸带、还软器、镊子、标本盒、标签、马克笔、A4 纸、铅笔、橡皮、放大镜

昆虫研学课程行程安排

研学服务机构：_____　　　　　　　　　　　　　日期：_____年___月___日

时 段	内 容
8：00	在学校集合，前往研学基地（营地）
9：00~10：00（课时 1）	初识昆虫：科普讲座"生活中无处不在的昆虫"
10：00~11：00（课时 2）	鞘翅目、鳞翅目昆虫辨识：辨识常见鞘翅目、鳞翅目昆虫，掌握其特征、生态习性和主要用途等
11：00~12：00（课时 3）	膜翅目、双翅目昆虫辨识：辨识常见膜翅目、双翅目昆虫，掌握其特征、生态习性等
12：00~14：00	午餐及午休
14：00~15：00（课时 4）	蝴蝶标本制作：现场观察蝴蝶标本的制作
15：00~16：00（课时 5）	昆虫画制作：现场以昆虫为主题开展绘画创作

(续)

时　段	内　容
16：00~16：30	作品展示交流、自由活动
16：30	发放研学证书、合影、返回学校
服务保障	用餐(略)
	交通(略)
安全保障	研学旅行指导师：×××
	队医：×××
注意事项	**行前：** 研学旅行指导师指导学生按照森林研学手册(学生版)的要求做好知识和物品准备，按时到达集合点乘车
	行中： 乘车要求：自觉排队，有序上车，系好安全带；车辆行驶途中不得擅自离开座位在走道上随意走动，不要把头、手伸出窗外；不大声喧哗，保持车上卫生。 研学要求：坚持安全第一，服从安排；跟着研学旅行指导师的路线有序进行研学，不追逐打闹；认真听研学旅行指导师的讲解，按要求填写研学手册；有集体观念，统一行动，互相帮助，不擅自离队；不接受陌生人的食物和饮水，遇到有人搭讪或纠缠要立刻向教师和研学旅行指导师报告。 就餐要求：餐前要洗手，不抢先，不挑食，吃饭和上菜时注意避免被烫伤
	行后： 按要求完成研学日志或心得等；与家长、朋友分享研学所看、所学、所获等；根据自己的兴趣，进一步查找对应资料或向教师请教，提升研学效果

2. 课程教学导入

在前往研学地点的车上进行分组，启发学生带着问题思考研学手册的内容。课程教学导入主要为正式研学课程教学做铺垫，不需要讲授课程内容。列举生活中常见的昆虫，引起学生的好奇心，调动现场气氛。

示例：

在前往研学基地(营地)的车上，教师和学生进行互动。

教师："各位同学，我们常在大自然中见到这样一些情景：蝴蝶在花间起舞，蜻蜓在荷间嬉戏，蝈蝈在田间地头跳跃……大家对这些情景熟悉吗?"

学生："熟悉!"

教师："这些蝴蝶、蜻蜓、蝈蝈有一个统一的名字——昆虫。大家知道哪些是益虫，哪些是害虫吗?"

学生："蜻蜓是益虫……"(学生有的答对了，也有的答错了)

教师："有的同学对昆虫了解较多，有的同学对昆虫了解较少。今天我们将到×××昆虫研究所进行'无处不在的昆虫'的研学课程学习。大家期待吗?"

学生："期待!"(鼓掌)

3. 课程教学实施

根据课程需求、学情分析和课程教学内容，确定各教学环节的教学目标、教学方法。在此基础上结合教学场地实际，确定教学实施过程，设计每个教学环节的教学步骤，最终完成课程教学任务。

示例：

昆虫研学课程教学实施过程

教学环节	教学目标	教学方法	实施步骤
课时1 初识昆虫	了解昆虫的基本结构；掌握昆虫基本类群；掌握观察昆虫的工具和昆虫检索表的使用方法	演示法、讲授法、观察法	①演示并讲授昆虫的基本结构，包括头部、胸部、腹部的功能和作用；②演示并讲授观察昆虫的基本工具；③讲授昆虫的四大目，包括鞘翅目、鳞翅目、膜翅目、双翅目；④演示并讲授昆虫检索表的使用方法；⑤指导学生代表现场使用昆虫检索表检索昆虫；⑥讲授生态系统相关知识
课时2 鞘翅目、鳞翅目昆虫辨识	能够清晰地辨识鞘翅目、鳞翅目的昆虫，了解其特征、生存环境、生态习性和主要用途	演示法、讲授法、观察法	①讲解鞘翅目、鳞翅目昆虫的形态，包括头部、胸部、腹部；②讲解10~20种常见鞘翅目、鳞翅目昆虫的特征和辨识要点，分析10种以上鞘翅目、鳞翅目昆虫的生态习性；③学生代表现场辨识鞘翅目、鳞翅目昆虫，讲解其生存环境、生态习性，教师进行纠正和指导
课时3 膜翅目、双翅目昆虫辨识	能够清晰地辨识膜翅目、双翅目昆虫，掌握其特征、生存环境、生态习性和主要用途	演示法、讲授法、观察法	①讲解膜翅目、双翅目昆虫的形态；②讲解10~20种常见膜翅目、双翅目昆虫的特征和辨识要点，分析膜翅目、双翅目昆虫的生存环境、生态习性；③学生代表现场辨识膜翅目、双翅目昆虫，讲解其生态习性，教师进行纠正和指导；④对比分析四大目下的20种昆虫，得出昆虫的主要特征，包括3对足、触角、外骨骼等
课时4 蝴蝶标本制作	能够演示或讲解昆虫针固定、大头针固定、还软器运用等蝴蝶标本制作的方法	演示法、讲授法	①演示并讲授制作蝴蝶标本的要点；②拿出准备好的教学工具，放置在三级台上；③从三角纸袋中取出干燥的蝴蝶虫体，捏住胸部，用镊子小心地分开其翅膀；④将昆虫针从蝴蝶背部刺入胸部大约2/3，然后将昆虫针垂直插入展翅板槽沟中，用展翅纸袋覆盖翅膀，并用大头针固定，最大限度地展开翅膀，然后调整头部，用昆虫针固定，最后把标本放入标本盒；⑤学生代表现场制作标本，教师进行纠正和指导；⑥全部学生现场进行蝴蝶标本制作，教师进行纠正和指导；⑦演示并讲授蝴蝶标本干燥、装订要点和有关注意事项，督促学生做好记录，并把制作好的标本放置到标本盒当中保存；⑧组织学生参观昆虫标本馆

(续)

教学环节	教学目标	教学方法	实施步骤
课时5 昆虫画制作	掌握昆虫画的绘制方法并能够指导学生绘制昆虫画	演示法、讲授法	①通过幻灯片，展示10~30种不同目的昆虫，然后引导学生进行生活环境的想象； ②选出一名或者多名学生代表现场开展昆虫绘画，并且自己发挥想象搭配生存环境，教师进行纠正和指导； ③全部学生选择自己喜欢的昆虫进行昆虫绘画； ④对学生作品进行点评，评选出优秀作品

4. 课程教学评价

为了评价课程教学效果，教师应对学生进行过程性和总结性评价，作为学校评价学生学习效果的依据，同时也是研学服务机构做好教学总结、改进教学方法、优化课程内容的重要手段。此外，对于研学课程实施过程中产生的优秀作品、作业等要进行展示交流。

示例：

昆虫研学课程学习评价表

姓名：_____　　　学号：_____　　　班级：_____　　　学校：_____　　　日期：_____

项　　目	评价等级			
	努力达成	合格	良好	优秀
昆虫基本知识掌握				
昆虫辨识				
蝴蝶标本制作				
昆虫画绘制				

昆虫研学课程研学行为评价表

姓名：_____　　　学号：_____　　　班级：_____　　　学校：_____　　　日期：_____

项　目	观测点	自评	督导员评价	研学旅行指导师评价
安全行为	擅自离开团队	是/否	优秀/良好/合格/努力达成	优秀/良好/合格/努力达成
	擅自到水边或水井边玩耍	是/否		
	擅自玩火	是/否		
	携带危险物品	是/否		
	擅自逗狗、逗猫或其他野生动物	是/否		
	追逐打闹	是/否		

（续）

项 目	观测点	自评	督导员评价	研学旅行指导师评价
环保行为	使用一次性用品	是/否	优秀/良好/合格/ 努力达成	优秀/良好/合格/ 努力达成
	乱扔垃圾	是/否		
	随地吐痰	是/否		
	攀折花木	是/否		
纪律行为	迟到	是/否	优秀/良好/合格/ 努力达成	优秀/良好/合格/ 努力达成
	早退	是/否		
	做与研学无关的事情	是/否		
	毁坏活动设施	是/否		
	在景物上刻画	是/否		
	用语不文明	是/否		
研学行为	主动完成研学任务	是/否	优秀/良好/合格/ 努力达成	优秀/良好/合格/ 努力达成
	主动参与分享	是/否		
	研学报告生动、有创意	是/否		
自我总结与评价：			整体评价： 优秀/良好/合格/ 努力达成	整体评价： 优秀/良好/合格/ 努力达成

昆虫研学课程小组活动表现评价表

项 目	关键评估点	赋分	得分
团队纪律	遵守各项作息制度，不迟到或早退	20	
团队协作	互相帮助，互相鼓励，共同进步	20	
团队参与度	态度认真，准备充分，积极参与活动	20	
团队成果	成果丰富有创意	40	
合　　计		100	

昆虫研学课程研学旅行指导师教学评价表

项目	关键评估点	赋分	得分
内容	内容有趣，能让学生积极参与	15	
	能锻炼实际的动手能力	15	
	讲解通俗易懂，能让学生都理解	10	
管理	准备充分	10	
	时间安排合理，研学过程不拖沓	10	
	能及时协调处理各种突发事件	10	
素质	能进行激励性评价	10	
	公平、公正地对待每一名学生	10	
安全	认真负责，时时将学生的安全放在首位	10	
合　计		100	

☞ **考核评价**

根据表 7-3-1 对任务实施过程和结果进行评价。

表 7-3-1　评价表

评价指标	评价标准	赋分	教师评价得分（占70%）	学生互评得分（占30%）	综合得分
学习素养	按时出勤，不迟到或早退，不旷课	5			
	积极发言，参与课堂互动	10			
	按时、按质完成作业，不迟交、不漏交	5			
专业知识	掌握昆虫基础知识	20			
	掌握研学课程教学实操的要点	20			
教学能力	仪容、仪表整洁大方，礼仪规范，语言表达流畅	5			
	能够熟练运用有关教学工具	10			
	能够熟练辨识常见昆虫，制作昆虫标本，掌握昆虫绘画技能	15			
	能够熟练开展昆虫研学课程教学实操	10			
合　计		100			

知识链接

昆虫是地球上种类最多的动物群体，昆虫的种类占地球生物种类的 50% 以上，即比世界上其他动物种类的总和还要多。在 21 世纪初期，人类能够认识的昆虫种类就已经达到 100 余万种。昆虫学家埃尔文 (Terry L. Erwin) 在对巴西马瑙斯的昆虫研究中推测，世界昆虫总数达到 3000 万种以上。因此，还有很多未知的昆虫需要人们去发现及研究。但是随着生态环境的不断恶化，部分昆虫还没有被人们认识就已经灭绝或者濒临灭绝。

昆虫在生物界的角色是极其重要的，既带来了益处，也带来了危害。虫媒花需要通过昆虫的活动其花粉才能够更好地得到传播，而蜜蜂采集的蜂蜜则是人们喜爱的食品。蝗虫给人们带来灾难，也成为很多地方的美食；蚊子、苍蝇不仅叮咬人、畜，而且会传播各种疾病。

昆虫的生存环境是多样化的，包括森林、海洋、沙漠等，几乎遍布在全球的各个角落。昆虫的生殖速度与温度密切相关，气候变暖能够促进昆虫的生长发育。但是，太热或者太冷都不利于昆虫的快速发育。

1. 昆虫的身体组成

昆虫的身体内没有骨骼，但是外面裹着由几丁质构成的壳，壳分节，有利于昆虫的运动。昆虫拥有 1 对触角、2 对翅膀、3 对足，昆虫触角上节的数目是昆虫鉴定的重要依据。

昆虫的身体可分为头部、胸部、腹部 3 个部分。

(1) 头部

昆虫身体的最前面是头部，由几个体节组成。头部有外壁坚硬的头壳。长在头部的触角是昆虫的感觉器官，它能够很好地帮助昆虫对前方信息进行探索，躲避障碍物，寻找食物、配偶，以及与同伴交流等。头部的口器则是昆虫的取食中心，不同种类昆虫的口器是不同的，有咀嚼式、刺吸式等。昆虫的眼睛分为单眼和复眼，复眼是由许多六角形的小眼组成的，多数昆虫有 1 对复眼、1~3 个背单眼。

(2) 胸部

昆虫的胸部可分为 3 个体节，即前胸、中胸、后胸。每个体节带有一对附肢，即胸足。胸足能够帮助昆虫实现挖、跳、捕捉等多种动作和任务。昆虫的前胸背部又称为前胸背板，这部分在昆虫身体中会被特别加固，另外的两个体节一般会带有一对翅膀。

(3) 腹部

昆虫的腹部含有身体的重要器官，如管状心脏、梯形神经、肠胃和生殖器官等。部分昆虫的"耳朵"也生长在腹部，便于感知周围环境中的声音。有些昆虫的腹部还分布有气管和气门。气管系统由逐级分支的气管组成，可将氧气输送到身体的各个部位。气门则是气管开口于体壁的特殊结构，相当于昆虫的"鼻孔"，有过滤和调节气流的作用。昆虫通过气管和气门进行气体交换，以获得满足其生存所需的氧气。

2. 昆虫的分类

昆虫种类繁多，体型各异，其中鞘翅目、鳞翅目、膜翅目、双翅目是昆虫纲中的四大目，其他还包括直翅目、广翅目、蜻蜓目等。

(1) 鞘翅目

鞘翅目昆虫即人们口中的"甲虫"，下分4亚目178科。鞘翅目昆虫最大的特点就是它们的翅上没有翅脉，因此称为鞘翅。目前，鞘翅目昆虫是最多的，大约有33万种，占昆虫总数的40%以上。中国现有鞘翅目昆虫7000多种，分布广，而且系统复杂。

鞘翅目昆虫的体型大小差异很大，但是它们都有共同的特点，即体壁坚硬，口器是咀嚼式，复眼发达，触角的形状繁多，胸足发达，腹足出现退化。鞘翅目昆虫的幼虫一般生活在隐蔽的场所，头部发达、坚硬。成年后的很多鞘翅目昆虫，静止的时候鞘翅的背部中央会并在一起形成一条直线。从经济学角度而言，鞘翅目昆虫是人们生产生活中十分重要的益虫和害虫。对人类农业生产有益的鞘翅目昆虫有瓢虫科、虎甲科等，对农业生产有害的鞘翅目昆虫则有叩头虫科、异丽金龟属、象虫总科等。日常中常见的鞘翅目昆虫有天牛、屎壳郎、吉丁虫、金龟子等。

(2) 鳞翅目

鳞翅目属于完全变态类昆虫。热带地区的鳞翅目昆虫种类最为繁多，目前已知的大约有20万种，我国有8000多种。鳞翅目昆虫最大的特点是翅、身体上覆有大量的鳞片，口器都是虹吸式。鳞翅目昆虫的幼虫多数在陆地生活，以植食性为主，少数为水生。

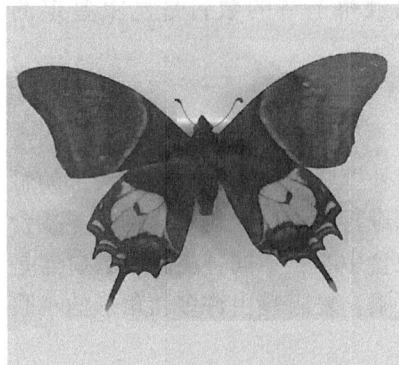

图 7-3-1 金斑喙凤蝶

绝大多数鳞翅目昆虫的幼虫会对各种植物造成损害。鳞翅目昆虫的幼虫多进食植物的叶片，有的甚至会进食植物的枝干，如地老虎、棉铃虫等的幼虫。它们在进食中还会通过卷叶、钻入植物组织等方式对植物造成伤害。鳞翅目昆虫成年后以花蜜、水为主要食物，多数是不会祸害果实的，而且有益于植物的授粉。部分会刺破桃、梨、柑橘等的果皮吸取果实内的果汁，从而对果实造成危害。从经济学角度而言，鳞翅目昆虫的幼虫带来的危害比鞘翅目要大。生活中常见的鳞翅目昆虫有蝴蝶（图 7-3-1）、飞蛾等。

(3) 膜翅目

膜翅目是低等完全变态类昆虫。目前世界上已知的膜翅目昆虫约有12万种，我国有2300多种。膜翅目昆虫同样分布在世界各地，其中以热带、亚热带地区分布的种类最多。膜翅目昆虫是昆虫中体型最小的一类，大多数体长为0.1~65毫米。它们的翅膀如同一层透明的膜一般，这是膜翅目名字的由来。多数膜翅目昆虫拥有2对翅，后翅大于前翅。生活中常见的膜翅目昆虫有蜜蜂、蚂蚁等。

膜翅目昆虫具有不同程度的社会生活习性。如蜜蜂，有蜂后专职负责产卵；又如蚂蚁，有专门的兵蚁负责保卫家园。蜜蜂、蚂蚁等膜翅目昆虫还有着发达的感官，用以接收和传递信息。

(4) 双翅目

双翅目是昆虫当中较为庞大的一个类群,分布在全球各个地区。目前全世界已知的双翅目昆虫约有 8.5 万种,我国有 4000 多种。双翅目昆虫的体型很少为大型,一般是小型或者中型。只有一对翅,后翅进化为棒槌状,用于平衡身体飞行。口器以刺吸式、舐吸式为主,部分双翅目昆虫的口器已经退化。双翅目昆虫的幼虫一般为长形、纺锤形、圆筒形等,表面光滑或者刻有纹路。幼虫的基本特征是:体分节,头有或无,口器不显著,眼常缺乏,无真正分节的足。根据幼虫头部发育情况,可分为全头型、半头型、无头型。幼虫的食性是杂食性,成虫的主要食物是花蜜、树汁、腐殖质等。双翅目昆虫的生活习性十分复杂,适应力极强,能够在陆地或水中生存,多数为白天活动,部分则是黄昏或者夜间活动。生活中常见的双翅目昆虫有果蝇、家蝇、寄生蝇等。

(5) 其他目

除了四大目外,昆虫还有 30 个目。如直翅目(已知有 2 万多种)、广翅目(仅有 300 多种)、蜻蜓目(全世界有 5000 多种)。所有昆虫的共同特征是拥有外骨骼、3 对足。生活中,很多昆虫为人们

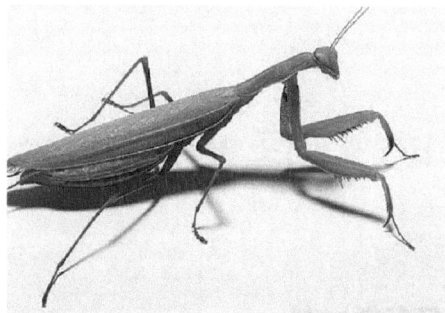

图 7-3-2　螳　螂

熟知,如螳螂(螳螂目,图 7-3-2)、蟑螂(蜚蠊目)、蜉蝣(蜉蝣目)等。

3. 昆虫检索表

昆虫检索表是鉴定、识别昆虫的工具。编制昆虫检索表,首先要认真观察、比较昆虫的特征,在深入了解各种昆虫的特征之后,再列出相似特征和区别特征的比较表,同时确定各类昆虫之间最突出和稳定的区别,依主要、次要特征进行排列,最后编制成不同界、门、纲、目、科、属、种等分类单位的检索表。

使用昆虫检索表时,先用分目检索表检索出所属的目,然后用该目的分科检索表检索到科,再用该科的分属检索表检索到属,最后用该属的分种检索表检索到种。

巩固训练

1. 选择题

(1)(　　)即人们口中的"甲虫",下分 4 亚目 178 科,最大的特点是它们的翅上没有翅脉。

A. 鞘翅目　　　　　B. 鳞翅目　　　　　C. 膜翅目　　　　　D. 双翅目

(2)昆虫的身体可分为(　　)。

A. 头部　　　　　B. 胸部　　　　　C. 腹部

D. 尾部　　　　　E. 感觉器官

2. 填空题

(1)_____是地球上种类最多的动物群体，占地球生物种类的50%以上。

(2)_____是昆虫里的第二大目，属于完全变态类，日常生活当中的_____和_____属于此类。

3. 问答题

(1)简述双翅目昆虫的特点、习性及分布情况。

(2)简述昆虫的身体组成及特点。

任务7-4 植物辨识研学课程教学

任务指导书

☞ 任务目标

掌握植物辨识研学课程教学知识要点和实操的基本技能；能够胜任植物辨识研学课程行前、行中、行后等不同环节以及参观式、体验式、探究式等不同课程类型的教学工作；能够根据不同教学情境和教学要求优化植物辨识研学课程方案并组织实施。

☞ 任务描述

利用搜索引擎、网络文献数据库、图书馆等收集植物相关文献资料，加强对有关理论知识的学习，掌握植物辨识研学课程知识要点和基本教学技能，开展植物辨识研学课程教学设计与实操。

☞ 任务实施

1. 课程教学准备

(1)熟悉植物辨识研学课程基本信息，进行课程需求调研分析，了解学校基本情况和对研学课程的目标定位及预期成效，确定学校对研学课程的实际需求。

(2)开展学情分析，了解学生基本情况、知识掌握情况、身心和情感特征以及生活经验等。

(3)完善植物辨识研学课程方案，确定研学主题、研学目标、教学内容、课程重难点和风险点。

(4)做好课程知识、教学资源、教学工具、个人形象与心理等准备工作，确定好行程安排和其他保障准备工作，编制植物辨识研学课程介绍并确认行程安排。

示例：

植物辨识研学课程介绍

项　　目	内　　容
课程主题	走进植物世界，感受自然仙境
课程意义	本研学课程的开展，有利于学生在大自然的课堂中陶冶自身情操，掌握植物有关知识，培养保护生态环境、爱护花草树木的意识
研学对象	小学四至六年级学生
研学时长	1 天
学情分析	本学段学生对自然充满好奇，同时积累了一定的自然知识，可以通过自然观察、植物问答等方式引导学生学习植物种类、形态、生长规律等知识，发现植物的特征及作用，并开展植物标本制作、树木种植和自然题材的创作活动。本学段学生存在着好动、纪律性不足、自我保护意识差、自然环境活动经验不足等问题，需要在教学过程中加以正面引导，做好风险防范
课程目标	了解常见植物的器官组成和不同器官的功能以及动植物共生相关知识，增进对自然的喜爱；辨识 10~20 种常见草本植物和木本植物，体验植物考察的乐趣
	掌握观察植物基本工具的使用方法；掌握植物检索表的使用方法；掌握植物标本和植物拓画制作技巧
	提升探索能力、观察能力、创造能力和审美能力；提升生态素养
课程要点	重点：常见草本植物和木本植物的辨识
	难点：植物检索表的使用
	风险点：学生观察、采集植物时可能被带刺植物扎伤、蜂类蜇伤或蛇类咬伤
知识准备	植物相关知识、植物标本制作和植物拓画制作相关知识
教学工具	扩音器、植物检索表、标本夹、草纸、A4 纸、素描纸、垫板、纸巾、小锤子

植物辨识研学课程行程安排

研学服务机构：＿＿＿＿＿＿＿＿＿＿＿　　　　　　　日期：＿＿＿＿年＿＿月＿＿日

时　段	内　　容
8:00	在学校集合，前往森林研学基地(营地)
9:00~10:00 (课时 1)	初识植物世界： 认识植物的器官及生长环境，了解植物分类相关知识
10:00~11:00 (课时 2)	草本植物辨识： 辨识常见草本植物，掌握其生物学特征、生态学特性和主要用途等
11:00~12:00 (课时 3)	木本植物辨识： 辨识常见木本植物，掌握其生物学特征、生态学特性和主要用途等

（续）

时　段	内　容
12:00~14:00	午餐及午休
14:00~15:00 （课时4）	植物标本制作： 现场学习制作植物标本
15:00~16:00 （课时5）	植物拓画制作： 现场学习制作植物拓画
16:00~16:30	作品展示交流、树叶辨别游戏、自由活动
16:30	发放研学证书、合影、返回学校
服务保障	用餐（略）
	交通（略）
安全保障	研学旅行指导师：××× 队医：×××
注意事项	行前： 研学旅行指导师指导学生按照森林研学手册（学生版）的要求做好知识和物品准备，按时到达集合点乘车
	行中： 乘车要求：自觉排队，有序上车，系好安全带；车辆行驶途中不得擅自离开座位在走道上随意走动，不要把头、手伸出窗外；不大声喧哗，保持车上卫生。 研学要求：坚持安全第一，服从安排；跟着研学旅行指导师的路线有序行进，不追逐打闹；认真听研学旅行指导师的讲解，按要求填写研学手册；有集体观念，统一行动，互相帮助，不擅自离队；不接受陌生人的食物和饮水，遇到有人搭讪或纠缠要立刻向教师和研学旅行指导师报告。 就餐要求：餐前要洗手，不抢先，不挑食，吃饭和上菜时注意避免被烫伤
	行后： 按要求完成研学日志或心得等；与家长、朋友分享研学所看、所学、所获等；根据自己的兴趣，进一步查找对应资料或向教师请教，提升研学效果

2. 课程教学导入

在前往研学地点的车上，可指导学生预习研学内容，启发学生带着问题去思考研学内容。提出的问题主要来自研学手册（学生版），可采用设问、质疑或讲故事、列举案例等手段引起学生的好奇心，进而引出课程。课程教学导入不需要讲授课程内容，可以讲解有关拓展知识，为正式研学课程教学做铺垫。

示例：

在前往研学基地(营地)的车上，教师和学生进行互动。

教师："各位同学，有一个典故'橘生淮南则为橘，生于淮北则为枳'，大家都知道这个典故吗？"

学生："知道。"

教师："那大家知道这个典故的意思吗？"

学生："知道，是指植物的生长需要与之适应的环境。"

教师："那大家知道植物是如何在环境中生长的吗？这里面可蕴含着不少自然科学知识呢。今天我们将到×××森林研学基地(营地)进行'走进植物世界，感受自然仙境'的研学课程学习。我们将一起学习植物相关知识，参观植物标本馆，辨识常见植物，还将现场制作植物标本和植物拓画，大家期待吗？"(同时现场展示植物标本和植物拓画)

学生："期待！"(鼓掌)

3. 课程教学实施

根据课程需求、学情分析和课程教学内容，确定各教学环节的教学目标、教学方法。在此基础上结合教学场地实际，确定教学实施过程，设计每个教学环节的教学步骤，最终完成课程教学任务。

示例：

植物辨识研学课程教学实施过程

教学环节	教学目标	教学方法	实施步骤
课时1 初识植物世界	了解植物基础知识；掌握观察植物的基本工具和植物检索表的使用方法	演示法、讲授法、观察法	①演示并讲授植物的器官，说明不同器官(根、茎、叶、花、果实、种子)的功能；②演示并讲授观察植物的基本工具和辨识植物的要点；③演示并讲授植物的不同分类方式；④演示并讲授植物检索表的使用方法；⑤指导学生代表现场使用植物检索表检索植物
课时2 草本植物辨识	辨识10~20种常见草本植物，掌握其生物学特征、生态学特性和主要用途	演示法、讲授法、观察法	①讲解草本植物的形态、结构，通过其与树木之间的对比(植株的高矮、茎的粗细和质地的对比)，引导学生探寻木本植物与草本植物的区别，强调很多重要的粮食都来源于草本植物，草本植物也是中药材的重要来源；②讲解10~20种常见草本植物的形态特征和辨识要点(图7-4-1)，了解其生态学特性和主要用途；③学生代表现场辨识常见草本植物(图7-4-2)，讲解其生态学特性和主要用途，教师进行纠正和指导

（续）

教学环节	教学目标	教学方法	实施步骤
课时3　木本植物辨识	辨识10~20种常见木本植物，掌握其生物学特征、生态学特性和主要用途	演示法、讲授法、观察法	①讲解木本植物的形态、结构，强调构成森林的很多植物都为木本植物，木本植物也是木材的来源； ②讲解10~20种常见木本植物的形态特征和辨识要点（图7-4-1），了解其生态学特性和主要用途； ③学生代表现场辨识常见木本植物（图7-4-2），讲解其生态学特性和主要用途，教师进行纠正和指导
课时4　植物标本制作	掌握植物标本制作的具体方法	演示法、讲授法	①演示并讲授植物标本采集要点； ②学生代表现场开展植物标本采集，教师进行纠正和指导； ③全部学生开展植物标本采集，教师进行纠正和指导； ④演示并讲授压制植物标本的要点； ⑤学生代表现场压制植物标本，教师进行纠正和指导； ⑥全部学生现场压制植物标本，教师进行纠正和指导； ⑦演示并讲授植物标本干燥、装订要点和有关注意事项，督促学生做好记录，待研学课程结束后自行完成后续环节； ⑧组织学生参观植物标本馆
课时5　植物拓画制作	掌握植物拓画制作的具体方法	演示法、讲授法	①演示并讲授植物拓画制作要点； ②学生代表现场开展植物拓画制作，教师进行纠正和指导； ③全部学生开展植物拓画制作（图7-4-3），教师进行纠正和指导； ④对学生作品进行点评，评选出优秀作品

图 7-4-1　研学旅行指导师讲解植物辨识要点

图 7-4-2　学生辨识植物

图 7-4-3　植物拓画制作

4. 课程教学评价

为了评价课程教学效果，教师应对学生进行过程性和总结性评价，作为学校评价学生学习效果的依据，同时也是研学服务机构做好教学总结、改进教学方法、优化课程内容的重要手段。此外，对于研学课程实施过程中产生的优秀作品、作业等要进行展示交流。

示例：

植物辨识研学课程学习评价表

姓名：_____　　学号：_____　　班级：_____　　学校：_____　　日期：_____

项　目	评价等级			
	努力达成	合格	良好	优秀
植物基本知识掌握				
草本植物辨识				
木本植物辨识				
植物标本制作				
植物拓画制作				

植物辨识研学课程研学行为评价表

姓名：＿＿＿＿　　学号：＿＿＿＿　　班级：＿＿＿＿　　学校：＿＿＿＿　　日期：＿＿＿＿

项　目	观测点	自评	督导员评价	研学旅行指导师评价
安全行为	擅自离开团队	是/否	优秀/良好/合格/努力达成	优秀/良好/合格/努力达成
	擅自到水边或水井边玩耍	是/否		
	擅自玩火	是/否		
	携带危险物品	是/否		
	擅自逗狗、逗猫或其他野生动物	是/否		
	追逐打闹	是/否		
环保行为	使用一次性用品	是/否	优秀/良好/合格/努力达成	优秀/良好/合格/努力达成
	乱扔垃圾	是/否		
	随地吐痰	是/否		
	攀折花木	是/否		
纪律行为	迟到	是/否	优秀/良好/合格/努力达成	优秀/良好/合格/努力达成
	早退	是/否		
	做与研学无关的事情	是/否		
	毁坏活动设施	是/否		
	在景物上刻画	是/否		
	用语不文明	是/否		
研学行为	主动完成研学任务	是/否	优秀/良好/合格/努力达成	优秀/良好/合格/努力达成
	主动参与分享	是/否		
	研学报告生动、有创意	是/否		
自我总结与评价：			整体评价：优秀/良好/合格/努力达成	整体评价：优秀/良好/合格/努力达成

植物辨识研学课程小组活动表现评价表

项 目	观测点	赋分	得分
团队纪律	遵守各项纪律要求和规章制度，不迟到或早退	20	
团队协作	互相帮助，共同进步	20	
团队参与度	态度认真，准备充分，参与积极	20	
团队成果	作业质量高、有创意	40	
合 计		100	

植物辨识研学课程研学旅行指导师教学评价表

项目	观测点	赋分	得分
内容	讲解通俗易懂，学生乐于接受	15	
	教学内容有趣，学生乐于学习	15	
	教学互动性强，学生乐于参与	10	
管理	各项工作准备充分	10	
	时间安排合理有序	10	
	科学应对突发事件	10	
素质	正面引导、激励评价	10	
	文明有礼、公平公正	10	
安全	认真负责、保障有力	10	
合 计		100	

☞ 考核评价

根据表 7-4-1 对任务实施过程和结果进行评价。

表 7-4-1 评价表

评价指标	评价标准	赋分	教师评价得分（占70%）	学生互评得分（占30%）	综合得分
学习素养	按时出勤，不迟到或早退，不旷课	5			
	积极发言，参与课堂互动	10			
	按时、按质完成作业，不迟交、不漏交	5			
专业知识	掌握植物基础知识	20			
	掌握研学课程教学实操的要点	20			

（续）

评价指标	评价标准	赋分	教师评价得分 （占70%）	学生互评得分 （占30%）	综合得分
教学能力	仪容、仪表整洁大方，礼仪规范，语言表达流畅	5			
	能够熟练运用有关教学工具	10			
	能够熟练辨识常见木本植物和草本植物，制作植物标本和植物拓画	15			
	能够熟练开展植物辨识研学课程教学实操	10			
合　计		100			

知识链接

1. 植物分类方法及基本阶层

(1)植物分类的方法

①人为分类　根据使用者个人的方便和意图，选择一个或者少数性状（形态、习性、用途）作为分类的依据，而不考虑植物间的亲缘关系和演化关系。

②系统发育分类（自然分类）　根据植物之间的亲疏程度作为分类的标准，力求客观地反映植物界的亲缘关系和演化发展过程。

(2)植物分类的基本阶层

植物分类的主要等级自上而下依次为：界、门、纲、目、科、属、种。如果需要，可加次要等级，如界、亚界、门、亚门、纲、亚纲、目、亚目、科、亚科、族、亚族、属、亚属、组、亚组、系、亚系、种、亚种、变种、亚变种、变型和亚变型等。

2. 植物分类检索表的种类

根据检索后所能达到的分类等级，检索表分为门、纲、目、科、属、种几级。但是植物分类著作的编排一般是以科为起点的，所以通常只列出下列3类：分科检索表、分属检索表、分种检索表。

根据编写形式，分类检索表主要分为两种：定距检索表和平行检索表。

(1)定距检索表

定距检索表是把相对的两个性状编为同样的号码，并且从左边同一距离处开始，下一级两个相对性状向右退一定距离开始，逐级排列。

示例：

1. 植物体无根、茎、叶的分化，没有胚胎 ………………………………………… 低等植物
　2. 植物体不为藻类和菌类所组成的共生复合体。
　　3. 植物体内有叶绿素或其他光合色素，为自养生活方式………………… 藻类植物
　　3. 植物体内无叶绿素或其他光合色素，为异养生活方式………………… 菌类植物

  2. 植物体为藻类和菌类所组成的共生复合体 ……………………………………… 地衣植物
1. 植物体有根、茎、叶的分化，有胚胎 ……………………………………… 高等植物
  4. 植物体有茎、叶而无真根 ……………………………………………… 苔藓植物
  4. 植物体有茎、叶，也有真根。
   5. 不产生种子，以孢子繁殖 …………………………………………… 蕨类植物
   5. 产生种子，以种子繁殖 ……………………………………………… 种子植物

（2）平行检索表

平行检索表是把相对性状的两个分支平行排列，分支之末为数字或名称（如果为数字，则另起行重新写另一相对性状）。左边数字均平头写，为平行检索表的特点。

示例：

1. 植物体无根、茎、叶的分化，无胚胎 ……………………………… （低等植物）2
1. 植物体有根、茎、叶的分化，有胚胎 ……………………………… （高等植物）4
2. 植物体为菌类和藻类所组成的共生复合体 ……………………………… 地衣植物
2. 植物体不为菌类和藻类所组成的共生复合体 …………………………… 3
3. 植物体内有叶绿素或其他光合色素，为自养生活方式 …………………… 藻类植物
3. 植物体内无叶绿素或其他光合色素，为异养生活方式 …………………… 菌类植物
4. 植物体有茎、叶而无真根 ……………………………………………… 苔藓植物
4. 植物体有茎、叶，也有真根 …………………………………………… 5
5. 不产生种子，以孢子繁殖 ……………………………………………… 蕨类植物
5. 产生种子，以种子繁殖 ………………………………………………… 种子植物

3. 植物鉴定

鉴定植物时，应先使用分科检索表，查出待鉴定植物属于何科，再分别从分属检索表、分种检索表中查得该植物的属名和种名。查阅检索表包括观察、检索、核对3个步骤。

（1）观察

在鉴定一种植物之初，应先观察植物的生长环境、生长姿态（或树冠形态）、分枝状态、树皮颜色及开裂性状；然后摘取小枝，详细地观察小枝上的皮孔、茸毛、气味，叶形、叶的排列方式、叶柄有无，芽的形状、有无芽鳞，以及花序的形状和着生位置；再摘取一朵花，从下到上、由外到内进行解剖观察，了解花被、雄蕊群、雌蕊群、子房、花柱、柱头的形态和构造；最后观察果实和种子的形态和构造。在野外观察时，需要把观察到的一部分特征（如生境、生活型、植株全貌、树皮特征、某些器官的气味以及是否有乳汁等）记录于野外记录本上。由于在野外不可能将整株植物观察得足够详细，因此还需要将其中一部分带回室内借助工具详细观察，再结合室外观察记录，才能较全面地掌握植物的性状特征。

（2）检索

将植物的形态特征与检索表中的第一项相对性状比较，即与编码是"1"的性状进行比较，确定相对性状中的一条，在此条范围内继续向下追查（检索表中的每一项均有两条显

著对立的特征，如果被检索植物符合第一条而不符合第二条，则在第一条下继续往下追查，如果符合第二条而不符合第一条，则在第二条下追查），直到查出该植物所对应的分类群或植物名称为止。

（3）核对

为了避免检索有误，应该在检索后进行核对。方法是：把植物的特征与植物志或图鉴中的有关形态描述的内容进行对比，只有当描述的形态与植物的形态完全一致，才能确定检索成功。如果个别地方有出入，则可能是生态环境差异造成的变异，也可能是个体的突变或同种植物的另一个变种。如果植物志或图鉴描述的形态与植物的形态有重要的差别，则可能是检索错误，需要重新检索。如检索结果无变化且检索路线无误，则是该检索表中无此种植物，应选用其他检索表再行检索。如果在查阅某地方植物志时遇到此类情况，则极可能是一项有价值的发现——鉴定的植物可能是该地的新分布种，甚至可能是一个新种。

巩固训练

1. 选择题

（1）水稻属于（　　）植物。

A. 草本　　　　　　　　B. 木本　　　　　　　　C. 藤本

（2）（　　）被誉为"植物中的熊猫"。

A. 银杉　　　　　　　　B. 金钱松　　　　　　　　C. 银杏　　　　　　　　D. 樟树

2. 填空题

（1）一般情况下，植物分为_____、_____、叶、_____、果实、种子6个部分。

（2）植物分类著作的编排一般是以科为起点的，所以通常只列出分科检索表、_____、分种检索表。

3. 问答题

（1）什么是植物分类的自然分类法？

（2）植物分类的主要等级自上而下依次为哪些？

任务7-5 微生物研学课程教学

任务指导书

☞任务目标

掌握微生物研学课程教学知识要点和实操的基本技能；能够胜任微生物研学课程行

前、行中、行后等不同环节以及参观式、体验式、探究式等不同课程类型的教学工作；能够根据不同教学情境和教学要求优化微生物研学课程方案并组织实施。

任务描述

利用搜索引擎、网络文献数据库、图书馆等收集微生物相关文献资料，加强对有关理论知识的学习，掌握微生物研学课程知识要点和基本教学技能，开展微生物研学课程教学设计与实操。

任务实施

1. 课程教学准备

(1)进行调研分析，确定市场、从业人员、学校对微生物研学课程实际需求。

(2)广泛征求学生意见，了解学生对于微生物基本知识的掌握情况等。

(3)完善微生物研学课程方案，做好课程相关准备工作，编制微生物研学课程介绍并确认行程安排。

示例：

微生物研学课程介绍	
项　　目	内　　容
课程主题	无处不在的微生物
课程意义	当代生物技术发展迅速，微生物在各个行业当中广泛应用。本课程的开展，有助于学生进一步了解微生物的相关知识
研学对象	小学四至六年级学生
研学时长	1天
学情分析	本学段学生已经有了科学思维，对科学探究过程有所了解。可通过列举生活中一些食物变质、龋齿等现象，引导学生了解微生物与人类的关系。由于学生年龄较小，参观微生物标本和制作玻片时需要引导学生注意安全，做好风险防范
课程目标	能对食物变质等生活现象提出一定的猜想；能根据自己的猜想，设计简单的实验来验证自己的猜想，培养乐于探究的精神；能对实验结果进行简单的分析和推测；知晓微生物的存在，明白微生物与人类生活关系密切
	掌握显微镜的使用方法；掌握微生物检索表、永久性玻片的相关知识
课程要点	重点：知晓微生物的存在与人类生活密切关联
	难点：显微镜的使用方法
	风险点：学生观察时可能被玻璃划伤
知识准备	微生物相关知识
教学工具	扩音器、微生物检索表、永久性玻片、玻片、显微镜、一次性手套、临时装片

时　段	内　容
微生物研学课程行程安排	

研学服务机构：＿＿＿＿＿＿＿＿＿＿　　　　　　　　日期：＿＿＿＿＿年＿＿月＿＿日

时　段	内　容
8：00	在学校集合，前往研学基地(营地)
9：00~10：00 (课时1)	科普讲座"生活中的微生物"
10：00~11：00 (课时2)	参观微生物菌种保藏管理中心： 了解真空冷冻干燥法，以及微生物遗传资源、信息资源和相关专业技术
11：00~12：00 (课时3)	真菌标本馆参观讲解： 辨识常见真菌，掌握其特征、生态习性和主要用途等
12：00~14：00	午餐及午休
14：00~15：00 (课时4)	参观实验室
15：00~16：00 (课时5)	学习制作永久性的玻片标本
16：00~16：30	作品展示交流、自由活动
16：30	发放研学证书、合影、返回学校
服务保障	用餐(略)
	交通(略)
安全保障	研学旅行指导师：××× 队医：×××
注意事项	**行前：** 研学旅行指导师指导学生按照森林研学手册(学生版)的要求做好知识和物品准备，按时到达集合点乘车
	行中： 乘车要求：自觉排队，有序上车，系好安全带；车辆行驶途中不得擅自离开座位在走道上随意走动，不要把头、手伸出窗外；不大声喧哗，保持车上卫生。 研学要求：坚持安全第一，服从安排；跟着研学旅行指导师的路线有序行进，不追逐打闹；认真听研学旅行指导师的讲解，按要求填写研学手册；有集体观念，统一行动，互相帮助，不擅自离队；不接受陌生人的食物和饮水，遇到有人搭讪或纠缠要立刻向教师和研学旅行指导师报告。 就餐要求：餐前要洗手，不抢先，不挑食，吃饭和上菜时注意避免被烫伤
	行后： 按要求完成研学日志或心得等；与家长、朋友分享研学所看、所学、所获等；根据自己的兴趣，进一步查找对应资料或向教师请教，提升研学效果

2. 课程教学导入

在前往研学地点的大巴车上进行分组，启发学生带着问题思考研学手册的内容。课程教学导入主要为正式研学课程教学做铺垫，不需要讲授课程内容。可列举生活中常见的微生物，引起学生的好奇心，调动现场气氛。

示例：

在前往研学基地(营地)的大巴车上，教师和学生进行互动。

教师："各位同学，日常生活中除了龋齿、水华、食物发霉、面团发酵等现象外，大家还见过哪些类似现象？为什么会出现这些现象呢？请几位同学来分享一下。"

学生结合生活实际进行回答。

教师："这些现象真有意思。今天我们将到×××微生物研究所进行'无处不在的微生物'的研学课程学习。我们将学到不少微生物的知识，大家期待吗？"

学生："期待！"(鼓掌)

3. 课程教学实施

根据课程需求、学情分析和课程教学内容，确定各教学环节的教学目标、教学方法。在此基础上结合教学场地的实际，确定教学实施过程，设计每个教学环节的教学步骤，最终完成课程教学任务。

示例：

研学课程教学实施过程

教学环节	教学目标	教学方法	实施步骤
课时1 科普讲座"生活中的微生物"	知晓微生物的存在，知道微生物与人类生活关系密切	演示法、讲授法、观察法	①谈话导入； ②观察变质食物； ③探究食物变质与什么因素最相关，填写观察记录表； ④演示并讲授微生物检索表的使用方法； ⑤引导学生通过阅读一些抗生素的说明书和其他一些资料等知道更多的微生物名称； ⑥拓展真菌相关知识
课时2 参观微生物菌种保藏管理中心	了解真空冷冻干燥法及微生物遗传资源、信息资源和相关专业技术	演示法、讲授法、观察法	①穿戴好防护设施； ②讲解真空冷冻干燥技术； ③讲解现代植物育种技术至关重要的是保护好微生物的种质，从而使地球上的微生物遗传资源得以保存
课时3 真菌标本馆参观讲解	辨识10~20种常见真菌，掌握其特征、生态习性和主要用途	演示法、讲授法、观察法	①讲解10~20种常见真菌的特征和辨识要点、生态习性和主要用途； ②学生代表现场辨识常见真菌，讲解其生态习性和主要用途，教师进行纠正和指导

（续）

教学环节	教学目标	教学方法	实施步骤
课时4　参观实验室	深入了解实验室建设、实践教学、实验仪器设备使用方法	演示法、讲授法	①认识无菌实验室； ②讲解观察、培养微生物的科学仪器与设备； ③讲解实验室中的分工与合作； ④总结与分享
课时5　学习制作永久性的玻片标本	掌握显微镜的使用方法；掌握微生物检索表、玻片的相关知识	演示法、讲授法	①戴好口罩、眼罩、手套； ②检查所有器材是否齐全； ③制片； ④将涂布好的玻片置于室温干燥； ⑤固定； ⑥染色； ⑦在显微镜下观察染色情况； ⑧学生描绘实验结果，评选出优秀作品

4. 课程教学评价

为了评价课程教学效果，教师应对学生进行过程性和总结性评价，作为学校评价学生学习效果的依据，同时也是研学服务机构做好教学总结、改进教学方法、优化课程内容的重要手段。此外，对于研学课程实施过程中产生的优秀作品、作业等要进行展示交流。

示例：

微生物研学课程学习评价表

姓名：_____　　学号：_____　　班级：_____　　学校：_____　　日期：_____

项目	评价等级			
	努力达成	合格	良好	优秀
微生物基本知识掌握				
真菌辨识				
认识无菌实验室				
玻片制作				

微生物研学课程研学行为评价表

姓名：_____　　学号：_____　　班级：_____　　学校：_____　　日期：_____

项目	观测点	自评	督导员评价	研学旅行指导师评价
安全行为	擅自离开团队	是/否	优秀/良好/合格/努力达成	优秀/良好/合格/努力达成
	擅自到水边或水井边玩耍	是/否		
	擅自玩火	是/否		
	携带危险物品	是/否		
	擅自逗狗、逗猫或其他野生动物	是/否		
	追逐打闹	是/否		

（续）

项　　目	观测点	自评	督导员评价	研学旅行指导师评价
环保行为	使用一次性用品	是/否	优秀/良好/合格/ 努力达成	优秀/良好/合格/ 努力达成
	乱扔垃圾	是/否		
	随地吐痰	是/否		
	攀折花木	是/否		
纪律行为	迟到	是/否	优秀/良好/合格/ 努力达成	优秀/良好/合格/ 努力达成
	早退	是/否		
	做与研学无关的事情	是/否		
	毁坏活动设施	是/否		
	在景物上刻画	是/否		
	用语不文明	是/否		
研学行为	主动完成研学任务	是/否	优秀/良好/合格/ 努力达成	优秀/良好/合格/ 努力达成
	主动参与分享	是/否		
	研学报告生动、有创意	是/否		
自我总结与评价：			整体评价： 优秀/良好/合格/ 努力达成	整体评价： 优秀/良好/合格/ 努力达成

微生物研学课程小组活动表现评价表

项　　目	观测点	赋分	得分
团队纪律	遵守各项纪律要求和规章制度，不迟到早退	20	
团队协作	互相帮助，共同进步	20	
团队参与	态度认真，准备充分，参与积极	20	
团队成果	作业质量高、有创意	40	
合　　计		100	

微生物研学课程研学旅行指导师教学评价表

项目	关键评估点	赋分	得分
内容	讲解通俗易懂，学生乐于接受	10	
	教学内容有趣，学生乐于学习	10	
	教学互动性强，学生乐于参与	10	
管理	各项工作准备充分	10	
	时间安排合理有序	10	
	突发事件科学应对	10	
素质	正面引导、激励评价	10	
	文明有礼、公平公正	10	
安全	认真负责、保障有力	20	
合　计		100	

👉 考核评价

根据表 7-5-1 对任务实施过程和结果进行评价。

表 7-5-1　评价表

评价指标	评价标准	赋分	教师评价得分（占 70%）	学生互评得分（占 30%）	综合得分
学习素养	按时出勤，不迟到或早退，不旷课	5			
	积极发言，参与课堂互动	10			
	按时、按质完成作业，不迟交、不漏交	5			
专业知识	掌握微生物基础知识	20			
	掌握研学课程教学实操的要点	20			
教学能力	仪容、仪表整洁大方，礼仪规范，语言表达流畅	5			
	能够熟练运用有关教学工具	10			
	能够熟练辨识常见真菌，制作永久性玻片标本	15			
	能够熟练开展微生物研学课程教学实操	10			
合　计		100			

知识链接

微生物一般是指一些肉眼看不见的微小生物。大多数微生物是单细胞生物，如细菌、放线菌、支原体、立克次氏体、衣原体、酵母菌等。少数微生物是多细胞生物，如各种霉菌等。此外，还有一些没有细胞结构的微生物，如病毒、类病毒和朊病毒等。

微生物不仅种类繁多，其在生物圈中的分布也是十分广泛的。上至 1 万米的高空，下至深达 1 万米的海底，都有微生物的存在。土壤有微生物生活所需的各种营养物质，是微生物的主要活动场所。动物体表和体内的各种条件适宜微生物生活，也是微生物活动的重要场所。

1. 自然生态环境中的微生物

微生物可以在不同的生态环境中存活。科学家在营养贫乏的岩石、矿山、荒漠都发现了微生物的踪迹。即使在其他生物不能生存甚至极端的生态环境中，它们也能存活。微生物的分布反映了生态环境的特征，是生态环境各种物理、化学、生物因素对微生物限制、选择的结果。

（1）陆生生境的微生物

陆生生境的主要载体是土壤。土壤是固体无机物（岩石和矿物质）、有机物、水、空气和生物组成的多孔性复合物。土壤微生物种类齐全、数量多、代谢潜力巨大，是主要的微生物源。土壤微生物的种类、数量和分布主要受到营养物种类和含量、含水量、氧气含量、温度、pH 等因素的影响。土壤微生物主要以附着方式存在。土壤枯枝落叶层、腐殖质层、淋溶层甚至淀积层及以下土壤都含有大量的微生物，这些微生物在土壤的物质循环及净化污染中发挥着重要作用。

（2）水生生境的微生物

水生生境主要包括湖泊、池塘、溪流、河流、港湾和海洋。水体中微生物的种类、数量和分布主要受到营养物水平、温度、光照、溶解氧含量、盐分等因素的影响。含有较多营养物或受生活污水、工业有机污水污染的水体中有较多的微生物，如港湾（河流入海口）具有较高的营养水平，其水体中也有较高的微生物数量。在水体中，特别是在低营养水平的水体中，微生物倾向于生长在固体的表面和颗粒物上，它们比悬浮和随水流动的微生物能吸收利用更多的营养物。它们常常有附着器和吸盘，这有助于它们附着在各种表面上。

（3）大气生境的微生物

大气中没有可被微生物直接利用的营养物质和足够的水分，这种环境不适合微生物的生长繁殖。但由于微生物能产生各种休眠体以适应不良环境，还有些微生物可以在空气中存活相当长的一段时间，因此在大气中仍能找到多种微生物。大气中的微生物来源于土壤、水体和其他微生物源。大气中的微生物没有固定的种类。

2. 土壤微生物的分离和利用

土壤微生物的分离和利用一般经过采集土样、增殖培养、分离培养、筛选，最后进行纯种分离等。

（1）采集土样

选择一定的土壤环境采集土样［一般取表层（5～10 厘米处）土壤，如果土壤有翻动，应更深一点，避免被空气中的微生物污染]，将采集到的土样盛入清洁的聚乙烯袋、牛皮袋或玻璃瓶中。一般在有机质较多的肥沃土壤中微生物的数量最多。中性偏碱的土壤中以细菌和放线菌为主，酸性红壤中霉菌较多，果园、菜园和野果生长区等富含糖类的土壤和沼泽地中酵母和霉菌较多。土样尽量随采随用，或在冰箱中4摄氏度条件下保存，时间不要超过1个月。

（2）增殖培养

为了增加所需菌种的数量，同时让无关的微生物至少在数量上不要增加，可以通过配制选择性培养基，选择一定的培养条件来控制。例如，选择蔗糖、淀粉、纤维素或者石油等其中的一种为唯一碳源，那么只有能利用这一碳源的微生物才能正常生长繁殖，而其他微生物就可能死亡或停止生长繁殖，这样下一阶段的纯种分离就会顺利得多。

（3）分离培养

通过增殖培养，微生物仍处于混杂生长的状态，还必须进行分离、纯化。菌株分离就是将一个混杂着各种微生物的样品，按照实际要求和菌株的特性采取迅速、准确、有效的方法对它们进行分离，进而得到所需的微生物的过程。纯种分离的方法有划线分离法和稀释分离法。在这一步，应继续应用增殖培养的选择性控制条件。

（4）筛选

不同的微生物在一定培养条件下形成的菌落具有不同的特征，可利用这些特征对微生物进行初步识别、鉴定和筛选。

（5）纯种分离

常用的微生物纯种分离方法有：平板划线分离法、液体稀释法等。

知识拓展

在人体肠道中可以鉴别和确认的微生物有400~500种，还有一些种类至今仍无法鉴别和确认。肠道中主要的微生物包括拟杆菌属、真杆菌属、消化链球菌属、双歧杆菌属等。还有一些不是主要但也很重要的微生物，如链球菌、乳酸杆菌、大肠杆菌、肠球菌等。这些微生物中，对人体有益的为有益菌，对人体有害的为有害菌。一般情况下，人体内有益菌的数量大大超过有害菌的数量，这些有益菌维系着人体的健康。一些肠道中的有害菌则会产生有害代谢产物，如硫化氢、胺类、苯酚类、吲哚类等，这些有害物质可直接对肠道黏膜造成伤害，或者进入血液后对人体造成伤害。当接受抗生素治疗、饮食变化等情况发生时，有益菌和有害菌的平衡关系可能被打乱，从而导致腹部疼痛或胃肠道不适等。

巩固训练

1. 选择题

微生物一般是指一些（　　）的微小生物。

A. 肉眼看得见　　　　　　　　　　　　B. 肉眼看不见

2. 填空题

(1)土壤微生物的采集步骤有_____。

(2)没有细胞结构的微生物是_____。

3. 问答题

(1)食物变质的主要原因是什么？

(2)微生物在生活中起到的作用有哪些？

任务7-6 湿地研学课程教学

任务指导书

☞ 任务目标

掌握湿地研学课程教学知识要点和实操的基本技能；能够胜任湿地研学课程行前、行中、行后等不同环节以及参观式、体验式、探究式等不同课程类型的教学工作；能够根据不同教学情境和教学要求优化湿地研学课程方案并组织实施。

☞ 任务描述

利用搜索引擎、网络文献数据库、图书馆等收集湿地相关文献资料，加强对有关理论知识的学习，掌握湿地研学课程知识要点和基本教学技能，开展湿地研学课程教学设计与实操。

☞ 任务实施

1. 课程教学准备

(1)熟悉湿地研学课程基本信息，进行课程需求调研分析，了解学校基本情况和对研学课程的目标定位及预期成效，确定学校对研学课程实际需求。

(2)进行学情分析，了解学生基本情况、知识掌握情况、身心和情感特征以及生活经验等。

(3)优化完善湿地研学课程方案，确定研学主题、研学目标、教学内容、课程重难点和风险点。

(4)做好课程知识、教学资源、教学工具、个人形象与心理等准备工作，确定好行程安排和其他保障准备工作，编制湿地研学课程介绍并确认行程安排。

示例：

湿地研学课程介绍

项　　目	内　　容
课程主题	走进湿地
课程意义	湿地是地球上重要的、独特的、多功能的生态系统。湿地覆盖地球表面仅 6%，却为地球上 20% 的已知物种提供了生存环境，具有不可替代的生态功能，被称为"地球之肾""生命的摇篮""鸟类的天堂"，同时也是绝佳的科普研学之地。本课程通过学习湿地的概念、类型，引导学生认识湿地；通过学习湿地的功能与作用，增强学生的环境保护责任感和意识；通过净水实验和手绘简图，深入了解湿地对于人类的重要性
研学对象	初中一、二年级学生
研学时长	1 天
学情分析	本学段学生对自然充满好奇，同时积累了一定的自然知识，可以通过自然观察等方式激发学生学习湿地相关知识的兴趣，引导学生认识湿地系统的重要性。本学段学生也存在着好动、纪律性不足、自我保护意识差、自然环境活动经验不足等问题，需要在教学过程中加以正面引导，做好风险防范
课程目标	了解湿地的概念、成因、分类和功能，对湿地有初步认识；通过湿地净水实验了解湿地作为生态环境优化器的功能；通过学习辨认湿地植物和远观湿地动物，掌握湿地对动植物的重要性
	掌握辨别湿地植物和远观湿地动物的方法；掌握湿地净水实验的方法；掌握根据湿地研学手册手绘湿地简图的方法
	提升学生的探索能力、观察能力、创造能力和审美能力；提升学生的生态素养
课程要点	重点：湿地对动植物的重要性
	难点：根据湿地研学手册寻找湿地内对应动植物，并尝试手绘简图
	风险点：学生观察、寻找植物时可能误入泥潭甚至沼泽
知识准备	湿地相关知识
教学工具	扩音器、湿地研学手册、标本夹、草纸、A4 纸、素描纸、垫板、纸巾、望远镜、矿泉水瓶、石英石、石英砂、活性炭、吸管

湿地研学课程行程安排

研学服务机构：_____　　　　　　　　　　日期：_____年___月___日

时　段	内　容
8：00	在学校集合，前往森林研学基地（营地）
9：00~10：00（课时1）	湿地大科普： 认识湿地的概念、成因、分类和功能，以及湿地植物与动物
10：00~11：00（课时2）	湿地净水实验： 利用矿泉水瓶、吸管做一个简易的净水装置，放入石英石、石英砂、活性炭等材料模拟湿地净水过程
11：00~12：00（课时3）	湿地动物辨识： 辨识常见湿地动物，掌握其形态特征、生活习性和觅食来源
12：00~14：00	午餐及午休
14：00~15：00（课时4）	湿地植物辨识： 区分挺水植物、沉水植物和浮水植物，掌握其生物学特征、生态学特性等，了解湿地植物的排毒解毒功能
15：00~16：30（课时5）	手绘简图： 根据湿地研学手册寻找湿地内对应动植物，并尝试手绘简图，随后进行作品展示交流
16：30	发放研学证书、合影、返回学校
服务保障	用餐（略）
	交通（略）
安全保障	研学旅行指导师：××× 队医：×××
注意事项	行前： 研学旅行指导师指导学生按照森林研学手册（学生版）的要求做好知识和物品准备，按时到达集合点乘车
	行中： 乘车要求：自觉排队，有序上车，系好安全带；车辆行驶途中不得擅自离开座位在走道上随意走动，不要把头、手伸出窗外；不大声喧哗，保持车上卫生。 研学要求：坚持安全第一，服从安排；跟着研学旅行指导师的路线有序行进，不追逐打闹；认真听研学旅行指导师的讲解，按要求填写研学手册；有集体观念，统一行动，互相帮助，不擅自离队；不接受陌生人的食物和饮水，遇到有人搭讪或纠缠要立刻向教师和研学旅行指导师报告。 就餐要求：餐前要洗手，不抢先，不挑食，吃饭和上菜时注意避免被烫伤
	行后： 按要求完成研学日志或心得等；与家长、朋友分享研学所看、所学、所获等；根据自己的兴趣，进一步查找对应资料或向老师请教，提升研学效果

2. 课程教学导入

在前往研学地点的车上，可指导学生预习研学内容，启发学生带着问题去思考研学内容。提出的问题主要来自研学手册(学生版)，可采用设问、质疑或讲故事、列举案例等手段引起学生的好奇心，进而引出课程。课程教学导入不需要讲授课程内容，可以讲解有关拓展知识，为正式研学课程教学做铺垫。

示例：

> 在前往研学基地(营地)的车上，教师和学生进行互动。
>
> 教师："各位同学，我们都知道肾是人体的重要器官，有着排泄体内代谢废物，维持机体钠、钾、钙等电解质的稳定及酸碱平衡的功能。那么请大家试想一下，如果我们缺少了肾，将会是怎样的情况呢？"
>
> 学生："身体无法排除体内的代谢废物和毒性物质，生命将受到威胁。"
>
> 教师："没错。那湿地被称为'地球之肾'，如果地球缺少了湿地，将会面临什么呢？今天我们将到×××森林研学基地(营地)进行'走进湿地'的研学课程学习。我们将了解湿地相关知识，观察湿地动物和湿地植物的生活环境、生活习性，掌握湿地对于动植物的重要性，树立保护湿地的生态观。"

3. 课程教学实施

根据课程需求、学情分析和课程教学内容，确定各教学环节的教学目标、教学方法。在此基础上结合教学场地实际，确定教学实施过程，设计每个教学环节的教学步骤，最终完成课程教学任务。

示例：

湿地研学课程教学实施过程

教学环节	教学目标	教学方法	实施步骤
课时1 湿地大科普	了解湿地的概念、成因、分类和功能	演示法、讲授法、观察法	①演示并讲授湿地的概念、成因、分类和功能；②通过互动游戏、问题抢答等方式，引导学生学习湿地知识，掌握湿地的功能和作用，树立保护湿地的生态观
课时2 湿地净水实验	通过实验深入了解湿地的净水功能，树立保护湿地的生态观	演示法、讲授法、观察法、实验法	①讲解湿地净水实验的用具和材料(矿泉水瓶、吸管、石英石、石英砂、活性炭等)；②示范实验操作方法；③学生开展实验，教师进行指导

（续）

教学环节	教学目标	教学方法	实施步骤
课时 3 湿地动物辨识	辨识 2 种以上常见湿地动物，掌握其形态特征、生活习性和主要觅食来源等	演示法、讲授法、观察法	①讲解湿地动物的种类； ②演示并讲授观察湿地动物的基本工具和辨识湿地动物的要点； ③学生通过望远镜观察、辨识丹顶鹤与白鹤； ④讲解鹤类的生活习性（如为什么单脚站立，在野外以什么为食）； ⑤引导学生观察湿地还有哪些外形相像的动物
课时 4 湿地植物辨识	区分挺水植物、沉水植物和浮水植物，掌握其生物学特征、生态学特性等，了解湿地植物的排毒解毒功能	演示法、讲授法	①讲解挺水植物、沉水植物和浮水植物的生物学特征、生态学特性等； ②演示并讲授观察湿地植物的基本工具和辨识湿地植物的要点； ③带领学生近距离观察植物，教会学生区分挺水植物、沉水植物和浮水植物； ④讲解湿地植物超强的排毒解毒的功能，如香蒲和芦苇等植物被广泛地用来处理污水，因为它们具有自身强大的吸附功能，可以吸收污水中浓度很高的重金属镉、铜、锌等； ⑤学生现场辨识香蒲和芦苇等湿地植物
课时 5 手绘简图	能结合湿地研学手册寻找湿地内对应动植物，并手绘简图	演示法、讲授法	①演示并讲授湿地研学手册的使用方法； ②演示并讲授如何手绘简图； ③带领学生分组寻找湿地研学手册中的动植物，并时刻提醒安全注意事项； ④指导学生手绘动植物简图； ⑤对学生作品进行点评，评选出优秀作品

4. 课程教学评价

为了评价课程教学效果，教师应对学生进行过程性和总结性评价，作为学校评价学生学习效果的依据，同时也是研学服务机构做好教学总结、改进教学方法、优化课程内容的重要手段。此外，对于研学课程实施过程中产生的优秀作品、作业等要进行展示交流。

示例：

湿地研学课程学习评价表

姓名：_____   学号：_____   班级：_____   学校：_____   日期：_____

项　　目	评价等级			
	努力达成	合格	良好	优秀
湿地大科普				
湿地净水实验				
湿地动物辨识				
湿地植物辨识				
手绘湿地动植物简图				

湿地研学课程研学行为评价表

姓名：_____　　学号：_____　　班级：_____　　学校：_____　　日期：_____

项　　目	观测点	自评	督导员评价	研学旅行指导师评价
安全行为	擅自离开团队	是/否	优秀/良好/合格/努力达成	优秀/良好/合格/努力达成
	擅自到水边或水井边玩耍	是/否		
	擅自玩火	是/否		
	携带危险物品	是/否		
	擅自逗狗、逗猫或其他野生动物	是/否		
	追逐打闹	是/否		
环保行为	使用一次性用品	是/否	优秀/良好/合格/努力达成	优秀/良好/合格/努力达成
	乱扔垃圾	是/否		
	随地吐痰	是/否		
	攀折花木	是/否		
纪律行为	迟到	是/否	优秀/良好/合格/努力达成	优秀/良好/合格/努力达成
	早退	是/否		
	做与研学无关的事情	是/否		
	毁坏活动设施	是/否		
	在景物上刻画	是/否		
	用语不文明	是/否		
研学行为	主动完成研学任务	是/否	优秀/良好/合格/努力达成	优秀/良好/合格/努力达成
	主动参与分享	是/否		
	研学报告生动、有创意	是/否		
自我总结与评价：			整体评价：优秀/良好/合格/努力达成	整体评价：优秀/良好/合格/努力达成

湿地研学课程小组活动表现评价表

项 目	关键评估点	赋分	得分
团队纪律	遵守各项作息制度，不迟到或早退	20	
团队协作	互相帮助、互相鼓励、共同奋进	20	
团队参与度	态度认真、准备充分、积极参与活动	20	
团队成果	成果丰富、有创意	40	
合　计		100	

湿地研学课程研学旅行指导师教学评价表

项目	关键评估点	赋分	得分
内容	内容有趣，能让学生积极参与	15	
	能锻炼实际的动手能力	15	
	讲解通俗易懂，能让学生都理解	10	
管理	准备充分	10	
	时间安排合理，研学过程不拖沓	10	
	能及时协调处理各种突发事件	10	
素质	能进行激励性评价	10	
	公平、公正地对待每一名学生	10	
安全	认真负责，时时将学生的安全放在首位	10	
合　计		100	

☞ 考核评价

根据表 7-6-1 对任务实施过程和结果进行评价。

表 7-6-1 评价表

评价指标	评价标准	赋分	教师评价得分（占70%）	学生互评得分（占30%）	综合得分
学习素养	按时出勤，不迟到或早退，不旷课	5			
	积极发言，参与课堂互动	10			
	按时、按质完成作业，不迟交、不漏交	5			
专业知识	掌握湿地和湿地动植物基础知识	20			
	掌握研学课程教学实操的要点	20			

（续）

评价指标	评价标准	赋分	教师评价得分 （占 70%）	学生互评得分 （占 30%）	综合 得分
教学能力	仪容、仪表整洁大方，礼仪规范，语言表达流畅	5			
	能够熟练运用有关教学工具	10			
	能够熟练辨识常见湿地动植物并手绘其简图	15			
	能够熟练开展湿地研学课程教学实操	10			
合　计		100			

知识链接

1. 湿地的概念与《湿地公约》

"湿地"一词最早出现于 1956 年美国鱼类及野生动植物管理局的《39 号通告》，该文件将湿地定义为"被间歇的或永久的浅水层覆盖的土地"。1971 年 2 月 2 日，由 18 个国家的代表在伊朗南部海滨小城拉姆萨尔签署的旨在保护和合理利用全球湿地的公约——《关于特别是作为水禽栖息地的国际重要湿地公约》（以下简称《湿地公约》）指出，湿地是指不论其为天然或人工、长久或暂时性的沼泽地、湿原、泥炭地或水域地带，带有静止或流动淡水、半咸水或咸水水体者，包括低潮时水深不超过 6 米的水域。

《湿地公约》是世界上第一个也是唯一一个专门用于特定生态系统保护的现代全球多边环境协定。中国于 1992 年加入《湿地公约》，成为第 67 个缔约方。1996 年 10 月，《湿地公约》第 19 届常委会决定将每年的 2 月 2 日定为世界湿地日。

2. 湿地的成因

水位经常接近地表或浅水覆盖的土地，因蒸发量小于降水量，且地势较低平排水不畅而形成湿地。其中，热带地区因降水丰富且排水不畅而形成湿地；高原地区因海拔高，气温低，蒸发弱，同时冰川融水较多，使地表水较丰富且冻土广布而水难以下渗，易积水的低洼处形成湿地；高纬度地区因气温较低，冻土广布而水难以下渗并且蒸发弱，地势低平排水不畅形成湿地。

3. 湿地的分类

我国的湿地分布广泛，从寒温带到热带，从平原到山地、高原，从沿海到内陆，都有湿地分布。大体上，湿地可分为天然湿地和人工湿地两大类。根据《湿地公约》的分类系统，我国湿地划分为近海与海岸湿地、河流湿地、湖泊湿地、沼泽湿地、人工湿地五大类 34 种类型。

4. 湿地的功能

湿地与森林、海洋并称为全球三大生态系统，孕育着丰富的自然资源，具有多种生态功能，被称为"地球之肾"、物种贮存库、气候调节器，在保护生态环境、保持生物多样性以及促进社会经济发展中具有不可替代的重要作用。

(1)蓄水调洪

每年汛期洪水到来，众多的湿地以其自身的庞大容积、深厚疏松的底层土壤(沉积物)蓄存洪水，从而起到分洪削峰、调节水位、缓解堤坝压力的重要作用。

(2)水源地

湿地之水，如湖泊、水库、池塘的蓄水，是生产、生活用水的重要来源。据估算，我国仅湖泊淡水贮量即达225亿立方米，占淡水总贮量的8%。某些湿地通过渗透还可以补充地下蓄水层的水源，对维持周围地下水的水位从而保证持续供水具有重要作用。

(3)气候的调节器

大面积的湿地通过蒸腾作用产生大量水蒸气，不仅可以提高周围地区的空气湿度，减少土壤水分丧失，还可诱发降水，增加地表和地下水资源。据调查，湿地周围地区的空气湿度比远离湿地地区高5%~20%，降水量相对也更大。因此，湿地有助于调节区域小气候，对减少风沙、干旱等不良气候十分有利。

(4)生态环境的优化器

湿地还可以通过水生植物的作用，吸收、固定、转化、降解土壤和水中的有毒有害物质，起到净化水体、减少环境污染的重要作用。

(5)重要的物种资源库

我国湿地分布于高原、平川、丘陵、海岸多种地域，跨越寒带、温带、热带多种气候带，生物资源十分丰富。据初步调查统计，全国内陆湿地已知的高等植物有1548种，高等动物约有1500种；海岸湿地生物物种约有8200种，其中植物约5000种，动物约3200种。在湿地动物中，淡水鱼类有770多种，鸟类有300余种。特别是湿地鸟类，在我国和世界都占有重要地位。据统计，我国湿地鸟类的种数约占全国鸟类的1/3，其中有不少珍稀物种。世界166种雁鸭中，我国湿地内有50种，约占30%；世界15种鹤类，我国湿地内有9种，占60%；在鄱阳湖越冬的白鹤，占世界总数的95%；亚洲57种濒危鸟类中，我国湿地内有31种，约占54%。这些物种不仅具有重要的经济价值，还具有重要的生态价值和科学研究价值。

(6)物产、能源基地

广阔多样的湿地，有丰富的动植物、矿产及能源等自然资源，可以为人类提供鱼、虾、禽蛋、莲藕等多种食品原材料，以及能源材料、矿产品等。湿地水资源丰富，可以发展水电、水运，增加电力和交通运输能力。许多湿地环境独特，风光秀丽，同时不乏人文景观，是人们度假、疗养的理想胜地，发展旅游业大有可为。此外，湿地还是进行科学研究、教学实习、科普宣传的重要场所。

5. 湿地植物

湿地植物是指生长在水陆交汇处，土壤潮湿或者有浅层积水的环境中的植物。湿地植物种类繁多，主要包括沼生植物、挺水植物、浮叶植物、漂浮植物、沉水植物。

(1)沼生植物

湿地中沼生植物种类繁多，如鸢尾类、石菖蒲、海芋、芋类、水八角、水虎尾、芦竹、野生稻、睡菜、薹草类、慈姑、莎草类、毛茛类等。

（2）挺水植物

挺水植物株型高大，直立挺拔，花色艳丽，绝大多数有茎、叶。挺水植物下部或基部沉于水中，根或地下茎扎入泥中，上部挺出水面。如莲（荷花）、千屈菜、菖蒲、水葱、藤草类、香蒲、芦苇等。

（3）浮叶植物

浮叶植物根状茎发达，花大、色艳，无明显地上茎或茎细弱不能直立，体内通常贮藏有大量的气体，使叶片能漂浮于水面上。如王莲类、睡莲类、萍蓬草类、芡实等。

（4）漂浮植物

漂浮植物的根不扎入泥中，植株漂浮于水面，随水流漂泊，多数以观叶为主。如浮萍、满江红、大薸、槐叶萍、凤眼莲、水蕨等。

（5）沉水植物

沉水植物的根、茎生于泥中，整个植株沉入水体之中。沉水植物的通气组织特别发达，以利于在空气极度缺乏的水中进行气体交换；叶多为狭长或丝状，植株的各部分均能吸收水中的养分，在水下弱光的条件下也能正常生长发育，但对水质有一定的要求，因为水质会影响其对弱光的利用；花小，花期短，以观叶为主。如海菜花类、黑藻类、金鱼藻类、眼子菜类、苦草类、水筛类、水毛茛类、狐尾藻类等。

6. 湿地动物

湿地动物指生活在湿地的兽类、鸟类、爬行类、两栖类等动物。其中，鸟类是湿地野生动物中最具有代表性的类群，根据居留型可分为候鸟（夏候鸟、冬候鸟）和留鸟。我国北方的寒温带和温带湿地，鸟类以夏候鸟占优势；南方的亚热带和热带湿地，鸟类以冬候鸟和留鸟为主。很多候鸟在北方繁殖，到南方越冬。

7. 湿地现状

我国湿地资源十分丰富，但随着经济的发展和城市化进程的加快，掠夺性开发和不合理利用等导致湿地面积和资源日益减少，环境恶化，生物多样性丧失，功能和效益下降。湿地面积的减少和功能退化，对我国的生态环境造成严重威胁，不利于人与自然的和谐发展。同时，江河湖泊的水质恶化和可利用淡水资源的减少直接威胁到我国水资源供给安全，进而影响到整个经济和社会的可持续发展，甚至危及人类的生存。

近年来，我国不断强化湿地保护，建成湿地类型自然保护地 2200 多个，初步建立了湿地保护体系。截至 2024 年初，我国湿地面积达 5635 万公顷，居亚洲第一，世界第四。我国共指定国际重要湿地 82 处（图 7-6-1），认定国家重要湿地 58 处，认证国际湿地城市13 个，建立国家湿地公园 903 处，有效发挥了湿地涵养水源、净化水质、维护生物多样性、蓄洪防旱、调节气候和固碳等总体生态功能，为人们生产生活带来了诸多生态福利。目前，我国湿地保护虽然取得了广泛成效，但湿地生态系统仍然存在栖息地丧失、环境污染、外来物种入侵、气候变化等问题。因此，需要继续加强湿地保护修复，因地制宜采取多种措施，不断提升湿地生态系统功能。

图 7-6-1 鄱阳湖湿地

巩固训练

1. 选择题

(1)(　　)是世界湿地日。

A. 2 月 2 日　　　　　B. 3 月 3 日　　　　　C. 4 月 2 日　　　　　D. 3 月 2 日

(2)库塘湿地属于(　　)。

A. 沼泽湿地　　　　B. 近海及海岸湿地　　　C. 湖泊湿地　　　　D. 人工湿地

2. 填空题

(1)全球三大生态系统是指_____、_____、_____。

(2)浮叶植物有_____、_____、_____等。

3. 简答题

(1)什么是挺水植物?

(2)湿地有什么功能?

任务7-7 森林研学手册(研学导师版)编制

任务指导书

👉 任务目标

了解森林研学手册编制在研学实施过程中起到的重要作用。理解森林研学手册编制实操的设计思路和实施内容要领。按照行前、行中、行后的操作阶梯进行拆分,逐步提出执行要求和标准,掌握森林研学手册的编制能力。

☞ **任务描述**

　　利用搜索引擎、网络文献数据库、图书馆等收集森林研学手册相关文献资料，加强对有关理论知识的学习，掌握森林研学手册(研学导师版)的编制技能，开展森林研学手册(研学导师版)编制实操。

☞ **任务实施**

1. 确定森林研学手册主题名

　　(1)熟悉森林研学课程的基本信息，了解课程的目标定位及预期成效。
　　(2)根据森林研学课程主题确定研学手册的主题名。

　　示例:

　　　　上犹茶文化一日研学课程方案的主题为"一芽一叶香，陌上茶童忙"。在编制研学手册时，研学手册的名称应与课程的名称对应，如"一芽一叶香，陌上茶童忙"上犹茶文化一日研学手册。

2. 熟悉森林研学手册(研学导师版)的基本结构

　　森林研学手册(研学导师版)的基本结构一般包括行前教学准备、行中教学实施和行后总结提升3个部分。行前教学准备部分主要帮助研学旅行指导师熟悉研学课程，认真做好教学计划，做好沟通交流，落实有关注意事项。行中教学实施部分主要帮助研学旅行指导师做好课程教学导入，顺利实施课程教学，并按要求收集课程教学反馈信息。行后总结提升部分主要帮助研学旅行指导师开展课程总结评价，总结经验、发现不足，促进课程持续优化升级。

　　示例:

森林研学手册(研学导师版)基本结构

实施环节	主要内容
行前教学准备	熟悉研学课程
	做好教学方案
	确定行程安排
行中教学实施	车上活动流程
	课程教学导入
	课程教学实施
	课程教学反馈
行后总结提升	课程总结评价
	课程优化升级

3. 编制森林研学手册(研学导师版)

(1)行前教学准备

①熟悉森林研学课程基本信息，开展课程需求调研分析，了解学校基本情况和对研学课程的目标定位及预期成效，确定学校对研学课程的实际需求。

②开展学情分析，了解学生基本情况、知识掌握情况、身心和情感特征以及生活经验等。

③根据研学主题和学情，明确研学目标、教学内容、课程重难点和风险点等，优化教学方案。

④做好课程知识、教学资源、教学工具、个人形象与心理等方面的准备工作，确定好行程安排和其他保障准备工作，编制课程介绍并确认行程表。

示例：

"一芽一叶香，陌上茶童忙"森林研学课程介绍

项　　目	内　　容
课程主题	一芽一叶香，陌上茶童忙
课程背景	绿色是生活的底色，现在很多青少年缺少与大自然亲近的机会，沉迷于电子产品。大自然不仅在智育中起到巨大的作用，在丰富青少年精神生活方面也起着同样重要的作用。本课程利用上犹丰富的茶园资源，使学生在看、听、闻、摸、学、做的过程中学习知识，引导学生亲身体验，感知、观察、探索大自然
研学对象	小学四至六年级学生
研学时长	1天
学情分析	本学段的学生为小学中高阶段，偏重对自己喜欢的事物进行分析，想要通过自己的努力独立完成一件事情，证明自己这一阶段的改变与成长。可引导学生完成观茶、采茶、炒茶、制茶、沏茶五大步骤，进行茶叶知识学习，体验劳动的辛苦与快乐，并在了解茶叶的基础上，进行茶叶贴画，充分锻炼学生的综合能力。但由于这个阶段的学生自我管控能力不足，情绪处理能力不强，意志力薄弱，需要在教学过程中加以引导，用学生喜欢的语言进行授课，使学生在耳濡目染中养成良好的学习习惯
课程目标	参观茶园，学习如何采茶，体验采茶，体验劳动的辛苦与快乐，陶冶情操；在茶叶贴画环节提高想象力，提升动手创作能力；体验炒茶、制茶，深入了解传统手工制茶工序，锻炼动手能力；学习沏茶、敬茶，了解茶文化知识，感恩教师、感恩父母
课程要点	重点：了解中国的茶文化，宣传茶文化
	难点：让学生在学习的过程中加深对茶文化的了解，学习传统手工制茶工序
	安全隐患点：户外学习过程中，注意防止蚊虫叮咬及防晒；学习过程中，做好食品安全科普知识，避免学生误食
知识准备	茶叶的相关知识，制茶的步骤，茶艺的基本手法，茶叶贴画的制作方法和步骤
教学工具	扩音器、课程道具、研学手册、急救包

"一芽一叶香，陌上茶童忙"森林研学课程行程安排

研学服务机构：＿＿＿＿＿＿＿＿＿　　　　　　　　　　日期：＿＿＿＿年＿＿月＿＿日

时　　段	内　　容
8：00~9：00	乘车前往上犹茶文化基地
09：00~09：30	举行开营仪式，开展破冰活动及动员大会，促进学生的交流与沟通，迅速提升集体意识和团队精神
9：30~11：00（课时1）	体验采茶： 走进茶园，学习如何采茶，体验采茶，体验劳动的快乐、收获的满足，陶冶情操
11：00~12：00（课时2）	制作茶叶贴画
12：00~13：00	中餐
13：00~14：00（课时3）	体验炒茶、制茶
14：00~15：00（课时4）	学习茶文化
15：00~15：30	总结分享，发放研学证书、合影、返回学校
服务保障	用餐（略） 交通（略）
安全保障	研学旅行指导师：××× 茶艺师：××× 队医：×××
注意事项	出发前： 提前做好预习，做好知识和物品准备；仔细阅读研学手册，规范个人言行举止；了解目的地天气状况和地理环境，准备着装；明确时间安排，做到心中有数 在车上： 有序上、下车，乘车时系好安全带，不随意走动；提醒学生清点并整理好个人物品，确保不遗漏在车上；提醒学生下车时将垃圾带下车，扔到垃圾桶；安排学生到安全地点集合 学习中： 准备好研学手册、笔、水，尽量不携带贵重物品；坚持团队合作，团队集体行动；遇到突发事件保持冷静；认真讲解，保证课程质量；提醒学生爱护环境，不随意丢弃垃圾，遵守研学基地的规定和纪律；确保学生参观时不大声喧哗，文明参观；确保学生不擅自离队 用餐中： 提醒学生用餐前洗手；安排学生按照餐桌号就座，等候同伴到齐再用餐；提醒学生文明用餐，不浪费，不暴饮暴食；提醒学生餐后整理个人物品，不遗漏在餐厅 学习后： 提醒学生记录学习收获，主动与同学、教师、家长分享交流；提醒学生主动完成研学手册相关内容

（2）行中教学实施

①车上活动 学生对于研学的第一印象，源自研学旅行指导师在大巴车上的引导工作。在车上，一般从行车安全、人身安全、知识补充3个方面与学生进行互动。

示例：

①上车后，安排学生从后面开始往前坐。如果有晕车的学生，安排坐到前面。第一排位置留给教师，研学旅行指导师统一坐最后一排中间位置。

②上车后点名，确认人员全部到齐，与跟车班主任对接人员信息，在交接单上签字。

③提醒车上所有人员系好安全带，提醒靠过道的学生全部把扶手提起。检查所有人员是否系好安全带。

④给每名学生准备一个塑料袋，以便晕车时使用。同时，提醒学生在车上不要乱扔垃圾，如果位置上有垃圾，下车时需带下车。

⑤自我介绍。例如：我是来自×××（研学服务机构）的×××，大家可以叫我×××老师。

⑥车厢安全：研学旅行指导师在车上为学生补充车厢安全知识。

⑦研学旅行指导师按名单顺序发放臂贴，发完以后提醒学生保管好臂章，统一带在左手手臂。臂贴在下午活动结束以后需要回收，因此要避免丢失。

⑧车上选出一名队长、一名副队长（一名男生、一名女生），协助研学旅行指导师管理学生。

⑨车上互动：提问、巩固预习单。

根据时间情况安排其他活动，如歌词接龙、词语飞花令等。如果此时大巴车在高速公路上行驶，应再次提醒学生系好安全带，不要离开座位。为安全起见，研学旅行指导师坐在位置上与学生进行互动。

⑩在车上将队旗制作好，写上队名、口号、画上队徽。

⑪研学旅行指导师要关注时间，在到达研学目的地前10分钟左右，提醒所有人收拾好自己的物品，下车的时候将贵重物品带下车，其他物品可以留在车上。

②课程教学导入 结合学生的学情进行谈话式教学，以翻转课堂的形式，让学生主动思考与发问。抵达研学目的地时，结合当地资源，运用学生感兴趣的语言进行课程导入，让学生在潜移默化中学习知识，知晓研学旅行的意义。

示例：

抵达上犹茶文化基地时，研学旅行指导师与学生进行谈话式互动，引入本次研学的主题。

"唐朝被大家认为是茶的'黄金时代'，茶不再仅仅作为滋补品饮用。"

"茶叶的栽培和加工过程有严格的规定，如对采摘时间、采摘方法、所采摘鲜叶的处理方法以及采茶者的个人卫生都提出了严格的要求。"

"大家知道茶是怎样种植、采摘的吗？它的制作有哪些步骤？沏茶手法和敬茶礼仪是怎样的？现在就让我们走进茶园，一起去感受茶文化的魅力吧！"

③课程教学实施　根据课程需求、学情分析和课程教学内容，确定各教学环节的教学目标、教学方法。在此基础上，结合教学实际，确定教学实施过程，设计每个教学环节的教学步骤，最终完成课程教学任务。

示例：

"一芽一叶香，陌上茶童忙"森林研学课程教学实施计划

教学环节	教学目标	注意事项	物资准备
课时1 体验采茶	走进茶园，学习如何采茶，体验采茶；体验劳动的快乐、收获的满足，陶冶情操	课程开展前，向学生强调采茶工具的使用方法；提醒学生以小组合作的形式开展采茶，不得随意离开队伍；引导学生结合研学手册的内容做好学习记录；活动过程中做好拍照工作	由基地准备
课时2 制作茶叶贴画	提高想象力，提升动手创作能力	讲解植物的相关知识，并让学生收集（捡）各种形态的树皮和树叶、茶叶，提醒学生爱护花草树木；讲解之后，让学生分组行动，并由本组一名学生做环境督查员，避免学生因个人原因破坏花草树木；活动过程中做好拍照工作	白纸、双面胶
课时3 体验炒茶、制茶	体验炒茶、制茶，深入了解传统手工制茶工序，锻炼动手能力	参观环节中，避免学生因为好奇产生拥堵现象；体验环节中，划分小组，由组长组织本组分批次体验炒茶和制茶；活动过程中做好拍照工作	
课时4 学习茶文化	了解中国茶文化；学习敬茶礼仪，感恩教师、感恩父母	按照队形整好队；组织学生开展课程；活动过程中做好拍照工作	泡茶工具、茶叶

④课程教学反馈　在课程教学实施完成后，对学生研学的过程性与总结性评价和学生对教师教学的评价等教学反馈信息进行收集和整理，作为学校评价学生学习效果和研学服务机构优化研学课程的重要参考和依据。

示例：

"一芽一叶香，陌上茶童忙"森林研学课程学习评价表

姓名：＿＿＿＿　　学号：＿＿＿＿　　班级：＿＿＿＿　　学校：＿＿＿＿　　日期：＿＿＿＿

项　　目	评价等级			
	努力达成	合格	良好	优秀
采茶				
制作茶叶贴画				
炒茶、制茶				
沏茶、敬茶				

"一芽一叶香，陌上茶童忙"森林研学课程研学行为评价表

姓名：_____　　学号：_____　　班级：_____　　学校：_____　　日期：_____

项　目	观测点	自评	督导员评价	研学旅行指导师评价
安全行为	擅自离开团队	是/否	优秀/良好/合格/努力达成	优秀/良好/合格/努力达成
	擅自到水边或水井边玩耍	是/否		
	擅自玩火	是/否		
	携带危险物品	是/否		
	擅自逗狗、逗猫或其他野生动物	是/否		
	追逐打闹	是/否		
环保行为	使用一次性用品	是/否	优秀/良好/合格/努力达成	优秀/良好/合格/努力达成
	乱扔垃圾	是/否		
	随地吐痰	是/否		
	攀折花木	是/否		
纪律行为	迟到	是/否	优秀/良好/合格/努力达成	优秀/良好/合格/努力达成
	早退	是/否		
	做与研学无关的事情	是/否		
	毁坏活动设施	是/否		
	在景物上刻画	是/否		
	用语不文明	是/否		
研学行为	主动完成研学任务	是/否	优秀/良好/合格/努力达成	优秀/良好/合格/努力达成
	主动参与分享	是/否		
	研学报告生动、有创意	是/否		
自我总结与评价：			整体评价：优秀/良好/合格/努力达成	整体评价：优秀/良好/合格/努力达成

"一芽一叶香，陌上茶童忙"森林研学课程小组活动表现评价表

项　　目	关键评估点	赋分	得分
团队纪律	遵守各项制度，不迟到或早退	20	
团队协作	互相帮助、互相鼓励、共同进步	20	
团队参与度	态度认真、准备充分、积极参与活动	20	
团队成果	成果丰富、有创意	40	
合　　计		100	

"一芽一叶香，陌上茶童忙"森林研学课程研学旅行指导师教学评价表

项目	关键评估点	赋分	得分
内容	内容有趣，能激发学生的研学兴趣	15	
	能锻炼实际的动手能力	15	
	讲解通俗易懂	10	
管理	准备充分	10	
	时间安排合理，研学过程不拖沓	10	
	能及时协调处理各种突发事件	10	
素质	能进行激励性评价	10	
	公平、公正地对待每一名学生	10	
安全	认真负责，时时将学生的安全放在首位	10	
合　　计		100	

(3) 行后总结提升

①课程总结评价　对课程进行总结评价，促进课程优化升级，需要建立在对学生的自我总结、研学记录、教学评价信息进行全面整理的基础上。经过梳理、总结教学反馈信息，进一步征求校方、学生和家长的意见，撰写研学课程总结评价报告，为课程优化升级提供参考。

②课程优化升级　研学课程结束后，应在完成研学课程总结评价工作的基础上组织相关人员对研学课程方案进行讨论，提出改进意见和对策，促进课程优化升级。

示例：

项目	环境 （具体到执教点）	时间	课程升级	
			情况反思	修改建议
开营	上犹茶文化基地大门	30分钟	后排学生出现讲闲话的情况	①设计全体互动的破冰活动； ②将知识讲述改为知识互动，多提一些问题，启发学生思考； ③采买一些小礼品或采用积分制的形式，调动学生的积极性

（4）附录

为了方便研学旅行指导师做好研学课程教学工作，应将《研学旅行师生名册》《研学工作人员信息表》《研学旅行应急指南》和其他必要的研学课程教学资料作为附录编入研学手册中。

☞**考核评价**

根据有7-7-1对任务实施过程和结果进行评价。

表7-7-1 评价表

评价指标	评价标准	赋分	教师评价得分 （占70%）	学生互评得分 （占30%）	综合得分
学习素养	按时出勤，不迟到或早退，不旷课	5			
	积极发言，参与课堂互动	10			
	按时、按质完成作业，不迟交、不漏交	5			
专业知识	掌握森林研学手册（研学导师版）编制基础知识	20			
	掌握研学旅行指导师基本能力和素养要求	20			
手册编制	排版美观，图表准确，格式规范，内容翔实	10			
	课程教学计划科学、合理，教学流程规范，保障措施安排到位，可操作性强	15			
	课程教学内容重点突出，教学方法和教学手段选用合理	15			
合　　计		100			

知识链接

1. 森林研学手册（研学导师版）**的性质**

森林研学手册（研学导师版）是专门为指导学生进行研学实践活动而设计的一种研学旅

行指导师手册，是研学旅行指导师在研学课程实施层面的"实操说明书"。其编制的目的是辅助研学旅行指导师引导学生通过研学活动获得更多的知识和技能，对于提高学生的素养和综合能力具有重要意义。该手册包含了森林研学课程的方案设计、研学行程表、研学教案等相关内容，涉及研学中的行前、行中、行后3个阶段。

在行前阶段，手册提供了详细的知识讲解和森林研学课程介绍，包括课程目标、课程内容、教学方法等方面的信息，以及森林研学行程安排的详细计划。此外，还包括安全应急预案，以确保学生在研学过程中的安全。

在行中阶段，手册提供了标准的研学流程，包括制定研学实施细则、开展研学相关培训、课程升级建议收集等环节。这些环节旨在确保研学活动的顺利进行，并帮助学生更好地掌握相关知识和技能。

在行后阶段，手册提供了课程升级改造和执行标准升级的相关内容。这些内容旨在根据研学活动的实际情况，对课程进行升级改造，以提高教学质量和效果。同时，执行标准升级有助于研学活动的开展符合学术规范和标准。

森林研学手册(研学导师版)是指导学生进行研学实践活动的关键工具，为确保研学活动的规范化和标准化提供了重要的保障。

2. 森林研学手册(研学导师版)的编制意义

(1) 确保学生在研学活动中获得多元且深度的学习体验

森林研学手册(研学导师版)对于实现研学课程预定教学目标具有重要意义。编制森林研学手册(研学导师版)，可以系统地整理研学课程中的知识、技能和经验，确保学生在研学活动中获得多元且深度的学习体验。

(2) 确保研学旅行指导师在课程实施中进行精细且周密的研学指导

森林研学手册(研学导师版)有助于研学旅行指导师为学生提供全面的指导，从而提高教学质量和效果。

(3) 确保研学旅行指导师在研学课程实施过程中具备清晰且严谨的执行准则

研学手册中包含详细的教学计划、研学行程安排，还提供了丰富的研学资源(包括各种学习资料、案例分析、实践指南等)，使得研学旅行指导师在教学过程中更加得心应手。通过使用森林研学手册(研学导师版)，研学旅行指导师可以更加全面地了解学生的学习需求和特点，更好地指导学生的学习和实践。

3. 森林研学手册(研学导师版)的基本内容

根据研学实践的实施标准，研学活动可分为行前、行中、行后3个阶段，不同阶段的基本内容如下。

行前：森林研学课程介绍；森林研学行程安排。

行中：研学实施细则；研学相关培训；课程升级建议收集。

行后：执行标准升级；课程设置升级；研学内容升级；执行地点升级；研学时间升级。

4. 森林研学手册(研学导师版)编制要点

森林研学手册(研学导师版)的编制需要注重内容的系统性和实用性。首先,需要将研学课程的知识点进行梳理和分类,确保手册涵盖所有需要学生掌握的知识点;其次,结合研学旅行指导师的教学经验和学生的学习需求,将知识点转化为实用的学习任务和活动,让学生通过实践掌握知识;最后,根据学生的实际情况和学习进度,设计合适的评估方式,确保学生的学习效果得到及时反馈和指导。

(1)行前

①森林研学课程介绍　在编制该部分内容时,应对研学目的地资源的分布、类型、特点等进行深入调研,同时结合不同年龄段学生的兴趣和研学需求,进行相应的研学课程介绍。应涵盖课程背景、研学对象、研学时长、学情分析、课程目标、课程要点、知识准备、教学工具等。提供清晰且具有启发性的课程概述,帮助研学旅行指导师更好地理解和掌握课程的核心内容。

②森林研学行程安排　在编制该部分内容时,应注重研学行程的连贯性、知识性和趣味性,确保学生在研学过程中既能学到知识,又能享受乐趣。内容应涵盖日程规划、人员安排、交通安排、住宿与餐饮、安全预案等,通过细致的行程安排,确保森林研学活动顺利进行。

(2)行中

①研学实施细则　根据研学的行程安排,制定研学实施细则(在对应的研学时段和研学内容中,增加研学实施细则和研学物资准备两项内容)。制定每一项研学实施细则时,需从时间把控、课程内容、环节串联、师资配合等多方面进行综合考虑,从而更好地保障研学活动的顺利进行,并为学生提供更加丰富、有意义的研学体验。

时间把控　是确保研学活动顺利进行的重要因素。需要根据不同的研学内容和目标,合理分配时间,确保每个环节都有足够的时间进行深入的学习和交流。

课程内容　课程内容的制定需要充分考虑学生的特点和研学需求。应该根据学生的年龄、知识背景、兴趣等因素,选择适合他们的研学内容,并确保这些内容能够充分体现研学活动的意义。

环节串联　研学活动各个环节之间需要有良好的衔接,以确保学生在整个研学过程中的参与度和体验感。

师资配合　研学旅行指导师需要在整个研学过程中发挥引导和辅助的作用,因此研学实施细则中需要明确相关人员各自的职责和配合方式,以确保研学活动的顺利进行。

②研学相关培训　在研学活动中,为了提高研学旅行指导师的工作质量和学生的研学体验,通常会开展相关的培训。这些培训不仅包括对研学旅行指导师的专业技能和知识进行培训,还包括对大巴车上活动流程的标准化培训和安全培训。

其中,后者的培训细则主要包括以下几个方面。

行车安全检查　在行车前,研学旅行指导师需要进行安全检查,确保车辆各项设备如刹车、转向灯等完好无损。同时,还需要对路况进行评估,选择安全的行车路线。

乘车安全提醒　在行车过程中,研学旅行指导师需要不断提醒学生注意安全,如系好安全带、不要随意走动等。同时，还需要针对可能出现的突发情况制定应急预案，以便及时处理。

研学人员汇报　在到达研学地点后，研学旅行指导师需要组织学生进行自我介绍和团队介绍，以便更好地了解学生和团队情况。

研学知识补充　在研学过程中，研学旅行指导师需要对学生应掌握的知识点进行讲解和补充，如讲解地理、历史等方面的知识。同时，还需要引导学生进行思考和讨论，加深对相关知识点的理解。

通过以上4个方面的培训，可以提高研学旅行指导师的专业素养和安全意识，有助于研学活动顺利进行。

③课程升级建议收集　学生一般通过自我总结和研学手册记录的方式展现课程的学习效果，可引导学生进行总结和分享，以了解学生对课程相关知识和技能的掌握程度，从而为课程升级提供参考。

可以通过以下几种方式来收集课程升级建议：

小组讨论　组织学生进行小组讨论，分享彼此的学习经验和收获，以及他们对课程升级的建议。通过学生之间的互动和交流，可以发现一些可能被忽略的问题和改进点。

问卷调查　发放调查问卷，了解学生对课程内容和教学方法的看法和建议。通过这种方式，可以收集到比较详细和客观的反馈，有助于更好地了解学生的学习需求和课程改进的方向。

研讨会　邀请学生参加课程研讨会，分享学习心得和感受，并对课程升级提出建议。通过这种方式，可以让学生更加深入地参与课程升级，增强他们对课程的认同感和参与课程的积极性。

（3）行后

①执行标准升级　在研学课程升级的过程中，为了确保课程质量和效果，必须对研学课程执行标准进行深入的讨论与升级，使参与研学的学生能够学到更多、更有价值的知识和技能，实现全面发展。

②课程设置升级　在研学课程升级的过程中，课程设置升级也是非常重要的一环。研学课程设置需要遵循"以学生为中心"的原则，注重学生的全面发展。在课程设置中，需要结合学生的实际情况和学科特点，制订符合学生研学需求的课程计划和教学方案。同时，还需要根据学生的兴趣爱好和特长，设置多样化的课程内容和活动形式，让学生能够充分展示自己的个性和才华。

③研学内容升级　研学内容是研学课程的核心，研学内容升级是研学课程升级的重点。研学内容需要与学科知识紧密结合，注重培养学生的实践能力和创新能力。在研学内容的设置方面，需要结合实际情况和学科特点，制订符合学生需求的研学计划和教学方案。同时，还需要根据学生的兴趣爱好和特长，设置多样化的研学内容，让学生能够充分体验学习的乐趣和价值。

④执行地点升级　执行地点是研学课程的重要因素之一，执行地点升级也是研学课程升级的重要方面。在选择执行地点时，需要考虑地点的安全性、教育意义和可操作性。要根据实际情况和学科特点，选择符合学生研学需求的执行地点。例如，可以选择博物馆、科技馆、文化遗址等具有教育意义和实践价值的地点作为执行地点。

⑤研学时间升级　研学时间是研学课程的重要因素之一，研学时间升级也是研学课程升级的重要方面。在安排研学时间时，需要考虑时间的合理性和有效性。要根据实际情况和学科特点，安排符合学生研学需求的研学时间。例如，可以安排一周或两周的研学，让学生有充足的时间去体验和学习。

巩固训练

1. 选择题

（1）森林研学手册（研学导师版）在（　　　）中使用。

A. 学校　　　　　　B. 基地　　　　　C. 培训会议　　　　　D. 以上场景都有

（2）森林研学手册（研学导师版）由（　　　）撰写。

A. 学校老师　　　　　　　　　B. 基地工作人员

C. 研学旅行指导师　　　　　　D. 以上人员均会参与

2. 填空题

森林研学手册（研学导师版）课程介绍中应当包含课程背景、研学对象、_____、_____、_____、_____、_____、教学工具。

3. 问答题

结合森林研学方案，编制一份森林研学手册（研学导师版）。

任务7-8　森林研学手册（学生版）编制

任务指导书

☞ 任务目标

了解森林研学手册（学生版）包含的基本内容；了解森林研学手册（学生版）的编制要点；理解编制森林研学手册（学生版）的性质与意义；能够根据不同类型森林研学课程的特点及课程实施方案，编制符合课程要求的森林研学手册（学生版）。

☞ 任务描述

利用搜索引擎、网络文献数据库、图书馆等收集森林研学手册相关文献资料，加强对有关理论知识的学习，掌握森林研学手册（学生版）的编制技能，开展森林研学手册（学生版）编制实操。

☞ 任务实施

1. 确定森林研学手册主题名

(1)熟悉森林研学课程的基本信息,了解课程基本情况和对研学课程的目标定位及预期成效。

(2)根据森林研学课程主题确定研学手册的主题名。

示例:

> 根据研学课程主题"科考东风湖 巡河护水情"安远森林绿色一日研学,在编制研学手册时,将研学手册的名称确定为:"科考东风湖 巡河护水情"安远森林绿色一日研学手册。

2. 明确森林研学课程内容

(1)开展研学课程内容分析,明确研学课程的时间节点、教学内容、课程重难点和风险点。

(2)明确课程知识、教学资源、教学工具等,确定行程安排和其他准备工作。

示例:

"科考东风湖 巡河护水情"安远东风湖一日研学课程行程表

时间	地点		课程安排
上午	东风湖外码头	开营仪式	研学旅行指导师组织学生进行分组,接受科考任务,领取科考所需设备,做好研学前的安全提醒,队员之间相互熟悉
		课时1 草地资源考察	考察东风湖外码头,组织学生收集各类植物并区分种类。引导学生选择一块1平方米的土地,观察并分析植物的种类及其作用,分小组讨论该植物是否对周围环境以及水质造成影响,并在考察过程中做好植物笔记
		课时2 土壤资源考察	在研学地取不同深度的土壤(表面土A、10厘米深土B、20厘米深土C)各一杯(提醒学生保护土地,不能够故意破坏土壤),分小组对不同深度的土壤进行考察、分析,并将结果记录好
	森林栈道	课时3 森林资源考察	从栈道徒步至码头,沿途记录在森林中所见到的植物,按小组分析、讨论各类森林植物在生态环境中的作用并将结果记录好
中午	游客中心		引导学生到达餐厅后有序等待,用完午餐稍作休息
下午	教室	课时4 水体分析	研学旅行指导师引导学生分析带回的水样中肉眼可见的生物以及杂质,分组做好记录,记录内容包括生物、杂质的种类和数量

（续）

时间	地点	课程安排	
下午	教室	课时5 微观水世界观察	研学旅行指导师示范制作临时玻片，并用显微镜观察水中的微生物，确保学生掌握以后，由学生独立完成制玻片、观察微生物，并将观察到的微生物记录在册
		课时6 酸碱度测定	研学旅行指导师讲解、示范测定工具的使用方法，演示测定水的pH，学生掌握后独立完成水pH的测定并将测定结果记录下来，与生活用水做比较，考察该水体是否适合作为生活用水
		资料整理分析	在研学旅行指导师的带领下，将所得到的各项数据进行整理分析，分小组进行讨论，最终针对东风湖水是否存在水质被污染的情况以及能否作为生活用水继续使用得出结论
		水资源保护建议	在研学旅行指导师的引导下，学生分析地形地势，给出保护水资源的合理建议，让东风湖的危机情况不再出现
		写新闻稿	研学旅行指导师引导学生根据科学考察结论写一篇新闻稿
		结营仪式	向优秀学员颁奖，全体合影，返程

3. 编制森林研学手册（学生版）的内容

从森林研学行程表提炼出研学课程的内容，并根据课程内容提炼课程的重难点，以帮助学生理解课程。可选择符合学生年龄段心理特征的形式编制研学手册的内容，如用表格的形式将内容罗列，使得重点更突出，并让学生以文字、绘画等多种形式进行记录，增强趣味性，从而达到最佳教学效果。

示例：

课时1：草地资源考察

本课时的教学重难点为：根据植物的形态、特征认识植物的种类，观察植物的数量；判断植物是否为入侵植物；分析植物对水质的影响和作用。以表格的形式将内容罗列，使重点突出，同时让学生以文字、绘画等方式进行记录，增强趣味性。研学手册内容如下：

草地资源考察记录表

调查人：＿＿＿＿＿＿　　　调查地点：＿＿＿＿＿＿　　　调查时间：＿＿＿＿＿＿

序号	植物形态	植物特征	数量 （多、中、少）	是否为入侵植物	对水质的影响和作用
例		1. 花序有毛； 2. 叶对生	多	否	可净化水质
1					
2					
...					

课时 2：土壤资源考察

以表格的形式将土壤资源考察的内容罗列出来，使重点突出，更具有科学性。研学手册内容如下：

土壤资源与水循环是密不可分的，土壤资源的质量会影响水资源的质量。同样，水资源的质量也会影响土壤资源的质量。如果土壤被污染，污染物会随着地表水渗透到地下，导致整个水循环系统被污染。因此，对东风湖的土壤进行考察是十分必要的，请细心考察，并记录情况。

土壤资源考察记录表

项　　目	采取土壤的深度			
	表面土	10 厘米	20 厘米	30 厘米
土壤颜色				
土壤质地				
物质构成				
是否被污染				

课时 3：森林资源考察

以表格的形式将学习任务进行分解，以降低学习难度；加入绘画的形式，以丰富研学手册的内容，加深学生对课程内容的印象，并体现课程设置的综合性，有助于课程目标的实现。研学手册内容如下：

植物的种类与数量都与生态环境息息相关，请各位记录沿途所见植物，并与同伴讨论植物在生态环境中的作用，讨论完成后记录结论。

植物笔记

调查人：_____　　　　调查地点：_____　　　　调查时间：_____

项　　目	植物 1	植物 2	植物 3	植物 4
植物的叶				
植物的花				
植物的果				
植物相册				

课时4：水体分析

以表格的形式将水体分析的内容罗列，使重点突出，一目了然。研学手册内容如下：

对比各个水样本中肉眼可见的杂物、颜色、气味，初步判断东风湖水是否被污染。

东风湖水体分析

调查人：_____　　调查地点：_____　　调查时间：_____

项　　目	生活用水	东风湖水	样本1	样本2
有无气味				
水体颜色				
是否有肉眼可见杂质				

课时5：微观水世界观察

本课时的教学重难点为观察水中的微生物，以绘画的形式记录，更符合学生的学习习惯以及年龄特点。研学手册内容如下：

将观察到的微生物以绘画的形式记录下来：

课时6：酸碱度测定

学生测定样本pH后，以表格的形式记录测定结果，一目了然，有助于对各个样本的pH进行了解，并方便对各个样本的pH进行对比。研学手册内容如下：

pH测定

项　　目	生活用水	东风湖水	样本1	样本2
酸碱度(pH)				

4. 森林研学手册(学生版)整体设计制作

(1)封面设计

研学手册的封面应与课程方案的封面配套。森林研学课程方案、研学手册的封面，应体现森林、绿色等元素，同时颜色要鲜艳，画面内容需要传递积极、健康、向上的思想。整体的效果应该清晰地向使用者表达出研学主题。

(2)研学背景说明

研学手册内的研学背景应为广义、宏观的，便于学生在使用时对本次研学主题的大方向有所把握，能够引导学生初步了解研学课程内容。

(3)研学注意事项撰写

撰写研学注意事项时，应结合本次课程行程安排和应急预案，强调行前、行中、行后注意事项，积极防范安全风险。

(4)森林研学地点简介撰写

对研学地点进行概括性的描述，内容上应不脱离主题。

(5)优化研学课程教学资料

对森林研学课程教学资料(行程表、考察记录表、实验记录表、反思评价单、学习笔记等)的文字内容、整体设计等进行优化，以便更好地呈现教学内容。

(6)结语/卷后语撰写

写在研学手册最后的结语，应侧重于升华本次研学主题，主要内容如下：简述开展森林研学实践活动的意义；升华主题，如森林研学实践活动属于绿色主题研学，可围绕绿色生活、提高环保意识、节约教育等内容进行编写。

示例：

> **卷后语**
>
> 　研学实践是由教育部门和学校有计划地组织安排，通过集体旅行、集中食宿的方式开展的研究性学习与旅行体验相结合的校外教育活动，是校外教育与学校教育衔接的创新形式，是教育教学的重要内容，是综合实践育人的有效途径。希望同学们在研学实践的过程中做到研有所思，学有所悟，实有所感，践有所获。
>
> 　森林研学实践是以绿色教育为主题的研学实践活动，通过亲近大自然、走近森林，了解保护环境的重要性，相信同学们在未来的生活中能够践行绿色低碳发展新理念，提高自身的环保意识。

☞**考核评价**

根据表 7-8-1 对任务实施过程和结果进行评价。

表 7-8-1　评价表

评价指标	评价标准	赋分	教师评价得分（占70%）	学生互评得分（占30%）	综合得分
学习素养	按时出勤，不迟到或早退，不旷课	5			
	积极发言，参与课堂互动	10			
	按时、按质完成作业，不迟交、不漏交	5			

（续）

评价指标	评价标准	赋分	教师评价得分 （占70%）	学生互评得分 （占30%）	综合 得分
专业知识	掌握森林研学手册（学生版）编制基础知识	20			
	掌握中小学研学课程基本教学要求	20			
手册编制	排版美观，格式规范，内容翔实，图表准确	10			
	教学内容安排合理，可操作性强，与森林研学手册（研学导师版）有机衔接，能够满足学生现场研学的需要	15			
	教学方法和教学手段符合学生身心发展实际	15			
合　计		100			

知识链接

1. 编制森林研学手册（学生版）的意义

森林研学手册（学生版）不是单一存在的，它是森林研学课程的重要组成部分。一个完整的森林研学课程体系包含森林研学课程方案设计、研学行程表、研学手册、安全应急预案等，以上内容缺一不可。编制森林研学手册（学生版），有助于学生在进行森林研学活动时抓住学习的重点，掌握课程难点，是实现课程既定教学目标的重要保证。

(1) 研学课程中学生"学"和"做"的重要指导材料

学生对森林研学手册（学生版）的使用贯穿于整个森林研学活动过程。森林研学手册（学生版）的内容具有明确的指向性，能够突出研学课程的重难点，在学生进行森林研学活动时引导学生有的放矢地进行学习。

(2) 学生理解研学课程内容的重要途径

森林研学手册（学生版）作为研学课程的重要组成部分，能够帮助学生更加深入地理解研学课程的各项活动和相关知识。如在植物研学课程中，研学手册（学生版）内会设置植物分类相关内容，这能够极大地帮助学生获得更全面、系统的知识，也更易于对各项活动和相关知识进行归纳、总结。

(3) 检验学生学习结果的重要依据

森林研学手册（学生版）作为研学课程的一项过程性、总结性材料，能够用于检验学生学习的成效，校方能够以此为依据向家长反馈学生的研学情况，也能为第三方（研学服务机构）提供可参考的改进意见。

2. 森林研学手册（学生版）的基本内容

(1) 行前须知

行前须知是森林研学手册（学生版）必不可少的一部分。这部分内容向学生阐述了森林研学活动的背景和意义，并引导学生了解森林研学活动开展前、中、后的注意事项。除此之外，还阐述了森林研学活动地点的概况，为研学活动的开展打好基础。

①森林研学背景　在编制森林研学手册(学生版)时，应依据学生的年龄特征，使用简洁、明了、通俗易懂的语言，引导学生了解森林研学的背景。重点突出"绿色、自然"的文化教育，强调绿色教育在人类社会中的重要地位和作用，树立敬畏自然、保护自然的意识。

②森林研学注意事项

应体现安全性　任何主题的研学，首要任务都是保证安全。森林研学手册(学生版)注意事项的编制应强调安全的重要性。

应体现纪律性　无规矩不成方圆。在森林研学活动开展的过程中，参与人数多，课程内容繁杂，良好的纪律有助于实现研学课程的既定目标，保障整个研学活动的安全。

③森林研学活动地点简介　森林研学活动中强调以学生为主体，学生在行前对研学地点有基础了解，能够更好地发挥主体作用。在森林研学手册(学生版)中的地点简介，应当紧扣研学主题，围绕课程所需，有所侧重地进行介绍。

(2)行中练习

行中练习是森林研学手册(学生版)的正文内容，应根据森林研学课程实施方案、课程主要特点进行编制。

根据森林研学课程的特点，森林研学手册(学生版)行中练习的类型大致可分为以下5类。

①记录类　这类练习主要是引导学生记录课程中的基础知识，如植物的名称、形态特征等。记录的形式具有多样性，如通过文字、图案或符号等方式记录。

②思考类　这类练习训练的是学生的思维能力，一般采用疑问句的方式提问。这类练习需要通过思考才能获得答案。在编制这类练习时，应考虑练习的内容是否具有思考意义，练习难度应符合学生的思维发育水平。

③实践类　这类练习在森林研学课程中比较常见。如制作叶脉书签、采集土壤资源进行分析等都属于实践类的练习。在编制此类练习时，应考虑课程实施的可操作性；在选择练习项目时，应优先考虑简便、易于操作且安全的项目。

④归纳类　这类练习在森林研学的植物课程中比较常见。如根据生活方式将植物分为地生植物、附生植物、腐生植物、寄生植物等。归纳类练习可帮助学生加深对各类植物的了解。

⑤总结类　这类练习一般于课程尾声使用，主要由学生回忆研学活动的过程并简单记录在研学活动中的收获。在编制总结类的练习时，题干应侧重于整个课程的框架，引导学生回忆并记录。

(3)行后评价

行后评价一般在森林研学课程全部完成后进行。一般采取研学日记、研学评价单等形式进行行后评价。

①研学日记　由学生独立完成，对字数没有特定限制，主要由学生记录本次研学活动的简要过程、研学活动中印象最深刻的环节以及在研学活动中的收获。注意研学日记中的收获可以是知识类的，也可以是思想成长类、人际关系类的，没有明确的界限。

②研学评价单　是学生研学效果的体现，也是对研学旅行指导师所授课程成效的检

验。研学评价单为学生的学、研学旅行指导师的教提供了更直观的数据。

一般森林研学手册(学生版)的评价单包含但不仅限于表 7-8-2 内容,具体根据森林研学课程的实际来确定。

表 7-8-2　研学评价单

主题:＿＿＿＿＿　　姓名:＿＿＿＿＿　　班级:＿＿＿＿＿　　日期:＿＿＿＿＿

评价标准	自我评价			
	我不够努力	我可以再努力	我做到了	我做得很棒
能够遵守森林研学课程守则				
……				
小组分享过程中能发表自己的感悟、见解				
小组成员评价				
教师评价				

3. 森林研学手册(学生版)编制要点

(1)熟读森林研学课程的实施方案,根据课程主题、课程目标及内容突出森林研学课程的教育核心。

(2)了解森林研学课程行程表,根据课程行程的时间顺序,契合实际编制森林研学手册(学生版)。

(3)根据学生的年龄特点,编制符合学生身心发展水平的森林研学手册(学生版)。其中,内容要详略得当,抓大放小。

巩固训练

1. 选择题

(1)在编制森林研学手册(学生版)时,以(　　　)为依据。

A. 研学课程内容　　　　B. 研学课程重点　　　　C. 研学课程难点

(2)在编制森林研学手册(学生版)时,应遵循(　　　)。

A. 教育性　　　　B. 科学性　　　　C. 趣味性　　　　D. 综合性

2. 填空题

(1)森林研学手册(学生版)的编制顺序:确定森林研学课程主题,＿＿＿＿＿＿,依据森林研学课程内容编制研学手册,＿＿＿＿＿＿。

（2）森林研学手册（学生版）的包装设计分为_____、_____、_____、_____、_____、_____、_____。

3. 问答题

请收集一份森林研学课程方案，依据方案编制一份森林研学手册（学生版）。